全国教育科学“十一五”规划教育部重点课题
“新课程改革中转变学生学习方式的研究”课题（DHA090190）研究成果

重庆市课程与教学研究基地（重庆市人文社科重点研究基地）资助

21 世纪语文课程学习指导丛书

丛书主编：王光龙

KOUYU JIAOJI XUEXI LUN

口语交际学习论

主　编　李　丽
副主编　熊德雅　段慧明

语文出版社
·北京·

图书在版编目（CIP）数据

口语交际学习论 / 李丽主编. -- 北京 : 语文出版社,
2012.12
21世纪语文课程学习指导丛书 / 王光龙主编
ISBN 978-7-80241-410-5

Ⅰ. ①口… Ⅱ. ①李… Ⅲ. ①汉语－口语－教学研究
Ⅳ. ①H193.2

中国版本图书馆CIP数据核字(2012)第286774号

责任编辑 李 新
封面设计 刘姗姗
出　　版 语文出版社
地　　址 北京市东城区朝阳门内南小街51号 100010
电子信箱 ywcbsywp@163.com
排　　版 语文出版社照排室
印刷装订 河北新华第一印刷有限责任公司
发　　行 语文出版社 新华书店经销
规　　格 787mm×1092mm
开　　本 1/16
印　　张 14
字　　数 243千字
版　　次 2013年4月第1版
印　　次 2013年4月第1次印刷
印　　数 1-4,000
定　　价 28.00元

010-65253954（咨询） 010-65251033（购书） 010-65250075（印装质量）

“21 世纪语文课程学习指导丛书” 序

本世纪初，我国启动了新一轮的基础教育课程改革。这次基础教育课程改革是在世界各国加速教育改革的大背景下展开的。随着知识经济社会的到来，世界各国都把发展教育和培养新型人才作为推动经济和社会发展的重要支撑点。课程改革是教育改革的重要内容和载体，课程改革集中体现国家的教育理念和教育目标。当前各国基础课程改革的一个核心目标，就是大力培养受教育者的主体意识，关注学生的学习兴趣，尊重学生的自主选择，积极推进学生自主活动，为学生的终身学习和勇于创新奠定基础。

我国新一轮的基础教育课程改革，体现了当今世界教育的先进理念，确定了符合我国基础教育实际的课程改革目标。教育部制定的《基础教育课程改革纲要(试行)》中指出，要“改变课程过于注重知识传授的影响，强调形成积极主动的学习态度，使获得基础知识和基本技能的过程成为学会学习和形成正确价值观的过程”，要“改变课程实施过于强调接受学习、死记硬背、机械训练的现状，倡导学生主动参与、乐于探究、勤于动手，培养学生搜集和处理信息的能力、获取新知识的能力、分析和解决问题的能力以及交流与合作的能力”。培养学生的实践能力、探究能力和合作能力，使学生主动学习和学会学习，是这次课程改革的主要目标之一。

语文课程设置的目的在于全面培养和提高学生的语文素养。语文素养是学生学好其他课程的基础，也是学生全面发展和终身发展的基础。语文课程学习是母语学习。母语学习，不仅要使学生学会正确理解和运用祖国的语言文字，熟练掌握听说读写技能，具有适应实际需要的语文能力，而且要让学生认识中华民族文化的丰厚博大，吸收中华民族的文化智慧，认同中华民族的文化价值，成为热爱祖国和热爱中华民族的人，进而成为尊重多样文化和吸取人类优秀文化的人。语文课程的多重功能和奠基作用，决定了它在基础教育阶段的重要地位。

语文课程改革以来，人们的语文课程理念逐步得到更新，关注和研究学生的语文课程学习成为新的聚焦点。站在语文课程改革第一线的中小学语文教师，正在努力探索语文课程学习指导的方式和方法。但由于各种条件的局限，不少语文教师缺乏全面、系统的语文课程学习理论基础，对学生语文课程学习的指导往往事倍功半，收效不大。这已经成为当前继续推进语文课程改革的一个瓶颈难题。正是在这样的背景下，杭州师范大学学习科学研究所王光龙教授带领他的学术团队开展了浙江省教育科学“十一五”规划重点课题“中小学生语文课程学习指导”的研究，并在课题研究成果的基础上，由他策划和主编了这套“21 世纪语文课程学习指导丛书”。

与已经出版的语文学习研究类书籍相比，我以为这套丛书在整体开发设计和分册内容呈现上，具有以下四个方面的特点：

一、探索构建了语文课程学习指导理论体系的基本框架

中华民族的语文学习史几乎与中华民族的发展史同样悠久。在数千年的封建社会里，语文学习没有学科和课程的概念。语文学科和语文课程是近代教育发展的产物。从 1904 年清政府“癸卯学制”颁布、语文学科独立设科算起，我国语文课程的设置也有 100 多年了。由于学习科学与教育科学发展的不同步，对语文学习理论的研究明显落后于对语文教学理论的研究。就语文课程来说，人们往往习惯于从课程、教材、教学和教师角度进行研究，而从学生学习角度进行研究并形成系统理论成果的不多。跨入新世纪之后，我国启动了新一轮基础教育课程改革，这为语文课程学习理论的全面、系统研究提供了历史契机。语文课程学习问题的系统理论研究，既是一个新的研究领域，也是一项系统工程，需要从构建基本理论体系框架着眼，合理规划专题，进行全面、系统而深入的研究。

按照系统论的观点，语文课程学习理论体系也是一个大系统。这套“21 世纪语文课程学习指导丛书”，将语文课程学习指导理论系统划分为若干个子系统，一个子系统为一个研究专题，一个专题的研究成果分编为一个独立分册。本丛书包括《语文课程学习论》《识字写字学习论》《阅读学习论》《文学作品学习论》《阅读方法指导论》《写作学习论》《写作方法指导论》《口语交际学习论》《语文综合性学习论》《语文学习心理论》《语文学习指导论》《语文学习评价论》等十多个分册。这些研究成果，既包括了语文课程学习内容的基本理论，也包括了语文课程学习指导的基本理论。依据这一开放的理论体系，除上述研究专题外，语文学习的方式、模式、方法、习惯、素质、管理等，也都有专题研究的价值。本丛书设计比较合理，体系比较科学，内容比较全面，初步构建了我国当代语文课程学习理论体系的基本框架。它的问世，对探索和构建我国当代语文课程学习理论体系具有现实意义。

二、展示了当代语文学习研究的新成果

两千多年前，我国就有研究学习和教学的典籍——《礼记·学记》问世。“以学为本，因学论教”，“学先于教，教辅以学”，是我国古代重要的“学本论”思想。但以人类学习现象及其规律为研究对象并具有现代学科意义的学习科学，直到20世纪80年代中期才在我国诞生。学习科学的诞生和发展，为语文学习研究提供了深厚的科学理论基础，有力地推动了我国当代语文学习理论的发展。据不完全统计，近20年来，国内出版的语文学习理论著作就有十多部，我国当代语文学习理论研究呈现出繁荣局面。

这套“21世纪语文课程学习指导丛书”，吸收、借鉴和运用当代语文学习理论研究的最新成果，对语文课程学习的各个方面进行了深入的研究。例如《识字写字学习论》分册，既继承了我国古代识字写字学习的优良传统和成熟经验，又吸收了当代识字写字学习理论研究的最新成果，对识字写字学习的地位、价值和特点、历史发展、目标和内容、理念和原则、过程和方式方法、心理调控、指导和评价等，进行了全方位的系统研究。这是目前识字写字研究领域一本比较全面、系统的理论著作。它对于继承和发展我国的识字写字学习理论具有重要意义，对于指导中小学生的识字写字学习具有较高的实践价值。

本丛书的作者大都来自高等师范院校，具有教授、副教授职称，半数以上担任硕士研究生导师。他们同为全国语文学习科学专业委员会的会员，在语文学习研究领域都有独到的学术建树和理论成果，有的已经出版了多部理论著作。由这批高校教师组成的研究团队，具有扎实的理论基础和较强的科研能力，对语文学习理论研究的前沿信息和最新成果，能够及时把握、吸收和消化，并合理运用到本课题的专题研究中。因而，本丛书在一定程度上集中展示了当代语文学习研究的新成果。

三、为语文教师的专业发展提供了研修教材

语文课程是母语教育课程，语文教师的专业发展对于提高我国母语教育的质量具有十分重要的作用。在推行语文课程改革中，语文教师的专业发展，一方面需要依托各级教育行政部门组织的教师培训活动，从整体上推进语文教师的专业发展；另一方面，语文教师需要有计划地研读语文课程改革的理论著作，拓宽专业理论基础，吸收最新研究成果。这套“21 世纪语文课程学习指导丛书”是以语文教师为主要对象而编写的系列理论著作，因而作为语文教师专业研修的教材是比较适宜的。

首先，这套丛书力图在落实语文课程目标中为语文教师的专业发展提供丰富的学习内容。例如，《义务教育语文课程标准（2011 年版）》课程目标的第 3 条目标是“培育热爱祖国语言文字的情感，增强学习语文的自信心，养成良好的语文学习习惯，初步掌握学习语文的基本方法”。《普通高中语文课程标准（实验）》在“积累·整合”目标中规定：“了解学习方法的多样性，掌握学习语文的基本方法，能根据需要，采用适当的方法解决阅读、交流中的问题。”两个课标对掌握和运用基本的语文学习方法提出了具体要求。本丛书的《阅读方法指导论》对朗读、默读、精读、略读、速读等五种基本阅读学习方法，《写作方法指导论》对命题作文、模仿作文、话题作文、条件作文和自由作文等基本作文学习方法，从理论认识到实践操作作了具体论述。语文教师系统学习这两本书，对于如何落实“掌握学习方法”这个课程目标，提高对语文学习方法的理性认识和指导能力，促进自己的专业发展，具有切实的指导价值。

其次，这套丛书力图从语文课程理论与实践的结合上为语文教师的专业发展提供新的研究成果。例如，《普通高中语文课程标准（实验）》在课程目标中要求，“学习鉴赏中外文学作品，具有积极的鉴赏态度，注重审美体验，陶冶性情，涵养心灵。能感受形象，品味语言，领悟作品的丰富内涵，体会其艺术表现力，有自己的情感体验和思考。努力探索作品中蕴涵的民族心理和时代精神，了解人类丰富的社会生活和情感世界”。目前高中语文教科书中 60% 以上的课文为文学作品。如何落实课程目标的规定要求，指导学生学好文学作品，是语文教师需要从理论到实践解决的重要问题。作为专题研究成果之一的《文学作品学习论》分册，对文学作品学习的基本认识、历史发展、理论基础、基本内容、心理机制、学习方法、分类学习、课外学习和学习评价等问题，作了全面、系统的论述。研读这本著

作，能够使语文教师既获得文学作品学习的理论知识，又获得指导文学作品学习的基本方法，在理论指导实践和实践发展理论中推动自己的专业发展。

四、为语文课程学习的指导提供了系列用书

本丛书是一套以语文课程学习与指导为指归的理论丛书，突出学习指导是它的本质特点和基本要求。中小学生是语文课程学习的主体，但中小学生的语文课程学习离不开语文教师的指导。一个研究内容范围较大的课题，凡语文课程学习的主要内容和学生学习语文课程的基本问题，都作为独立的研究专题进行研究，并将研究成果编成系列理论著作，从而为语文教师的语文课程学习指导提供了特定的系列指导用书。例如作为专题研究成果之一的《语文学习指导论》分册，吸收了近年来语文课程学习指导的相关研究成果，对语文课程学习指导的意义、内容和门径，语文课程学习目标、过程、规律的指导，识字写字学习、阅读学习、写作学习、口语交际学习、综合性学习的指导等问题，都设立专章予以论述。在论述中，既有系统的理论探讨，又有具体的操作指导；既有历史经验的解说，又有现实方法的描述。语文教师学习研读这本著作，掌握它的理论要点和实践要领，就可能对学生的语文课程学习进行科学有效的指导。

对学生的课程学习进行科学、有效的指导，是教师的基本职责，也是衡量教师教学素质的重要指标之一。这套丛书对于帮助语文教师系统掌握语文课程学习指导的基本理论，灵活掌握语文课程学习指导的有效方法，成为语文课程学习指导实践的行家里手，成为受学生欢迎的语文教师，具有实际价值和意义。

目前，我国新一轮的基础教育课程改革正在逐步推向深入，课程改革成功的关键是实施课程的广大教师。更新教师的课程理念，培养教师的教学素质，加快教师的专业发展，成为摆在我们面前的重要课题。这套语文课程学习理论丛书从指导学生的语文课程学习入手，为语文课程的研究、开发和实施开辟了一条新路。我愿意向广大语文教师和语文教育工作者推荐这套新丛书，希望它能够成为大家喜欢阅读和感到有用的案头必备书。

是为序。

田慧生

2010 年仲夏于中央教育科学研究所

（作者为中央教育科学研究所副所长、研究员、博士生导师，全国教育科学规划教育理论学科组成员，北京大学、西南大学兼职教授）

“21 世纪语文课程学习指导丛书” 前言

学习，作为人类联系客观世界和主观世界的重要活动，从孔子“学而时习之，不亦说乎”那个时代起，就成为人们研究的一个母题。但由于学科分化过程中的诸多原因，一直以来学习只是作为心理学、教育学领域研究的一个方面，没能形成一个独立的学科。20 世纪中期，国际社会提出了“教会学习”“学会学习”的口号，联合国教科文组织（UNESCO）《学会生存：教育世界的今天和明天》《教育：财富蕴藏其中》等报告又提出了“终身学习”“学会学习”“学习化社会”等理念，学习得到前所未有的重视，对学习问题的研究也日渐增多。随着知识经济时代、信息化社会的到来，人们开始从不同的学科视角对人的学习进行深入研究。20 世纪 80 年代，随着我国人才学的创立和发展，人在成才过程中的学习问题成为人们研究的热点。一批有识之士把“学习”从其他学科中独立出来，进行全方位、系统、综合的研究，并在构建学科理论体系上做出了切实的努力，学习作为一门新兴的独立学科——学习科学，终于在中国大地上应运而生了。它的诞生，为语文学习问题研究提供了强大的理论支持，也为广大教师的语文学习指导提供了丰厚的实践指南。

对于语文学习问题的研究，自 1904 年语文独立设科以来间有专论发表，如天民的《自习主义读法预习法》（1917）、杨贤江的《初中学生学习国文的旨趣》（1923）、萧楚女的《中学国文修学指导》（1923）、陈东原的《国文学习法》（1923）、陶行知的《读书与用书》（1934）、叶苍岑的《对中学新生谈国文学习》（1942）、叶圣陶的《略谈学习国文》（1942）、叶圣陶的《中学国文学习法》（1948）、宋云彬的《语文学习三阶段》（1950）、周祖谟的《怎样自学语文》

（1954）、冰心的《漫谈语文的教与学》（1959）、叶圣陶的《认真学习语文》（1962）、张志公的《从儿童学字的角度看书写工具》（1962）、苏步青的《略谈学好语文》（1979）、魏书生的《培养学生的自学能力》（1981）、张隆华和周庆元的《阅读是学习之母——阅读心理测试小结》（1981）、顾黄初的《"多读多写"辨析》（1982）、韩雪屏的《有效地进行精读训练》（1986）、陈日亮的《得法养习历练通文》（1996）、许建中的《语文学习基本规律探讨》（2002）、王光龙的《语文学习方法的理论探讨》（2003）、朱绍禹的《以问题为纽带的阅读学习新理念》（2004）、王光龙的《语文学习素质及其培养》（2005）、曾祥芹的《阅读的主体间对话和陌生感体验》（2006）、王光龙的《语文学习方式的选择和运用》（2008）等。这些专论虽然是对语文学习具体问题的零散的研究，但反映了人们长期以来对语文学习问题的持续关注，展示了对语文学习问题研究的思想认识成果。

新时期以来，对语文学习问题的研究更加深入，出版了10多部语文学习研究论著，如曾祥芹和韩雪屏的《阅读学原理》（1989），佟士凡的《语文学习论》（1993），王光龙的《语文学习方法学》（1993），董国华的《初中语文学习方法指导》（1995），林化君、陈黎明和张幼冬的《追问与发现——语文学习心理论》（1998），曾祥芹的《阅读学新论》（1998），毓明笠的《中学语文学习心理与学习方法研究》（1999），王光龙的《语文学习方法的理论与实践》（2002），王光龙的《语文学习概论》（2003），许建中等的《语文高效学习艺术》（2005），陈玉秋的《中学生作文学习与人的发展》（2005），乔桂英的《阅读学习方法指导学》（2007）等。这批论著的内容涉及语文的阅读学习、作文学习、学习方法、学习艺术、学习心理、学习素质等方面，使我国语文学习研究的内容得到进一步深化和拓展。这一时期，在部分高校教材如《语文学科教育学》《语文教学论》《语文课程与教学论》的内容框架中，语文学习也列为独立的一章了。而将一般的语文学习研究与当前的语文课程学习研究联系起来，从语文课程学习指导角度来研究中小学生的语文学习问题，则是21世纪基础教育语文课程改革中提出的新课题。

21世纪之初在全国范围推行的基础教育语文课程改革，为语文学习研究提供了新的契机和动力。新的课程标准突出了学生的学习主体地位。如《义务教育语文课程标准（2011年版）》在课程理念中指出："学生是学习的主体。语文课程必须根据学生身心发展和语文学习的特点，爱护学生的好奇心、求知欲，鼓励自主阅读、自由表达，充分激发他们的问题意识和进取精神，关注个体差异和不同的学习需求，积极倡导自主、合作、探究的学习方式。教学内容的确定，教学方法的选择，评价方式的设计，都应有助于这种学习方式的形成。”在教学建议中指出：“学生是语文学习的主体，教师是学习活动的组织者和引导者。语文教学应在师生平等对话的过程中进行。语文教学应激发学生的学习兴趣，注重培养学生自主学习的意识和习惯，引导学生掌握语文学习的方法，为学生创设有利于自主、合作、探究学习的环境。应尊重学生的个体差异，鼓励学生选择适合自己的学习方式。”

新的课程标准对学生的语文学习提出了明确具体的学习目标。如《义务教育语文课程标准（2011 年版）》在课程目标中指出：“培育热爱祖国语言文字的情感，增强学习语文的自信心，养成良好的语文学习习惯，初步掌握学习语文的基本方法。”“能主动进行探究性学习，激发想象力和创造潜能，在实践中学习和运用语文。”《普通高中语文课程标准（实验）》在课程目标“积累·整合”中规定：“能围绕所选择的目标加强语文积累，在积累的过程中，注重梳理。根据自己的特点，扬长补短，逐步形成富有个性的语文学习方式。了解学习方法的多样性，掌握学习语文的基本方法，能根据需要，采用适当的方法解决阅读、交流中的问题。通过对语文知识、能力、学习方法和情感、态度、价值观等方面要素的融汇整合，切实提高语文素养。”

如何落实语文课程的理念和目标，承担和加强对中小学生语文课程学习的指导，是广大语文教师教学实践中面临的新问题，也是语文教育理论工作者需要研究的新课题。依据语文课程改革的需要，全面开展语文课程学习指导的研究，是新世纪基础教育课程改革赋予我们的重要历史责任。

依据系统论的原理，语文课程学习指导的内容也是一个大系统。这个大系统应该由两个子系统构成，一个是语文课程学习内容系统，一个是语文学习心理、行为系统。语文课程学习内容系统包括：一、义务教育阶段语文课程学习内容：识字写字、阅读、写作、口语交际、综合性学习；二、普通高中阶段语文课程学习内容：1. 必修课程内容：阅读与鉴赏、表达交流；2. 选修课程内容：诗歌与散文、小说与戏剧、新闻与传记、语言文字应用、文化论著选读。语文学习心理、行为内容系统，包括语文学习心理、语文学习方法、语文学习习惯、语文学习方式、语文学习模式、语文学习管理、语文学习素质等。语文课程指导内容系统图示如下：

- 语文课程学习指导系统
  - 语文课程学习内容
    - 义务教育语文课程学习内容
      - 识字与写字
      - 阅读
      - 写作
      - 口语交际
      - 综合性学习
    - 普通高中语文课程学习内容
      - 必修
        - 阅读与鉴赏
        - 表达与交流
      - 选修
        - 诗歌与散文
        - 小说与戏剧
        - 新闻与传记
        - 语言文字应用
        - 文化论著选读
  - 语文学习心理行为
    - 语文学习心理
    - 语文学习方法
    - 语文学习习惯
    - 语文学习方式
    - 语文学习模式
    - 语文学习管理
    - 语文学习素质

全面开展对语文课程学习指导的研究，不仅要清楚指导的内容结构系统，而且要综合和融汇指导的内容，从有利于学生学习和教师指导出发设计出一个指导的框架体系。综合和融汇的主要对象是语文课程学习内容这一子系统。义务教育阶段和高中阶段的语文课程学习内容，虽然有其分明的阶段性和不同的学习目标，但高中语文课程学习的内容是在义务教育阶段基础上的延伸、拓展和深入，呈螺旋上升、综合发展形态。如，高中阶段必修课程内容的“阅读与鉴赏”能力的培养、“表达与交流”能力的培养，都是在义务教育阶段听说读写基本能力基础上向更高层次的发展性培养。高中选修课程内容的“诗歌与散文”“小说与戏剧”“新闻与传记”“语言文字应用”“文化论著选读”等五个系列，也都是在义务教育阶段的阅读、理解、审美、探究和语言运用等能力基础上分文体、分专题的综合语文能力的提高性培养。因而，两个阶段课程学习内容的指导，有必要融汇于一体，以义务教育阶段的语文课程学习内容为框架，延伸到高中阶段的语文课程学习内容。至于语文学习心理和行为指导的内容，我们看到，两个阶段的指导内容呈纵向推进、全面发展形态。虽然义务教育阶段和高中阶段的学生心理行为存在年龄上的差别，但高中生的语文学习心理和行为是在义务教育阶段基础上的进一步发展，表现在学习心理上是由义务教育阶段的他觉、接受、自觉到高中阶段的更为自觉、成熟和稳定，表现在学习行为上则是由义务教育阶段的练习、熟习和习惯到高中阶段的更为自主、有效和灵活。

依据上述对语文课程学习指导内容系统的认识，我们将语文课程学习指导的内容设计为识字写字学习指导、阅读学习指导、文学作品学习指导、写作学习指导、口语交际学习指导、综合性学习指导、语文学习评价指导等若干个模块。将语文学习心理行为指导内容设计为语文学习心理指导、语文学习方法指导、语文学习习惯指导、语文学习方式指导、语文学习模式指导、语文学习管理指导和语文学习素质培养等若干个模块。两个系列的每个模块都可以成为一个独立专题进行研究。每个模块依据需要还可以分为更小层级的模块。如语文学习方法模块，就可以分为识字写字学习方法、阅读学习方法、写作学习方法、口语交际学习方法四个更小的模块，进行更为具体的研究。

从培养学生学会学习和终身学习的角度看，语文学习心理行为系统内容的指导则更为重要。按照心理学对知识的一般分类，学科知识内容属于陈述性知识。陈述性知识也叫描述性知识或记忆性知识，它主要用来回答事物是什么、为什么或怎么样的问题，具有静态的性质。学习心理行为内容则属于程序性知识。程序性知识也叫操作性知识或步骤性知识，其实质是一套对外办事的操作步骤和过程，也包括对内调控的策略知识，主要用来解决做什么和怎样做的问题，具有动态的性质。对于语文学科来讲，陈述性知识的学习指导是基础的、必要的。掌握语文学科基础的陈述性知识，有助于全面提高人的语文素养与文化修养。通过陈述性知识的学习能将部分知识转化为语文心智技能，形成适应工作和生活需要的语言理解与表达能力。而语文学习心理和行为，则是在学习语文学科的陈述性知识的过程中，掌握语文学习方法，养成语文学习习惯，形成有个性的语文学习方式，养成语文学习的基本能力，从而具备现代社会公民的基本学习素质，成为学习化社会中学会学习的人。这理应成为语文课程学习指导的首要目标。这一认识符合教育部《基础教育课程改革纲要（试行)》中规定的课程改革的第一条具体目标："改变课程过于注重知识传授的倾向，强调形成积极主动的学习态度，使获得基础知识与基本技能的过程同时成为学会学习和形成正确价值观的过程。”

全套丛书分为十多个分册，虽然每个分册都列为一个独立专题进行研究，但课题组对每个专题的研究和分册的撰写，都对以下四个方面提出了共同的要求，做出了切实的努力：

一、全面落实语文课程的理念和目标

今天的语文课程学习是在21世纪之初启动的我国第八次基础教育课程改革背景下的语文课程学习，《义务教育语文课程标准（2011年版）》和《普通高中语文课程标准（实验）》两个文件是学生语文课程学习和教师指导语文课程学习的基本纲领和具体标准。全面落实语文课程的理念和目标是本丛书编写的基本任务和理想追求。语文课程的理念和目标是语文新课程学习指导的指针和内容。在每一专题的研究和分册内容的编写中，都安排独立的章节阐述“学习理念”和“学习目标”。例如在《识字写字学习论》《阅读学习论》《写作学习论》《口语交际学习论》等分册中都有两个章节分别论述“学习的理念”和“学习的目标”等内容。通过对学习理念、学习目标的专门论述，通过在各章节中渗透学习理念和学习目标，保障语文课程理念和目标的具体落实。对于读者来说，这不仅可以加深对课程理念、目标的理解，提高自己对课程理念和课程目标的认识，而且还可以从实践操作层面落实课程理念和目标。

二、追求专题理论的系统性和先进性

语文课程学习指导每个专题的研究都努力追求建构一个独立的理论系统。理论的系统性体现在每个分册的章节排列顺序及其内在联系上。在每个理论系统中，既有我国古代传统学习理论的深厚基础，又有现代先进学习理论的借鉴运用。如《文学作品学习论》分册的理论体系由十一章构成：文学作品学习概述、中学文学作品学习的变革与发展、文学作品学习的理论基础、文学作品学习的基本内容、文学作品学习的心理机制（上、下）、文学作品学习方法（上、下）、不同体裁文学作品学习、文学作品学习评价、文学作品的课外学习。这样一个理论体系，虽然还不能说已经十分全面和完善，但它毕竟创建了一个比较合理的理论系统，为后人的继续研究提供了初步理论框架和基本内容设置，给读者提供了一门系统的理论知识和一个开放的理论视野。各专题理论的先进性体现在综合运用当代课程论、教学论、学习论、心理学、语言学、文学等学科新的研究成果，形成专题的理论系统。各专题理论的系统性和先进性使它能够在语文课程改革的实践中有效指导中小学生的语文课程学习。

三、注重学习指导的实用性和操作性

语文课程是一门实践性很强的课程，语文学习是一种语言心智技能学习，因此，语文课程学习指导追求理论的实用性和实践的操作性。本丛书虽然各册论述的内容不同，但在阐述其专题学习理论时，都十分重视理论的实用性和指导的操作性。如《阅读方法指导论》分册，先设第一、二、三章对阅读学习方法的地位、内容、目标和历史发展等进行全面论述；中间在第四章“朗读的方法”、第五章“默读的方法”、第六章“精读的方法”、第七章“略读的方法”、第八章“速读的方法”里都设指导与运用一节，专门论述阅读方法的实践指导和操作运用问题；第九章“阅读学习方法的指导”，对阅读学习方法指导的意义、原则、模式和方法做了系统论述；最后第十章论述“阅读学习方法的检测和评价”。这样一个内容框架安排，充分体现了阅读学习方法指导理论的实用性和实践指导的可操作性。语文教师能够从中既获得系统的学习指导理论，又可以掌握阅读学习方法指导的具体操作要领，从而提高阅读学习方法指导的科学性和有效性。

四、提供语文教师专业培训的实用教材

教育部《关于大力加强中小学教师培训工作的意见》中明确指出：“教育大计，教师为本。有好的教师，才有好的教育。教师培训是加强教师队伍建设的重要环节，是推进素质教育，促进教育公平，提高教育质量的重要保证。”加强语文教师培训，也是深入推进当前语文课程改革的重要举措和保障。教师培训的模式、方式虽然多种多样，但都需要设计合理和方便使用的培训教材。本丛书以两个语文课程标准为依据，以新的语文课程理念为指导，着眼于学生学会学习和教师有效学习指导，分专题对语文课程学习内容及其指导进行了全面的论述，使语文课程学习理论与学习指导得到有机结合，努力满足中小学教师对语文课程学习指导实践的需要，成为语文教师专业培训的实用教材。同时，本丛书还可以作为语文教师在职专业进修的自修教材。

经过编委会同人数年的艰苦创作，丛书即将出版。站在学生学习的立场，从指导学生的课程学习着眼，编写一套语文课程学习指导丛书，的确是一种前人没有过的创举。在丛书出版之际，我真诚地感谢编委会全体同人的工作和友情。为了推动新一轮的语文课程改革，为了促进中小学生的语文课程学习，为了创建我国的语文学习科学大厦，大家认真写作，锲而不舍，相互勉励，友好合作，以共同事业为纽带结成了一支有实力、讲智慧、重情义的学术团队。靠着这样一支学术团队，完成了这套三百万字的中型学术丛书！

丛书学术顾问朱绍禹先生生前十分关心和支持本丛书的编写工作。他曾多次解答作者的咨询，并对几位作者的部分书稿亲笔批示修改意见。那时朱先生因腰部受损已经不能长时间伏案工作了，有时他就垫块软垫跪伏在地板上写批阅意见。当我知道这一情况后，心底十分感动以至震撼！每当丛书编写和出版遇到困难时，脑际就会浮现出朱先生跪伏写批语的情景，这激励我决心克服一切困难完成丛书的编写工作，以告慰朱先生的在天之灵。丛书学术顾问陶本一先生在住院期间仍询问丛书的进展情况，他的关心和激励是我坚持奋进的莫大动力。对两位先生的关心、指导和鼓励，我们表示深深的谢意！

中央教育科学研究所副所长田慧生教授在百忙中为丛书赐序，对丛书编写的现实意义做了充分肯定，对丛书的内容特点做了高度概括，对丛书的使用价值做了积极评价。杭州师范大学前校长、浙江省重点学科“课程与教学论”负责人林正范教授和人文学院的领导对丛书的编写一直给予关心和支持。语文出版社王旭明社长对丛书选题给予了肯定，对出版给予了支持；各位责任编辑先生为丛书出版付出了辛劳。在此一并表示我们由衷的谢意！

王光龙

2011 年立冬时节于杭州三塘

目　录

导论　口语交际学习研究概述

口语交际在人类历史上是最早最原始的实践活动之一，甚至口语交际在类人猿向人类进化的过程中都发挥了重要作用。众所周知，语言是思维的物质外壳，是人类文化的重要表现形式，而口语则在其中扮演了重要角色。口语交际作为人类的重要实践活动，其既是一门艺术，也是一项技术，因而有必要通过系统的学习进行掌握，所以如何学习口语交际也就日益受到当代教育的关注。

一、 口语交际学习研究的背景

口语交际学习研究在当前受到重视，既源于人们对口语交际在人类社会实践中的重要地位的认识，又源于口语交际学习是我国当前基础教育课程改革的重要内容，还源于当代社会口语交际学习所遭遇的困境。

（一）口语交际作为重要的实践活动

口语交际实践是人类社会的基本实践活动。人类社会的其他实践活动，如经济活动、政治活动、教育活动、文化活动等都离不开口语交际活动。口语交际的重要性使口语交际能力成为个体必须具备的基本能力。在人类社会实践中，口语交际实践在社会发展和个体发展中都表现出无法替代的地位和作用。一方面，口语交际是社会发展的基本纽带。人与人之间的交往活动是人类社会的基本活动，也是人类生活的基本形态。事实上，从古至今，人与人之间的交往活动往往都依赖于口语交际，口语交际也就成为人们在政治、经济、文化、教育等实践活动中行使的基本手段。人类社会也正是凭借着口语交际等基本形式，才能增进理解和情感，实现社会和谐发展和个体之间、民族之间的友好相处。另一方面，口语交际是个体发展的基本途径。口语交际是个体获取信息的重要渠道，也是个体发展思维、发展人格、学会与他人相处、建立外界联系的重要手段。所以，与其说口语交际是一项人类社会的实践活动，不如说口语交际是促进个体身心健康成长的必修课程。

（二）口语交际成为重要的学习领域

口语交际学习是我国基础教育阶段学生学习的重要领域。在我国基础教育课程改革中，《语文课程标准》强化了口语交际学习的重要地位以及在个体发展中的重要作用。该标准强调现代公民必须具备包括阅读理解与表达交流在内的多项技能，认为语文教学就是要使学生具有适应实际需要的包括口语交际在内的多项能力，而语文课程的各项教学均需考虑其对个体口语交际能力的影响。这种基本认识体现在《语文课程标准》在总目标和阶段性目标之中。例如，在《义务教育语文课程标准（2011 年版）》总目标部分就明确指出，语文教学要使学生“具有日常口语交际的基本能力，学会倾听、表达与交流，初步学会运用口头语言文明地进行人际沟通和社会交往”；同时，在阶段性目标中，把“口语交际”作为同学生的“识字与写字”“阅读”“写作”“综合性学习”等能力领域相并列的第五项能力领域。所以，作为基础教育的重要实践领域，口语交际学习的研究也就受到学者们的关注。

（三）口语交际成为重要的时代话题

在整个人类历史上，口耳交流都是人们日常生活实践的主要信息交流方式，这种活生生的口耳交流在实现信息传递、增进人际情感和实现心灵沟通的同时，也发挥着提高口语交流能力的功能。但当信息时代来临之后，网络技术的发展改变了个体之间的交流形式，即从传统的“口耳”交流转向了“人机”交流，人际交流开始更多地倚重于网络技术，即使在在日常生活实践中，人们的沟通与交流也开始依赖于网络来进行。所以，以往训练个体口语交流技能的日常生活实践开始丧失这项功能，甚至弱化或阻碍着个体口语交际能力的发展。因此，发展个体口语交流技能就不得不转嫁于有目的、有计划、有组织的学校教育活动。那么，学校教育如何通过有效的活动来发展个体口语交际能力就成为重要的时代话题。

二、 口语交际学习研究的意义

口语交际学习研究具有十分重要的意义，其至少包括如下三个方面。

（一）通过口语交际学习研究建构口语交际学习知识

人类活动包括三种基本形态，即本能活动、经验活动和反思活动，而口语交际学习研究则属于重要的理性反思活动。一方面，口语交际学习研究对人类已积累和创造的有关口语交际学习方面的知识加以粹取，对能给予口语交际学习以帮助的各相关学科如学习心理学、语用学、教育学中的知识进行梳理、总结、反思，提炼那些超越不同历史时期以及不同地域、民族与文化的、具有恒久价值的口语交际学习理论。另一方面，口语交际学习研究通过探究特定历史条件下、具体情境下的口语交际学习实践现象，来总结生成更具操作性的、实践性的口语交际学习或个体知识。这种实践知识或个体知识是一种具有境遇性的、亲历性的知识，因而其更鲜活、更具生命活力，更能指导口语交际学习实践。

（二）通过口语交际学习研究引领口语交际学习实践

有没有理论基础的指导是判断自发自在学习和自觉自为学习的重要依据。口语交际学习的研究无疑是通过口语交际学习现象和问题的深度认知和自觉体认，来为个体口语交际学习提供理论指导，从而使口语交际学习成为一种自觉自为的行为。口语交际学习研究能够探明口语交际学习的发生过程，分析有效的口语交际学习的基本特征，其不仅能在大量的感性经验的基础上总结归纳出一定的学习法则，也能对口语交际学习领域的知识进行系统解读和反思，使其系统化、条理化，从而为学习者理解口语交际学习提供理性认识，为教师指导学生学习口语交际以及学生自学口语交际提供指导。但同时也要认识到，任何研究都是“后实践的”，所谓“前实践”的未来思考也不过停留在预测层面，也就是说用学习研究得来的法则理论来完全指导具体情景下的口语交际学习行为，往往也会遭遇不少困难，其原因在于任何学习都具有境域性、主体性，学习者大脑的运演过程也受到众多变量的影响。此外，在口语交际学习中，学习活动是否有效，其关键在于是否有效地控制了影响学习的心理变量。所以，人们可以通过口语交际学习研究发现口语交际学习所涉及的心理变量，探索如何有效地控制这些变量来提高口语交际的效果，进而优化口语交际学习或教学行为。

（三）通过口语交际学习研究提供口语交际学习研究范例

口语交际学习研究不仅能够提供有关口语交际学习领域的知识、技能和方法，而且也提供了分析、探讨和从事口语交际学习研究的途径和方法。所以，作为一项口语交际学习研究，研究者既通过行文向读者展示着影响口语交际学习质量的关键因素，也在向读者说明作者认为最具研究价值的口语交际学习现象、口语交际学习研究的具体方法以及这些方法使用的范畴。并且，通过研究结论的叙述，读者还能对已有的口语交际学习研究进行反思，进而剖析其优劣点，构造出更加合理的、系统的口语交际学习研究范例。事实上，尽管本研究在对口语交际学习进行描述和反思，为口语交际学习提供了具有一定指导价值的观点，但本研究更多程度上仅仅是一种抛砖引玉，为更多学者探索这个领域提供引子，同时也期待更多研究者关注这个重要的领域。

三、 口语交际学习研究的对象

任何一项研究必须准确把握和界定其探讨对象，口语交际学习研究也不例外。在学术领域中，“研究对象”概念本身就颇受争议。迄今为止，关于“研究对象”概念存在着两种主导型观点：一是认为研究对象就是研究所关注的现象；二是认为研究对象就是研究所提出的问题。其中，前者把研究对象看作是不依赖于研究者而存在的客观事物；后者则把研究对象视为主客体相互作用的产物，是客观事物与研究者的交融之物。众所周知，关于“研究对象”的这两种争论由来已久，且具有各自的思想渊源。但是，本研究更倾向于采用统整的视角来认识研究对象本身，即把研究所涉及的现象和提出的问题看作统一的、连续的系统，而非一种非此即彼的对立关系。基于这点定位，本研究认为，口语交际学习研究的对象就是口语交际学习的现象和问题。在这里，口语交际学习的现象既包括日常生活中的口语交际学习，也包括学校教育中以口语交际为重要内容的学习活动；口语交际学习的问题则包括口语交际学习者或教学工作者在口语交际学习或教学过程中所遇到的困惑或障碍。

同其他任何学习活动一样，口语交际学习活动也属于一种人为建构的活动，这种活动具有建构性、发展性和形成性等特征。从这种意义来讲，口语交际学习研究的对象也经历着不断发展和建构的过程，其往往通过研究视域的拓展而不断地充实和完善，其最终在于建构一种理想的口语交际学习活动。所以，这里也可以认为，口语交际学习研究的对象在本质上是一种理想的口语交际学习活动。

四、 口语交际学习研究的内容

口语交际学习作为重要的学习领域或学习现象，其有很多方面值得人们进行分析和探讨。本研究从揭示口语交际学习的基本规律以及指导口语交际学习实践的基本视角出发，主要探讨了口语交际学习的如下问题。

第一，口语交际的历史沿革。通过分析历史上的口语交际形式或论述，了解口语交际（活动）的历史，以及口语交际在古代生活中的存在形式和地位。

第二，分析口语交际的素养结构，即个体要进行有效的口语交际必须具备的素质。通过分析口语交际素养结构来了解口语交际学习所追求的目标以及口语交际学习者需要通过口语交际学习达成的结果。

第三，探讨口语交际学习的内涵、价值、地位、功能与目标。什么是口语交际及其口语交际学习？口语交际学习能够满足个体或社会发展的哪些需要？其地位如何？等都是口语交际学习研究必须关注的问题。在此基础上，口语交际学习研究还要探讨口语交际学习的功能及其追求的目标。

第四，分析口语交际学习的类型与特点。口语交际学习研究要分析口语交际及其学习的基本类型，以及这些类型的口语交际学习具有的特点。

第五，口语交际学习的心理认知过程。口语交际学习研究要探讨学习者在口语交际学习过程中的心理认知过程，其包括听话的心理认知活动和说话的心理认知活动，以及这种“听-说”活动所表现出来的基本特征。

第六，口语交际学习的基本理念。口语交际学习活动的建构总是建立在特定的理论观念基础上，那么有效的口语交际学习应该持有怎样的理念也就成为口语交际学习面临的重要问题。通过分析口语交际学习的理念，可以进一步明确口语交际学习行为所凭借的依据，并从理性上规范口语交际学习行为。

第七，口语交际学习的基本原则。口语交际学习需要遵循一定的原则，这些原则是基于口语交际学习规律和理念所提出的、指导口语交际学习的一般规则。所以，有效的口语交际学习应该依循哪些原则也就成为口语交际学习研究的重要问题。

第八，口语交际学习的基本方法。在口语交际学习原则的指导下，口语交际学习可以采取哪些具体方法？本研究将从实践和理论上归纳与提炼这些方法。

第九，口语交际学习的心理调控。在口语交际学习过程中，学习者会产生不同程度的心理障碍，所以如何克服这些心理障碍、激发学习者的学习动机和兴趣，也就成为口语交际学习研究的重要内容。

第十，口语交际学习的指导。学习指导是提升口语交际学习效果的重要因素，所以指导口语交际学习的方法、原则和途径等也就成为研究的重要内容。

第十一，口语交际学习的评价。作为一项重要的学习实践活动，有必要对活动效果或结果进行检验，因而口语交际学习的评价也是一个重要问题。这里将从评价标准、评价理论和评价方法等方面对口语交际学习活动的评价进行探讨。

五、 口语交际学习研究的方法

口语交际学习研究既要探究口语交际学习的一般规律，又要分析口语交际学习的有效策略。所以，口语交际学习研究并没有放之四海而皆准的方法，其只能根据研究问题的性质和需要，灵活地运用其他人文社会科研究所采用的基本方法。本研究则主要采用了如下几种重要的方法。

文献法：即系统梳理古今中外有关口语交际学习的文献资料。一方面，悬置先验的旧有观点，直面丰富的史料；另一方面运用现代先进的批评方式和手法厘定和钩沉各类文献资料的思想内核，探根溯源分析各类观点的初始背景，剥离材料的表象，拈出口语交际学习智慧的“永恒要素”，再以现代理论建构原理去推演、补充它的理论外壳，并使之系统化，以形成口语交际学习的有效定则。

调查法：本研究将访谈调查与问卷调查相机使用，精心编制开放式问卷，从母群中随机抽取样本，分类统计调查对象对不同问题的看法，科学分析各类要素之间的相关关系，从而实现调查目的。

深入访谈法：本研究将主要采用结构式访谈，即访谈调查主要按事前准备的问题及预拟答案（如同意、不同意、无意见等）来进行。研究者可针对口语交际学习中的某一问题与受试者面对面地交谈，容许对方按其自由意志对所谈的问题充分表达自己的态度和意见。

个案研究法：抽取优秀个案，敏锐捕捉口语交际学习实践中闪现的有理论价值和实践意义的个案，对其进行深入分析，抛弃理论先行和先验思辨的研究定型，关注口语交际学习的优秀个案追踪和实证描述，对其进行深度理性思考和提升，归结出新的理论问题与结论，并将之融入已有学习法则理论中。

参与观察法：借用民俗学家最早用以研究不同民族风俗习惯的方法，此法主要用于学校口语交际学习境域中，可委托或同学校教师一起以参与者的身份，直接观察学生自然流露的口语交际学习行为，从而了解其问题所在。

第一章　口语交际学习的历史沿革

口语交际，在我国当代汉语言教学研究的现实处境中是尴尬的，它好比是大餐中的一道鸡肋，始终未能获得应有的位置和地位。但是它悠久而特殊的发展历史依然证明了口语交际在汉语言发展的历史上乃至中华民族的文化发展长河中所起到的不可替代的重要作用，它不断演绎着口语交际从内容、形式到艺术的发展变化。口语交际的学习更多的是在政治、军事和社会生活中的潜移默化、浸润影响，从而实现学习的目的。我们研究口语交际学习的历史，也只能从历史文献记录的经典范例中去还原、解读有关口语交际学习历史的冰山一角。

第一节　夏商时期的军事政治演说辞

古代中国口语交际的滥觞乃是最早的军事、政治演说辞。当时没有正规的口语交际教育，但是交际辞令却较为发达。有据可查的早期口语艺术作品，见于我国最早的历史文献典籍《尚书》。其中的《甘誓》是我国现存最早的军事演说辞，《盘庚》则是最早的政治演说辞。它们反映着那个时代口才艺术发展的水平，体现出口才艺术随社会的发展而发展的历史轨迹。

一、　夏启的誓师演说

公元前21世纪，夏启在与有扈氏大战于甘之前作了一次军事动员式的誓师演说。他对六军将领们说：

“嗟！六事之人，予誓告汝：有扈氏，威侮五行，怠弃三正，天用剿绝其命。

今予惟恭行天之罚。左不攻于左，汝不恭命。右不攻于右，汝不恭命。御非其马之正，汝不恭命。用命，赏于祖。弗用命，戮于社。予则孥戮汝！”①

这段简短的战前动员令大意是：我向你们发誓，有扈氏不遵循道义，冒犯了金木水火土五行，放弃正朔大典，怠慢了天地人三正，上天因此要剿灭他们。现在我奉行上天的意志去惩罚他。左军如果不从左翼进军，你们就是没有听从我的命令；右军如果不从右翼进军，你们就是没有听从我的命令；驾车者如果不驾正战车，你们就是没有听从我的命令。如果你们听从我的命令，我将在祖庙里赏赐你们。如果你们不听从我的命令，我将在神面前惩罚你们。不仅要惩罚你们，还要惩罚你们的子孙。

这是一段典型的类似于独白的口语交际学习的典范。它以口头言语为载体，将自己的思想感情传递给六军将士。这篇动员令虽然简短，但内容充实，条理分明，语气坚定，恩威并施，充分显示了夏启良好的口才，也表明我国在4000多年以前口才艺术已达到相当高的水平。

二、 盘庚的迁都演说辞

公元前13世纪，盘庚为了克服政治危机，缓和社会矛盾，巩固王朝政权，盘庚毅然决定把都城从耿（今山西河津。一说从奄，今山东曲阜）迁到殷地（今河南安阳西北）。当时这个主张遭到许多贵族和臣民的反对，民心浮动。为了说服贵族和臣民们迁都，盘庚先后发表了三次政治动员，终于完成了迁都大业。他的第一篇演说，是迁都之前对贵族们的劝说；第二篇是迁都之际对奴隶们的“危言”；第三篇则是迁都后对贵族大臣们的安抚。

盘庚的演说软硬兼施，恩威并加，具有很强的说服力和感染力，其演说技巧非常高超。他善于运用比喻来说明事理，他把旧都比作“颠木”（被伐倒的树木），把新都比作重新萌出的新芽；把散布流言所起的影响之大，比作“火之燎原，不可向迩”；把不听告诫而造成的危险，比作“乘舟，汝弗济，臭厥载”，不是借助船只渡到彼岸，而是赖在船上跟旧船一起朽烂。他把“施实德于民”，比作“若网在纲，有条而不紊”；就像农夫只有尽力耕作，才会有好收成。这些比喻十分生动、贴切，而且极富哲理性。

① 杨任之译注．尚书今译今注［M］．北京：北京广播学院出版社，1993：69.

这三篇演说观点鲜明，态度坚决，内容丰富，条理清楚，语言生动，措词有力，晓之以理，动之以情，诱之以利，禁之以势，感情充沛，语气恳切，充分表现了我国先民高超的口才艺术。

第二节　春秋战国时期的游说论辩

春秋战国时期的游说论辩是中国口语交际的盛行期。口语交际最发达的春秋战国时期，士阶层为了施展抱负，为了获得统治者的宠幸而游说进言；同时由于列国纷争，使节往来频繁，“公关”及外交方面的口语交流的需求激增。故而口语交际学习之风盛行。

许多纵横家辩论家的名字广为传颂，如苏秦、张仪等。历史也记载了许多这方面的佳话：张仪说楚，六国合纵；触龙说赵太后，不动兵刃而保全赵国；烛之武说秦，挽赵国于危难等等。不仅如此，当时的一些大文学家思想家也都具有极高的辩才：墨子在与儒家的论辩中形成“墨辩”辩学；庄子汪洋恣肆的论辩才能，孟子行云流水般的论辩艺术，至今让我们叹为观止。

一、《论语》 与最早的口语交际教学科目

（一）“言语”——最早设置的口语交际教学科目

真正把口语交际独立设科，最早进行教学的是春秋时期的教育家、思想家孔子。他在教学中设有“德行、言语、政事、文学”四科，其中，“言语”紧列“德行”后面，而这“言语”就是为交际而开设的口才练习课。从这儿我们可以看出孔子十分重视口语交际学习能力的培养。“子所雅言，《诗》《书》、执礼，皆雅言也。”（雅言，即当时的标准话）

众所周知，孔子曾游说列国，四处宣讲自己的政治主张，后来又回归故里，聚徒讲学，始终没离开过一个“言”字。彪炳千古的《论语》，亦并非“书”，而是“言”，是他的弟子们记下的他在课内课外说过的话。“学而时习之，不亦说乎”，“三人行，必有我师焉”，“岁寒，然后知松柏之后凋也”……孔子与弟子的这些对话，至今仍被世人奉为人生信条，堪称交际语言学习的典范。

（二）《论语》对口语交际目的和意义的认识

孔子对言语的价值有清醒的认识。他特别强调要重视言语，他说“君子于其言，无所苟而已矣”。（《论语·子路》）对于措辞说话，得严格认真，不能有一点儿马虎。

孔子对言语教育的目的认识。刘宝楠在《论语正义》中说：

《孟子·公孙丑》篇：“宰我、子贡善为言辞，冉伯牛、闵子善言德行，孔子兼之，曰：我于辞命，则不能也。”是言语以辞命为重。《毛诗·定之方中》传：“故建邦能命龟，田能施命，作器能铭，使能造命，升高能赋，师旅能誓，山川能说，丧纪能诔，祭祀能语。”此九者皆是辞命，亦皆是言语，皇疏引范宁曰：“言语，谓宾主相对之辞也。”范以当时最重邦交，故言语皆当指此事，亦是举彼一端，以例其余。①

由此可见，孔子的言语教育目的是培养学生能够运用语言进行交际，提高言语交际的能力。所以，孔子的弟子能够做到“束带立于朝，可使与宾客言”（《论语·公冶长》），“使于四方不辱君命”（《论语·子路》）。甚至司马迁在《史记·仲尼弟子列传》中对孔子弟子的口才大加赞扬，称赞宰我是“利口辩辞”，称赞子贡是“利口巧辞”。

（三）孔子对言语教育功能的认识

言语的社会功能。孔子认为言语能够关乎国家、社稷的安危，“一言而可以兴邦”、“一言而可以丧邦”（《论语·子路》）。言语是知人论事、传道授业进行交际的工具。“不知言，无以知人。”（《论语·尧曰》）“君子一言以为知，一言以为不知。”（《论语·子张》）“子曰：‘予欲无言。’子贡曰：‘子如不言，则小子何述焉？’”（《论语·阳货》）

言语对话学习中要讲究道德修养。要学会做人，强调立言者必须立德，在言语交际中要以仁德为本，因此他说“君子务本，本立而道生”（《论语·学而》），“有德者必有言，有言者不必有德”（《论语·宪问》）。做人说话与人交往要“言忠信”（《论语·卫灵公》）、“言而有信”（《论语·学而》），诚实讲信用，认为“人而无信，不知其可也”（《论语·为政》）。言语交际中讲究诚信宽容。孔子的学生曾子说“夫子之道忠恕而已矣”（《论语·里仁》），认为孔子有宽宏大量的

① （清）刘宝楠．论语正义〔M〕．北京：中华书局．1990.1.

胸怀。孔子也要求自己“己所不欲，勿施于人”（《论语·卫灵公》），“我不欲人之加诸我也，吾亦欲无加诸人”（《论语·公冶长》）。认为在言语交际中要能够互相宽容谅解，以豁达的胸怀，超然的态度对待前愆，与人真诚相处，推己及人，与人为善，尊重别人的个性。

要言行一致。要少说多做，说到做到。“言必信，行必果”（《论语·子路》）。为人不可“道听而途说”，（《论语·阳货》）不可信口而雌黄。这是一种学习的态度。

（四）《论语》中对言语特征的认识

内容和形式的统一。孔子说：“质胜文则野，文胜质则史。文质彬彬，然后君子。”（《雍也》）认为话说得得体，合乎礼的要求，不仅要使语言优美华丽，而且还要和质朴的内容有机地统一起来，做到内容和形式的统一。

口语交际要有实践性。孔子自己也从反面批评了没有言语交际能力的行为，他说：“诵诗三百，授之以政，不达；使于四方，不能专对；虽多，亦奚以为?”（《论语·子路》）意思即说，熟读了《诗经》三百首，叫他去处理政务，他处理不好，派他出使外国，又不能独立应对，虽读的多又有什么用呢?

孔子反对巧言。“恶夫佞者”（《论语·公冶长》），认为“巧言乱德”（《论语·卫灵公》）、“利口覆邦国”（《论语·阳货》）。言语交际中要做仁者，以礼节制自己，要做到“非礼勿视，非礼勿听，非礼勿言”。

（五）《论语》中对言语对话的语境把握

重视、区别对待不同的交际对象。孔子认为与人交际时，要看对象说话，要根据交际对象调整说话内容、方式、语态等，这样才能有的放矢，有针对性。指出：“中人以上，可以语上也；中人以下，不可以语上也。”（《论语·雍也》）对中等水平的人，可以对他讲高深的道理，对中等水平以下的人，不可以对他讲高深的道理。又说：“朝，与下大夫言，侃侃如也；与上大夫言，訚訚如也。”（《论语·乡党》）在朝廷中，与同级说话，直率畅快；与上级说话，温和恭顺。

学会把握说话的时机。孔子认为说话应适时而发，相机而为，他说：“侍于君子有三愆：言未及之而言谓之躁；言及之而不言谓之隐；未见颜色而言谓之瞽。”（《论语·季氏》）这是说侍奉君子容易犯三种过失：还没到说话的时候而说话，这叫急躁；该说话时而又不说，这是故意隐瞒；不看君子的脸色、情况而说，这叫盲目。因此，在该说话时再说，不可说时就不说，要见机而语，“可与言而不与之言，失人；不可与言而与之言，失言。知者不失人，亦不失言”（《论语·

卫灵公》)，就能做到既不“失人”也不“失言”。“夫子时然后言，人不厌其言”(《论语·宪问》)，在该说话时说话，别人也不会讨厌他说的话。

重视交际的特定场合。孔子认为言语交际时应重视说话时特定的场合、环境条件等，使语言切合言语环境。《乡党》中载：“孔子于乡党，恂恂如也，似不能言者。其在宗庙朝廷，便便然，唯谨尔。”是说孔子在父兄宗庙所在地这一特殊的场面说话时表现的谦恭温顺，好像不会说话的样子。而在宗庙和朝廷这一特殊的场面中，讲话雄辩，但很谨慎。孔子还指出，“车中，不内顾，不疾言，不亲指”(《乡党》)，“不疾言”，是指不大声讲话。这是说在乘车这一场合时不要大声说话，说了别人也听不见，也不符合礼节。可见孔子很注意说话的语境。

(六)《论语》中言语表达的方法

孔子还认为，在进行言语交际时，要使话说得好，说得巧妙得体，才能达到交际的预期目的，最终可以实现自身的修养和素质的提高。

言语规范，用“雅言”进行交际。“雅言”，乃当时合乎规范的语言，即今天我们所说的普通话，共同语。孔子时代方言分歧严重，有“五方之民，言语异声”的说法。为了达到言语交际的效果，说话内容别人能懂，孔子将当时的标准语——“雅言”列入学习的内容。《论语·述而》载：“子所雅言，《诗》《书》、执礼，皆雅言也。”孔子主张，不论是读书还是执行礼仪都得使用雅言，这样别人才能听懂。

言语交际学习的课程与教学。孔子把《诗经》作为推行“雅言”教育的教科书，首先进行正言、正音的语言教育。“小子何莫学夫诗?”(《论语·阳货》)“不学诗，无以言。”(《论语·季氏》)学《诗》，可以学习“雅言”，说大家都能听懂的标准话，从而可以进一步锻炼、提高语言表达能力。《论语》中孔子还多次提到要学诗，可见他在正音和正确运用语言方面的重视。

孔子在教学实践中因材施教，针对不同的学生作出不同的回答。如《论语·先进》中记载，子路、冉有问“闻斯行诸”的问题，孔子回答子路的是“有父兄在，如之何闻斯行之”? 回答冉有的是“闻斯行之”。之所以作出不同的回答，是因为二人性格不同，“求也退，故进之。由也兼人，故退之。”

学习口语技巧。孔子虽然一贯主张“辞达而已矣”(《论语·卫灵公》)，但也认为“辞不可不修，说不可不善”，非常重视言语表达的技巧，讲究言辞的修饰，主张“情欲信，辞欲巧”(《礼记·表记》)，“言以足志，文以足言，不言，谁知其志! 言之不文，行而不远。”(《左传·襄公二十五年》)话语要奏效，就要加以修饰，只有经过修饰的言辞才能够充分地表达作者的意图，不经修饰，没有优美华丽的词采是流传不广的。《论语·子罕》中有段对话：

子贡曰："有美玉于斯，韫椟而藏诸？求善贾而沽诸？"

子曰："沽之哉！沽之哉！我待贾者也！"

这对话不仅简练含蓄，用语适切，而且还表现了他们师生间的亲切和关爱。从口语交际的角度看，子贡的话中背景语言是说孔子品行才学如美玉，用"求善贾而沽诸"的选择问句表达自己的疑问；孔子回答很肯定，所以用了反复"沽之哉！沽之哉"的修辞手法来强调自己的态度，用"我待贾者也"表达自己的观点，其语言的背景意义是认同子贡的美玉之说，这是他们口语交际的一致性。有这个一致性才有了这次口语交际的融通。

二、 孟子的雄辩辞令的语用技巧

战国人孟子是孔子的继承者。他不仅继承了孔子的儒家思想学说，而且还继承了孔子娴于辞令的风采。不过，他俩各具特色，相对于孔子博大精深的"言"，孟子更擅长"辩"，善用比喻，是一位杰出的雄辩家。《孟子》中记载了他不少说服对方的故事，充分展示了他不同凡响的劝谏语言艺术。请看《孟子·梁惠王下》中的一段对话：

孟子谓齐宣王曰："王之臣有托其妻子于其友而之楚游者，比其反也，则冻馁其妻子，则如之何？"王曰："弃之。"曰："士师不能治士，则如之何？"王曰："已之。"曰："四境之内不治，则如之何？"王顾左右而言他。

从"之楚游者"之友说到"士师"，原来都是铺垫，是为了说到齐宣王的头上。齐宣王没有思想准备，结果只能以乱打岔来回避孟子，但内心是诚服的。孟子的劝谏，旁敲侧击，由此及彼，取得了良好的效果。与此次比较起来，齐宣王另一次受孟子的教育更深。反映其事的《齐桓晋文之事章》，是《孟子》七篇中记载的一段最长的对话。当中精彩之处，历代传诵。

一则：以羊易牛。

臣闻之胡龁曰，王坐于堂上，有牵牛而过堂下者，王见之，曰："牛何之？"对曰："将以衅钟。"王曰："舍之，吾不忍其觳觫，无罪而就死地。"对曰："然则废衅钟与？"曰："何可废也，以羊易之。"

孟子参与这次对话的目的和中心，是要说服齐宣王施行仁政。在对话语境的设置上，要让齐宣王明白自己有"保民"的思想基础。对话中抓住齐宣王"吾不忍其觳觫”这句话，指出其“不忍之心”正是“保民”爱民的根本。在交际中善于发掘对方的共性的对话因素缩短彼此沟通的距离，取得有效的对话效果。

二则：不为者与不能者。

挟泰山以超北海，语人曰：“我不能。”是诚不能也。为长者折枝，语人曰：“我不能。”是不为也，非不能也。故王之不王，非挟泰山以超北海之类也；王之不王，是折枝之类也。老吾老，以及人之老；幼吾幼，以及人之幼，天下可运于掌。

这番话是孟子回答齐宣王“不为者不能者之形何以异”的问题的，正面回答很难沟通，孟子就巧加比喻，以“挟泰山以超北海”对照“为长者折枝”，一下子就把“不为”与“不能”的区别端在了齐宣王的面前。而结尾的“天下可运于掌”，比喻“懂得推恩，天下就很容易治理”，形象鲜明之至！

汉赵岐《孟子题辞》说：“孟子长于譬喻，辞不迫切，而意已独至。”孟子对话的技巧在于精当的用喻，既具有生动的直观性，又能够揭露事物的本质。

三、 百家争鸣的繁荣景象

春秋战国时期，社会从奴隶制向封建制急剧变化。与此相应，思想文化领域非常活跃，出现了“九流互作，百家争鸣”的繁荣景象。谋臣策士，以“说”为业者云集，《战国策》中的苏秦和张仪最具有代表性。“刺股”与“舌在”是两个典故，分别表现了“为从约长，并相六国”的苏秦和“两度相秦，助秦称王”的张仪以说为事业追求与交际艺术。从这两个典故可以看出当时口才学无疑是一门显学。社会崇尚口才，无不以纵横捭阖为能事，个个都是游说雄辩的好手。他们放言无忌，左右权贵，恣肆庙堂，历史的画卷因为他们的精彩对话，增添了一幅幅光芒四射而激动人心的画面。西汉刘向编订的《战国策》，则堪称集大成者。比如，《战国策·秦策》中记载了苏秦说服秦惠王连横的情况：

苏秦始将连横，说秦惠王曰：“大王之国，西有巴、蜀、汉中之利，北有胡貉、代马之用，南有巫山、黔中之限，东有肴、函之固。田肥美，民殷富，战车万乘，奋击百万，沃野千里，蓄积饶多，地势形便，此所谓天府，天下之雄国也。以大王之贤，士民之众，车骑之用，兵法之教，可以并诸侯，吞天下，称帝而治。愿大王少留意，臣请奏其效。”

群雄争辩的典故还散见于诸子百家的典籍之中，比如《墨子救宋》《不死之药》《触龙说赵太后》《唐雎不辱使命》；其他如《晏子使楚》（《晏子春秋》），

《自相矛盾》（《韩非子》），《庖丁解牛》《匠石运斤》《佝偻承蜩》（《庄子》）等。这些经典的口语交际案例中有一个共同点，那就是说者根据当时的情况引经据典、迂回旁劝，而不是就事论事，直接顶撞，运用比喻、幽默等技巧，令听者心悦诚服。这些口语交际经典，均为后世津津乐道。比如，《墨子·非攻》有一段迂回旁劝、逻辑严密的记述：

今有一人，入人园圃，窃其桃李，众闻则非之，上为政者得则罚之。此何也？以亏人自利也。至攘人犬豕鸡豚者，其不义又甚入人园圃窃桃李。是何故也？以亏人愈多，其不仁兹甚，罪益厚。至入人栏厩，取人马牛者，其不仁又甚攘人犬豕鸡豚。此何故也？以其亏人愈多。苟亏人愈多，其不仁兹甚，罪益厚。至杀人不辜人也，褫其衣裘，取戈剑者，其不义又甚入人栏厩，取人牛马。此何故也？以其亏人愈多。苟亏人越多，其不仁兹甚矣，罪益厚。当此，天下之君子皆知而非之，谓之不义。今至大为攻国，则弗知非，从而誉之，谓之义。此可谓知义与不义之别乎？

第三节　秦至晚清的重说轻写

随着秦始皇一统天下，中国进入了封建社会。思想上，历时两千年的封建高压统治，“君权神授”“三纲五常”等道德信条捆住了人们的思想，“言多必失”“三缄其口”成了民众的言说准则甚至于人与人之间的交际态度。制度上，从隋唐开始实施的科举制度，以文章取士，忽视口语本有的价值，淡化口语在一个人学识中应有的地位，致使国人重文轻语的观念根深蒂固。经济上，我国因漫长的封建自给自足的农耕经济模式，人与人进行广泛交际缺乏强烈的社会需求。又由于造纸术的发明和使用，使纸张成为最方便、最实用、最经济的书写材料，也加速了“重写轻说”“以写代说”的社会时尚的形成。

不过，封建社会的“重写轻说”“以写代说”，并不能完全扼杀口语学习活动和口语艺术的生存与发展。一般地说，一种民族语言的口语比书面语更有生命力。皇权独裁的威严也好，科举考试的影响也好，在这一点上都是只有望洋兴叹的。也正因为此，在两千余年漫漫封建历程中，在口语学习失却广阔发展天地，语言环境十分恶劣的悠悠岁月里，我国仍然相继产生了一些杰出的口才家，演说家和雄辩家。尽管他们远不如春秋战国时期纵横四方的争鸣百家那样群星璀璨，但他们在各自的年代里却是光芒四射。

一、 口语交际的社会功用

（一）军事外交

在漫长的封建社会里，口语交际更多的显现出它的社会作用，通过沟通实现自己的交际意图。三国时期的诸葛亮，为家喻户晓的人物。在陈寿著《三国志·诸葛亮传》中有段诸葛亮说服孙权的记述：

时权拥军在柴桑，观望成败，亮说权曰："海内大乱，将军起兵据有江东，刘豫州亦收众汉南，与曹操并争天下。今操芟夷大难，略已平矣，遂破荆州，威震四海。英雄无所用武，故豫州遁逃至此。将军量力而处之：若能以吴、越之众与中国抗衡，不如早与之绝；若不能当，何不案兵束甲，北面而事之！今将军外托服从之名，而内怀犹豫之计，事急而不断，祸至无日矣！"权曰："苟如君言，刘豫州何不遂事之乎？"亮曰："田横，齐之壮士耳，犹守义不辱，况刘豫州王室之胄，英才盖世，众士仰慕，若水之归海，若事之不济，此乃天也，安能复为之下乎！"权勃然曰："吾不能举全吴之地，十万之众，受制于人。吾计决矣！非刘豫州莫可以当曹操者，然豫州新败之后，安能抗此难乎？"亮曰："豫州军虽败于长坂，今战士还者及关羽水军精甲万人，刘琦合江夏战士亦不下万人。曹操之众，远来疲敝，闻追豫州，轻骑一日一夜行三百余里，此所谓'强弩之末，势不能穿鲁缟'者也。故兵法忌之，曰'必蹶上将军'。且北方之人，不习水战；又荆州之民附操者，逼兵势耳，非心服也。今将军诚能命猛将统兵数万，与豫州协规同力，破操军必矣。操军破，必北还，如此则荆、吴之势强，鼎足之形成矣。成败之机，在于今日。"权大悦，即遣周瑜、程普、鲁肃等水军三万，随亮诣先主，并力拒曹公。

诸葛亮与孙权的对话，主要针对孙权的观望态度，首先以"何不案兵束甲，北面而事之"之语激将孙权，紧接着借宣扬刘豫州英才盖世的英雄气概激怒孙权，最终使孙权作出"吾不能举全吴之地，十万之众，受制于人"的决断。其次，具体分析曹军远来的不利因素。第三，预测"鼎足之形成"的良好战争结局。在整个对话过程中，诸葛亮实际上是看准了孙权因对局势判断的不确定性导致的犹豫不决，引导孙权认识"与豫州协规同力"必破操军的可能性和胜利后的有利形势。按照口语交际中"视界融合"理论的观点，可以认为他们有共同抗击曹军的心理基础，诸葛亮和孙权通过对战争局势认识的互动，生成了对战争局势的新判断。只是在这个过程中诸葛亮表现出了更加高超的军事智慧和对话艺术水平。

在《三国演义》中，罗贯中更是把诸葛亮的论辩才能推向了极致，“骂死王朗”“舌战群儒”的精彩为世人所景仰。同样是诸葛亮赴江东劝谕孙权联合抗曹，与其殿下一群力主降曹的文臣展开了的一场激烈的辩论。《三国演义》中诸葛亮针对张昭发难，把口语交际的直接性发挥到极致。

（二）政治讨论

唐朝贞观之治，政治比较开明，纳谏空前。对话的代表作要算唐代史学家吴兢著《贞观政要》。全书8万余言，均以记言为主。它记录了贞观年间唐太宗李世民与臣下魏征、王珪等45人关于施政问题的对话、大臣的谏议等。《贞观政要·论辩兴亡》中的一段君臣对话：

贞观初，太宗从容谓侍臣曰：“周武平纣之乱，以有天下，秦皇因周之衰，遂吞六国，其得天下不殊，祚运长短若此之相悬也?”尚书右仆射萧瑀进曰：“纣为无道，天下苦之，故八百诸侯，不期而会。周室微，六国无罪，秦氏专任智力，吞食诸侯。平定虽同，人情则异。”太宗曰：“不然，周既克殷，务弘仁义；秦既得志，专行诈力。非但取之有异，抑亦守之不同。祚之修短，意在兹乎!”

唐太宗就周“有天下”和秦“得天下”后的国运长短设问，大臣萧瑀以有道无道作为依据分析前朝覆亡的原因。太宗认识则更加深刻：认为国家兴亡不在取得天下的不同，而区别在于治理天下的不同，即是否推行仁义。在这个对话过程中，君臣通过对话信息的互动生成，形成和修正了交际意图的假设，产生了新的认识，堪为对话策略的典范。

二、 口语交际的策略运用

（一）巧用情境语境

通过交际目标的确定选定恰当的交际策略。历史上巧用情境语境的故事很多，东方朔就是其中杰出的代表。汉武帝时的小人物东方朔，他不仅获得了朝廷和民间的认可，而且深受史家与百姓的喜爱。民间广泛传播其奇闻异事，《史记》和《汉书》里面都有他的传，并大书了一笔，这在中国历史上是少有的。为何如此？在《汉书·本传》中有这样一段实例：

久之，朔绐驺侏儒曰：“上以若曹无益于县官，耕田力作固不及人，临众处官不能治民，从军击虏不任兵事，无益于国用，徒索衣食，今欲尽杀若曹。”

侏儒大恐啼泣。朔教曰："上即过，叩头请罪。"居有顷，闻上过，侏儒皆号泣顿首。上问："何为？"对曰："东方朔言上欲尽诛臣等。"上知朔多端，召问朔："何恐侏儒为？"对曰："臣朔生亦言，死亦言。侏儒长三尺余，奉一囊粟，钱二百四十。臣朔长九尺余，亦奉一囊粟，钱二百四十。侏儒饱欲死，臣朔饥欲死。臣言可用，幸异其礼；不可用，罢之，无令但索长安米。"上大笑，因使待诏金马门，稍得亲近。

东方朔当初应诏入京，并未得汉武帝重视。东方朔经过认真考虑，选择了宫中的侏儒制造事端。当汉武帝召问他为何恐吓侏儒时，他采用对照比照的办法，突出说明了自己怀才不遇的委屈。他深知言语交际时交际环境的重要，深知于帝王面前进言邀宠，营造创设愉悦安全氛围的重要。他匠心独运，巧下计策，取得了成功。其睿智善辩、诙谐幽默的善辩口才便显露了出来。

（二）对话中意义生成

口语交际中生成即口语交际的形成性，它表现在沟通双方认识的不断变化上。魏征被唐太宗誉为一面镜子，皆因为他卓越超凡的智辩言语能力。魏征原是太子李建成的洗马，"玄武门之变"后，当李世民声色俱厉地威胁斥责他"尔阋吾兄弟，奈何"时，引用了春秋时管仲射中小白带钩的典故，反问李世民："人各为其主，何错之有？"（《新唐书·列传第二十二·魏征》）反问之中，蕴含着深长的意味。暗示他：你有春秋首霸齐桓公一样的胸怀吗？你有小白的气度吗？你有，你就会有"管仲"，你就会一统天下，成就千秋伟业。李世民正是在这样的反问与暗示下，接纳了魏征，在以后的君臣对话中影响了一个时代的发展。

"建安七子"之一的孔融自小聪敏，善言辞机变。据《世说新语》载：

孔文举年十岁，随父到洛。时李元礼有盛名，为司隶校尉，诣门者皆儁才清称，及中表亲戚乃通。文举至门，谓吏曰："我是李府君亲。"既通，前坐。元礼问曰："君与仆有何亲？"对曰："昔先君仲尼与君先人伯阳，有师资之尊，是仆与君奕世为通好也。"元礼及宾客莫不奇之。太中大夫陈韪后至，人以其语语之。韪曰："小时了了，大未必佳！"文举曰："想君小时，必当了了！"韪大踧踖。

这是有名的孔融"小时了了"的故事。孔融与人攀亲，借用历史上孔子曾问礼于老子之事以示通世之好；针对陈韪的"小时了了，大未必佳"之语，沿着对方的用语思路反推，反治其人之身。"想君小时，必当了了！"就是一种意义的及时生成。

（三）对话中的话题转移

苏轼，在文学上的造诣极高。苏轼善于使用比喻修辞，善于运用幽默手法。《东坡志林》中的《书杨朴事》：

昔年过洛，见李公简言：真宗既东封，访天下隐者，得杞人杨朴，能诗。及召对，自言不能。上问："临行有人作诗送卿否？"朴曰："惟臣妻有一首云：'更休落魄耽杯酒，且莫猖狂爱咏诗。今日捉将官里去，这回断送老头皮。'"上大笑，放还山。余在湖州，坐作诗，追赴诏狱，妻子送余出门，皆哭。无以语之。顾谓妻曰："独不能如杨处士妻作一诗送我乎？"妻子不觉失笑，余乃出。

"坐作诗，追赴诏狱"。"诏狱"，那是皇帝批准逮捕的，而所谓"乌台"即中央监察机构"御史台"，由此可见案情急切严重，凶多吉少。在这样的生离死别之际，"妻子送余出门，皆哭"，当是生活中常见的正常的现象。然而，苏轼却问妻子"独不能如杨处士妻作一诗送我乎？"这就不正常了，大祸临头，却让人作诗，于是诙谐幽默油然而生，其妻也"不觉失笑"了。但这只是事情的一面，如果我们注意到事情的另一面，注意到此问的语言背景，即杞人杨朴作为隐者的超脱与非凡，那么，苏轼宠辱不惊，临危不惧，百折不挠的精神一面就会突显出来，其幽默寄托的思想感情之凝重深刻也就会尤为令人感喟了。

三、"谏"：口语交际的另一种形式

"谏"是封建社会条件下出现的一种言语沟通方式，一般用来指臣下对君主的规劝和建议的文体。作为"谏"的言辞活动，在先秦时代则早已存在，《周礼》《左传》《战国策》均有记载，如邹忌讽齐王纳谏等。《中国通史》第四编第一章第一节："谏院设知院官，对朝政得失、大臣以致百官的过错，都可提出谏言。"①这可以算是一种独特的口语交际形式。

在中国古代，最有影响力和代表性的当数秦李斯的《谏逐客书》、汉主父偃《谏伐匈奴书》和唐魏征的《谏太宗十思疏》等。

从口语交际的世界融合理论角度看，"谏"可以理解为不同的交际对象——

① 范文澜、蔡美彪. 中国通史〔M〕. 北京：人民出版社，2008.

君与臣的不同视界，通过“谏”来实现倾听、理解，相互交合，通过心理移情而产生言说的效果。《谏逐客书》抓住秦王贪婪、统一天下的两大心理特点，有的放矢地向秦王实施攻心术。通过援古证今，论人议物，挥洒自如；或正面叙述史实，得出“由此观之，客何负于秦哉!”采用设喻和类比、排比和对偶等手法，将论述的重心由“人”转移到“物”，从珠饰、美女和音乐等隐伏对客卿态度的不正确；就逐客一事，提高到“跨海内、制诸侯”的战略高度来认识，这种政治家的远大眼光恰与秦王问鼎中原的雄心壮志相吻合。秦王改变逐客的初衷即在意料之中了。

第四节　民国时期的思想启蒙和政治演说

1902 年，清政府拟订了《钦定蒙学堂章程》和《钦定小学堂章程》，其中设有“字课”“习字”“读经”以及“作文”等，一般认为，汉语文从此开始走向拥有独立学科地位的现代化时期。①《钦定小学堂章程》的“作文”部分，有“教以口语四五句使联属之”的论述，首次使用了“口语”。

更重要的是口语交际学习的内容发生了根本性的变化。从 18 世纪到 20 世纪中叶约 200 年间，世界发生了深刻巨大的变化。而伴随着西方工业文明和民主自由思想的影响，伴随着马克思主义的诞生及其发展，口语交际艺术也光彩四溢，成为宣传文明，传播真理，唤醒民众的有力武器。

清末民初，随着社会半封建半殖民地化的加深，“西学东渐”，“演说”这一在欧美运用广泛，作用巨大的宣传传播形式，便自然影响到当时中国社会的先进分子。从孙中山到毛泽东，在整个民主主义革命进程中，一个个用演说向旧社会旧势力开火的革命家应运而生。近代革命演说，虽然是独白式的演说辞居多，却从尊重人的主体性方面发生了根本性的变化，所以我们认为标志着我国近、现代口语交际艺术的复兴。

这一时期的演说辞，贴近听众，在演说者和听众之间通过分享经验，使得相

① 郑国民．清末民初语言教学发展的矛盾及其变革［J］．教育研究与实验，1999，(3)：32-35

互间的理解成为可能，并且因此而构成相互间的交流，达到一定的意义的共享，具有典型的“主体间性”的特征。

一、 政治演说

政治演说，是一种特殊的言语交际的方式，通过言语沟通鼓动民众的政治热情。最有代表性的是孙中山、黄兴、秋瑾等人。

（一）孙中山演说强调“乐闻”

孙中山（1866～1925），中国伟大的资产阶级民主革命先行者。其《中国决不会沦亡》是他早期的著名演说之一。在中国同盟会成立前7天，孙中山先生在日本东京中国留学生的欢迎大会上做了这篇《中国决不会沦亡》的演说。全篇较长，节选如下：

兄弟此次东来，蒙诸君如此热心欢迎，兄弟实感佩莫名。窃恐无以副诸君欢迎之盛意，然不得不献兄弟见闻所及，与诸君商定救国之方针，当亦诸君所乐闻者。兄弟由西至东，中间至米国（按：即美国，下同）圣路易斯观博览会，此会为新球开辟以来的一大会。后又由米至英、至德、至法，乃至日本。离东二年，论时不久，见东方一切事皆大变局，兄弟料不到如此，又料不到今日与诸君相会于此。近来我中国人的思想议论，都是大声疾呼，怕中国沦为非、澳。前两年还没有这等的风潮。由此看来，我们中国不会亡国了。这都由我国民文明的进步日进一日，民族的思想日长一日，所以有这样的影响。由此看来，我们中国一定没有沦亡的道理。

这一段，即全篇演说的开头。读此段，给人的突出感受是，短短几句竟用了“诸君”5次。措词上的反复使用给人留下了深刻的印象。看来平常，似不经心，但实际上是深谙交际之术的。这因为，人际交流，特别是陌生人之间的交流，会有个缩短“距离”的问题。而交流中，无论是大庭广众时的演说，还是少数几个人的谈心，适时、亲切，反复地尊称对方，并辅以谦称自己，是达到目的，屡试不爽的妙方之一。“诸君”之外，此段措词上还有一处，即“当亦诸君所乐闻者”也是值得注意的。孙先生这里强调了“乐闻”。并不是因为这个词运用得如何精妙，而是因为它反映了演说者的理念：以受众为中心，要把眼睛盯着受传者的兴趣上。

（二）黄兴“插话”的语境妙用

黄兴文武兼备，曾先后担任北伐革命军总司令，南京临时政府陆军总长和江苏讨袁军总司令。演说口才方面，当时更是无人能出其右。据《黄兴集》所录，仅1912年9月至12月间，他发表演说就多达35次。其中《革命青年的责任》，讲于1906年12月2日，地点在日本神田区锦辉馆，是一次即兴的插话。现照抄如下：

今天，孙先生所说的，是革命的宗旨及其条理；章先生所说的，是革命实行时代的政策；各位来宾所说的，是激发我们革命的感情。大抵诸君听见，没不表同情的。但是兄弟所望于诸君的，却还要再进一步。

"表同情"三个字，不过是旁观的说话。凡是革命的事业，世界人人都表同情的。唯有自己的国民却不是要他表同情，是要他负这革命的责任。

诸君现在都是学生，就拿学生的责任来说。1817年的时候，奥国宰相梅特涅利用俄皇的势力结神圣同盟会，压制革命党，得普王的赞成。到了十月，开宗教革命三百年祭同利俾塞战胜纪念祭，耶鲁大学学生齐去市外运动，各州响应，革命党从此大盛。这样说来，欧洲大革命的事业是学生担任去做的。

日本的革命，人人都推西南一役。那西乡隆盛所倡率的义师，就是鹿儿岛私立学校的学生。这样说来，日本革命和事业也是学生担任去做的。

诸君莫要说今日做学生的时候，是专预备建设的功夫，须得要尽那革命的责任。今天这会，就是我们大家拿着赤心相见，誓要尽这做学生的本分的。①

这是一篇非常简短而精彩的即兴演说，尽管只说了一两分钟，却获得了5次"拍掌大喝彩"。从演说的角度看，成功之处"就是我们大家拿着赤心相见"现场情景的恰当运用。所以曾被名之曰"插话"，是因为那次《民报》创刊周年庆祝大会上，黄兴是大会主持，他是在章炳麟及若干日本朋友致祝词，孙中山发表长篇演说之后，随即为概括大会内容和强调大会目的而说了这段话。然而，这段话却说得光芒四射！

（三）秋瑾"感动人的心思"的演说

秋瑾在日本留学时，她就曾任中国留学生"演说练习会"会长，大力提倡演讲演说，并在《白话》杂志上发表《演说的好处》一文，指出"演说一事，在世界上大有关系，所以我们不能不注意……因为开化人的知识，感动人的心思，非演说不可。"

---

① 黄兴．黄兴集〔M〕长沙：湖南人民出版社，2008.

她不但如此主张提倡，而且还身体力行。据许多留日学生回忆，“东国留学慕君者众，每际大会辄以君一得莅临为荣。”① 其中《敬告二万万女同胞》，就是她那时众多精彩演说中的代表作。这篇演说还被视为中国妇女的解放宣言，而其开头一段尤为精彩：

唉！世界上最不平的事，就是我们二万万女同胞了。从小生下来，遇到了好老子，还说得过；遇到脾气杂冒，不讲情理的，满嘴连说：“晦气，又是一个没用的。”恨不得拿起来摔死。总抱着“将来是别人家的人”这句话，冷一眼，白一眼地看待；没到几岁，也不问好歹就把一双雪白粉嫩的天足脚，用白布缠着，连睡觉的时候，也不许放松一点，到了后来肉也烂尽了，骨也折断了，不过讨亲戚，朋友，邻居们一声“某某人家姑娘脚小”罢了。这还不说，到了择亲的时光，只凭着两个不要脸媒人的话，只要男家有钱有势，不问身家清白，男人的性情好坏，学问的高低，就不知不觉应了。到了过门的时候，用一顶红红绿绿的花轿，坐在里面，连气也不能出。到了那边，要是遇着男人虽不怎么样，却还安分，这就算前生有福今生受了。遇着不好的，总不是说“前生作了孽”，就是说“运气不好”。要是说一两句抱怨的话，或是劝了男人几句，反了腔，就打骂俱下，别人听了还要说：“不贤惠，不晓得妇道呢！”诸位听听，这不是有冤没处诉么？还有一桩不公的事：男子死了，女子就要带三年孝，不许二嫁。女子死了，男人只带几根蓝辫线，有嫌难看的，连带也不带。人死没三天，就出去偷鸡摸狗，七还未尽，新娘子早已进门了。上天生人，男女原没有分别。试问天下没有女人，就生出这些人来么？为什么这样不公道呢？那些男子，天天说“心是公的，待人是要和平的”，又为什么把女子当作非洲的黑奴一样看待，不公不平，直到这步田地呢？②

秋瑾的演说完全是谈家常式的，推心置腹的，像个老姐妹一样娓娓道来。这样的口吻，不只是起到了缩短传播者和受传者距离的作用，而是将二者融合在一起了。秋瑾还在演说中罗列了大量当时司空见惯的事实，从女孩子一生下来就被视为晦气说起，将这些不公不平和不幸罗列起来。聆听这样情同身受的感叹，聆听这样亲如同胞的呼唤真正是“荡人心魄”！真正要“感动愧赧而继之以泣也!”

---

① ② 秋瑾．秋瑾集〔M〕．上海：中华书局，1960.

二、 作为思想启蒙和革命斗争的演说

作为思想启蒙的演说，当以胡适、梁启超和鲁迅为代表。

（一）新文化运动中的演说

新文化运动中的演说者首推胡适。他早年反对文言文，提倡白话文，积极推进文化革命，是五四时期新文化运动最重要的几个代表人物之一。《中国公学18年级毕业赠言》，是他的一篇很有代表性的演说，极具个人品行和文化特色，现全文抄录于下：

诸位毕业同学：你们就要离开母校了，我也没什么礼物送给你们，只好送一句话罢。这一句话是："不要抛弃学问。"以前的功课也许一大部分是为了这张毕业文凭，不得已而做的。从今以后，你们可以依自己心愿去自由研究了。

趁现在年富力强的时候，努力做一种专门学问。少年是一去不复返的，等到精力衰疲时，要做学问也来不及了。即为吃饭计，学问也绝不会辜负人的。

吃饭而不求学问，三年五年之后，你们都要被后进少年淘汰的。到那时再想做点学问来补救，恐怕已太晚了。有人说："出去做事之后，生活问题急需解决，哪有工夫去读书。即使要做学问，既没有图书馆，又没有实验室，哪能做学问？"我要对你们说：凡是要等到有了图书馆方才读书的，有了图书馆也不肯读书。凡是要等到有了实验室才做研究的，有了实验室也不肯做研究。你有决心要研究一个问题，自然会撙衣节食去买书，自然会想出法子来设置仪器。至于时间，更不成问题。达尔文一生多病，不能多做工，每天只能做一点钟的工作。你们看他的成绩！每天花一点钟看10页有用的书，每年可看3600多页书，三十年读11万页书。诸位，11万页书足可以使你成为一个学者了，可是，每天看三种小报也得费你一点钟工夫，四圈麻将也得费你一点钟的光阴。看小报呢？还是打麻将呢？还是努力做一个学者呢？全靠你们自己的选择！易卜生说："你的最大责任是把你这块材料铸造成器。"学问便是铸器的工具。抛弃了学问便是毁了你自己。再会了！你们的母校眼睁睁地要看你们十年之后成什么器。

胡先生的"赠言"，委实是富有温文尔雅的品行和文化的个性的。他作为礼物送给毕业同学的一句话是"不要抛弃学问"。而这质朴的一句话，在这样的毕业之际，不是礼物，胜似礼物，重的就是一个"情"字！"趁现在年富力强的时

候，努力做一种专门学问”，“即使为吃饭计，学问也绝不会辜负人的”，“每天花一点钟看10页有用的书，每年可看3600多页书，三十年读11万页书”，这些话没有激扬的叹词叹号，没有所谓“闪光”之处，可却饱含深情，有如淙淙溪流，流经学子的心田……胡先生的以情感人，还兼之以理，真正称得上是“谈言微中，名士风流”。

比如关于“看小报”“打麻将”的忧虑，就是他的情理交融之处。至于对“既没有图书馆，又没有实验室，哪能做学问”的回答——“凡是要等到有了图书馆方才读书的，有了图书馆也不肯读书。凡是要等到有了实验室才做研究的，有了实验室也不肯做研究”，那更是晓之以理，动之以情，推心置腹地向同学们讲述做学问的道理，恐怕听众无人不大为所动，深有所悟，高山仰止的。那就让我们再聆听一次胡先生赠言的结尾吧——“学问便是铸器的工具，抛弃了学问便是毁了你自己。再会了！你们的母校眼睁睁地要看你们十年之后成什么器。”谆谆教导，拳拳情意，殷殷期望。荀子曰：“赠人以言，重于金石珠玉。”胡先生是真正实践实现了这话的。

（二）思想先驱者的演说

思想先驱的演说者的代表是梁启超和鲁迅。

梁启超，中国近代思想先驱之一，著名学者。他的演说《人权与女权》是一篇极富魅力的上品演说，似有一种强大的力量，撞击着人们的心灵，值得我们认真琢磨，细加玩味。

鲁迅，新文化运动的旗手，有革命青年导师之誉，为中国革命文化事业作出了巨大贡献。在演说方面，他也是一位卓尔不群，风骚独领的大家。据考证，从1912年到1936年间，他共发表演说67次。

但遗憾的是这些“或则犀角烛怪，或则肝胆照人”的演说辞，大都散佚了。《鲁迅全集》中保存下来的共有15篇，气息风格与其杂文相类，篇幅多数比较短小。最长的是一篇学术演讲，约4万字，名为《魏晋风度及文章与药及酒之关系》，当时在学术界知识界反响极其强烈，演讲记录稿曾迅速在报纸上连载。《我观北大》，是他1925年在北大建校27周年纪念大会上的讲话，很能代表其演说的精髓。

三、 演说的口语特色

这个时期的演说辞从语言风格上越来越走进民众，注重交际沟通中的情感态度和方法。向对方传达自己对交流话题的时候，以理解、友善、宽容和尊重为前提，可以显示出优雅的风度和高尚的魅力。述说时条理清晰，用口语表达，避免晦涩，渲染氛围，增加了言语的艺术感染力。比如前文所述的孙中山、黄兴、胡适等人的演说辞。

挞伐国民党反动派的战斗檄文——闻一多的《最后一次讲演》，实质上就是一篇口语特色更加明显的演说。本篇演说之所以影响深远，除了精神力量的感召外，还离不开闻先生那充满激情的口语化的表达，演说中选用短句，选用感叹句和反问句，直呼敌人，使得演说跌宕起伏，攫人心目。演说主题与受众相融合，受众就不再是被动地听讲，而会从心理上进入演说的主题，那氛围也就是最理想的演说者与受众互动的氛围了。比如："今天，这里有没有特务？你站出来！是好汉的站出来！你出来讲，凭什么要杀死李先生？"再如，"特务们，你们想想，你们还有几天，你们完了，快完了！你们以为打伤几个，杀死几个，就可以了事，就可以把人民吓倒了吗？其实广大的人民是打不尽的，杀不完的！"还有，"反动派，你看见一个倒下去，可也看得见千百个继起的！"这些直呼敌人的精悍短句，似匕首，似投枪，痛快淋漓地直刺敌人的心脏，充分表现了闻先生革命的大无畏精神。他的这种为民族为国家不惜牺牲一切的精神感召力，每一个有良知的中国人，慷慨悲歌！毛主席当年亦感佩不已，给他以极高的评价："闻一多拍案而起，横眉冷对国民党的手枪，宁可倒下去，不愿屈服。""我们应当写闻一多颂"，因为他"表现了我们民族的英雄气概。"

在新中国诞生前夕，在中国人民政治协商会议第一届全体会议上，毛泽东发表了《中国人民站起来了》讲话，震动世界。毛主席十分注重说话作文的语言生动活泼问题，即使是政治性、理论性很强的主题，他的表达也力求生动活泼，比如结尾："让那些内外反动派在我们面前发抖罢，让他们去说我们这也不行那也不行罢"……这实质上是毛主席站在一个伟大的历史转折点上，回顾过去，展望未来，指点江山。

此外，还有周恩来在黄埔军校，在西安事变，在国共谈判，包括在建国后的世界舞台上纵横捭阖，特别是1955年4月19日的《万隆演讲》和临时增加的著称于世的补充性讲话，其演讲除了主题鲜明、逻辑严密、气势贯通外，语言以贴近交际对象的口语化为特征。

第五节 新中国的口语交际课程设置

新中国成立以后，口语交际学习不再只是从历史文献记录的经典范例中去还原、解读。口语交际学习作为中小学语文的一部分，走向课程化。人们的口语交际学习在学校教育活动中得到了课程保障。

一、 普通话引入小学语文

1950年6月，全国统一课本《初中语文》和《高中语文》的“编辑大意”中提到，“语文教学应该包括听话、说话、阅读、写作四项。”同年8月，教育部拟订了《小学语文课程暂行标准（草案）》，在“写话”部分规定了各年级“说话练习”的具体要求。它明确提出语文内含口头语、书面语；首次把普通话引入小学语文。

二、 口语学习认识提高

1986年12月，国家教委颁布了《全日制中学语文教学大纲》，在教学要求、教学内容中都分别调整或增加了有关听、说的要求。特别指出，“读、写、听、说四种能力都很重要”。1990年，国家教委颁布了《全日制中学语文教学大纲（修订本）》，强调指出：“口头表达和书面表达在现代生活中具有同样重要的意义。指导学生口述见闻、说明事理、发表意见等，不仅可以提高口头表达能力，对提高书面表达能力也有促进作用。”至此，人们对口语学习的认识有了进一步的提高。“文革”后至1992年之间，在口语学习的课程开发方面，对口语资源利用、挖掘不够，缺乏对口语学习策略的研究与开发。国家教委于1992年颁布了《九年义务教育全日制小学语文教学大纲（试用）》和《九年义务教育全日制初级中学语文教学大纲（试用）》，对各年级都提出了具体、详细的口语教学要求。至此，关于口语教学的要求恢复了历史上曾有的高度。

三、 确立口语交际学习的课程价值

2000年3月，教育部同时出台了小学、初中、高中的《语文教学大纲（试用

修订版）》。新大纲把“听话、说话”整合为“口语交际”，第一次注意到了口语文化的课程价值；在学科内容的构建上，把口语交际置于与阅读、写作同等重要的地位，并提出了各学段、学年的具体、详细的要求，同时还规定了教材编写的原则和要求。关乎学习者人生全程的课程观念得以确立。2011 年，教育部发布了《义务教育语文课程标准》，把口语交际与识字与写字、阅读、习作（写话、习作）和综合性学习并列，每学段、学年的要求具体而详细。口语交际课程的确立是现代语文学习走向成熟的标志。

第二章　口语交际学习的价值和内涵

在当今社会的政治、经济和文化生活中，国际交流日趋频繁，人与人之间的合作日显重要；不仅如此，随着信息技术的飞速发展，人机对话和利用网络技术作为人与人之间的对话手段也日益增多。交际对话逐渐跨越了传统口语交际的范畴。但是，作为人与人对话的口语交际依然承载了社会交往的主要功能和价值。作为时代发展需要的顺应者，人的口语交际能力将在现代化、信息化这一基点上获得新的认识。

第一节　口语交际学习的价值

一、　信息时代与口语交际

当前，社会信息化程度日渐深入，以计算机、数字化和生物工程等先进技术为代表的现代科学技术的飞速发展，尤其是信息、网络技术的普及和运用，迅速地改变着人类的生存环境。一则改变和拓展了人类生活的空间，时间与距离的概念逐步消解，全球一体化时空格局不断形成，信息的载体和人际互动模式日益走向多元，书面语一统天下的“符号霸权”时代已成为过去。二则信息、知识的生产成为人类活动的要旨，信息、知识成了创造财富的更加重要的资源，文明信息化使经济和文化的相互交流与渗透日益广泛和加强。其中，创新更是信息、知识得以快速发展的内在动力和要求，综合性、渗透性和开放性则成了信息化时代主要内在特性。三则市场经济现成为世界主流经济运营主要模式，来自市场日益拓宽的需求使得商贸交易、公共关系、大众传播、推销导购、酒店旅游等职业在职场日渐兴盛。一言以蔽之，国际交流日趋频繁，人与人之间的合作日显重要，信息的占有、交流和创新已成为当今时代发展的内在主线。缘此，为顺应时代发展的需要，对人生存和发展能力的培养，塑造合格公民的目标必将落实到人的现代化、信息化这一基点上。

自然，学会认知、学会生存、学会做事、学会共同生活就成了现代人适应信息时代而有效工作、学习和生活的四种最基本的学习能力。当然，这四种能力并非平行并列，其中学会共同生活是作为基础来强调的，其余三种能力则是学会共同生活必不可缺少的基本因素。“学会共同生活”就是要学会设身处地去理解他人，与周围人群友好相处，培养为实现共同目标而团结合作的精神。缺乏必要的口语交际能力，“学会共同生活”是无法想象的。特别是随着互联网等信息技术的普及、声控视频对话技术的高度发展，合作与交流日益成为全球性的趋势，人们能在全球范围内，不受时空限制地交流信息，每个人的生存状态越来越被他人影响或影响着他人。在这样的时代背景下，口头语言这一最基本、最便捷的交际工具，更经常担负着每个人社会交际效率高低甚至成败的重任。

“语言首先是有声音的语言”，“语言，发于口而闻于耳”①。研究表明，在个体听、说、读、写的言语活动中，听占 44%、说占 33.3%、读占 16%、写占 9.7%，其中听说两项占言语活动总时间的 74.3%②。美国学者华特·洛班指出：“我们每天所听的内容相当于一本书的内容；每周所说的相当于一本书的内容量；每月所读相当于一本书的内容；每年所写相当于一本书的内容。”③ 也就是说，就信息的传播速度和总量而言，听说较之于读写运用因更广泛更快速，也更具实用价值，有声语言的传播媒介、口语交际的即时性，随着现代电讯科技迅猛发展、记录和传播有声工具的大量普及，这种优势将更为突显。

概言之，缘于口语自身的特点优势，与信息时代、知识经济相适应，现代社会生活对口语的倚重是前所未有的，口语作为社会交际最基本最便捷的工具越来

① 潘树声．论教授国文当以语言为标准［J］．教育杂志，(4)，8.

② 靳健．语文课程研究［M］．北京：中国档案出版社，2002：70.

③ 柳士镇、洪宗礼、倪文锦主编．外国语文课程标准译介［M］．南京：江苏教育出版社，1997：107.

越受到重视，对其提出的高要求任何时代也难望其项背。“口语交际能力已是现代公民的必备能力”①，口语素养是新一代公民不可或缺的基本素养。正如著名主持人白岩松所说：“在现代社会竞争越来越激烈的情况下，是否拥有卓越的口语交际能力本身就是你个人具备实力的象征，社会越社会化，口才好的则就越有优势，得到的机会就越多。”也如卡耐基所言：“现代社会，一个人事业的成功，只有15%取决于他的专业技术，还有85%取决于他的人际关系和沟通能力。”②“君子敏于行而讷于言”的时代已完全成为历史，应聘、竞岗、洽谈、咨询、营销、接待等，具备高水平口语交际能力的人无不在其所从事的工作竞争中得以胜出。社会的高度社交化、高度效益化和高度信息化，要求人们具有准确、敏捷、有效的口语交际能力。这是第一个方面。

另一方面，新的世纪绝不仅仅是个人发明创造的时代、信息化时代，更是团队联合攻关的世纪。而要实现合作，则需要成员皆应有基本的交际合作素养，需要良好的“口才”去实现信息的快速交流、情感的有效沟通，从而弥合心灵之间的距离，消除人际互动的隔膜，化解人与人间的种种矛盾与冲突，变合作之前的阻力为合作后的合力。也正是基于此，重视口语和口语文化是西方文化的一大传统和显著特征，有人把舌头、原子弹和金钱，或把舌头、美元和电脑相提并论，称为现代世界威力无比的三大战略武器。

二、 个人成长与口语交际

从哲学层面而论，口语交际能力之于个人成长具有本体论意义。马克思认为，教育的基本问题是人的发展问题，人的发展是一个个体生命逐步成长、各方面潜能逐渐展现和完善的过程。口语交际并不仅仅是一种口头的言语表达形式，而是意味着每一次口语交际都是实现意图的行动，从本原意义上讲，口语交际是人类生命的存在形式。早在古希腊，人就被界定为“会说话的动物”，突显了“说”之于人的生存的根本性关联式。哲学家罗素指出：“不管狗的吠叫多么富于表情，它仍不能告诉你他的父母是否贫穷而忠实可靠。”美国人类学家本杰明·沃尔夫认为语言是文化的“背景”，并称之为“背景现象”或

---

① 中华人民共和国教育部制订．全日制义务教育语文课程标准（实验稿）［S］．北京：北京师范大学出版社，2001.

② 陈玉秋．语文课程与教学论［M］．桂林：广西师范大学出版社．

"背景知识"。[1] 海德格尔也认为语言并不只是工具，人的本质就存在于语言中，语言是人类"存在的家园"。亚里士多德认为"口语是心灵的经验的符号"。为此，作为正在发展、成长的生命个体，我们应赋予他更多的口语交际权力，以唤醒其生命潜能，展示其生命力量。换言之，口语交际是个体生命意义绽放的基本形式，在各种各样的"言说"中，个体才能不断地"占有人的本质"，使之成为真正意义上的人。

作为一种学习方式，口语交际也意味着学习者的学习方式发生了质的变化，即由"被动接受"向"主动建构"转换。一方面，学生在口语交际中改造着自己的学习，学习自身所需要的知识、技能和经验，并形成自己的人生观，展现着自己的个性，获得人的本质——使自己成为人。另一方面，个体在口语交际中发现并解决问题，突显自己在发现、探究方面等主体性，在口语交际中不断完善自己，在努力完善的过程中发挥自己的聪明才智，培养自己的创造力。口语交际学习也意味着学生作为独立个体的"自我实现"，在口语交际中，他们共同探讨着未知的新领域，获得成功的喜悦；他们传递着对别人的尊敬，也赢得别人对自己的尊敬，他们表达着自己的情感和态度，也享受着别人的理解和相互沟通的成就感，就是在这样的口语交际中个体的能动性和主体性得以彰显，个体的主体精神得以释放和张扬。

三、 语文课程与口语交际

作为口语交际学习的一个重要情境领域，课堂中的口语交际学习应在语文课程中占有重要一席。基础学科之一的语文课程旨在对学生的语文素养进行培育，以听、说、读、写能力的提高为主线，文学熏陶与语言文字的实际运用并重。口语交际学习在语文课程中的地位，不仅在于它是语文素养的重要组成部分，还在于其对学生其他语文素养培育的极为有效的促进作用上。

说话和写作都是以思维为核心的言语表达，是内部言语的外化，只不过一个用口语，一个用文字，它们是相通的。语文学习中，听、说、读、写这四种基本形态是一个有机的整体，它们相辅相成，缺一不可。其中，口语是书面语的基础，一个人学习言语，总是从口头到书面再到综合，即先是学口语的听说，然后学书面语的读写。加强口语交际学习，能有力促进学生阅读、写作能力的提高。

---

① 本杰明·沃尔夫. 论语言、思维和现实［M］. 长沙：湖南教育出版社，1995：72.

叶圣陶说："怎么想，怎么说，怎么写，是分不开的。"[①] 吕叔湘先生在《关于语文教学问题》一文中也指出："让学生在语言方面得到应有的训练，说起话来有条理性，有头有尾，不重复，不脱节，不颠倒，语句连贯，用词恰当，还愁他不会作文?"[②] 口语交际学习的过程就是培养学生通过思维把语言按照规律组织起来以表情达意的过程。口语交际时，听说和思维是互为条件、同时进行的，一个人在边听边想边说的交际情境下，要想听得准确，说得条理，思维必须准确严密，而在这基础上的文字表达必定会结构严谨、语言通顺、易于理解。人们常说文章要"明白如话"，这个"话"就是指说话。在现实生活中，能够"下笔成文"的人未必能够"出口成章"，但能"出口成章"的人必定文思敏捷。因此，"苟忽于听说，不注意训练，则读写之效亦将减损"。[③] 1980 年，叶圣陶先生在给《语文学习》编辑部的信中就曾说过："近来有几位同志对我说，你们讨论语文教学，只谈读写，不顾听说，实为一病。不善于听未必善于读，不善于说未必善于写，故而应当一把抓。"所以，提高说话能力可以促进写作能力的提高。加强说话训练，对于倚重内部言语来把握文章结构和内容的阅读能力的提高也有直接影响。

听话和阅读同样是以思维为核心的言语理解、吸收知识的信息交流活动，只不过一个用耳，一个用眼，都是靠内部言语理解、评价、储存、运用知识和信息，其过程大体相同。而口语交际的瞬间性、现场性等特点，能训练学生在接受、理解他人信息时抓住重点，及时把握说话人的思想倾向。这就会帮助学生在阅读文字材料时准确把握文章主旨、完整领会文章内涵。听话和写作也有密切关系。听话学习着重训练的是内部言语，而内部言语的发展，可以直接促进写作能力的提高。

学生在阅读、写作学习中如果善于融入口语交际学习，有意识地运用口语交际学习的不同形式，就不仅能提高读写学习的效率，还可弥补专门口语交际学习课时的严重不足，一举两得。比如：

在阅读学习中，每学习一篇课文，学生可针对课文内容提炼一个话题，进行交流、讨论。学习《劝学》一文可拟出话题："学习重在积累，重在坚持，重在

---

① 魏长达．叶圣陶"听、说"教学思想初探［J］．西北师大学报（社科版），1999. 5.

② 刘新才．培养说话能力，提高学生素质［J］．语文教学与研究，2003. 2.

③ 叶圣陶．叶圣陶语文教育论集［M］．北京：教育科学出版社，1980：703.

专心”，学生就其中一点在小组中谈谈个人的看法，并和其他组员进行交流；学完《米洛斯的维纳斯》一文也可拟出“断臂的维纳斯美吗”这样的辩题，由正反双方学生展开辩论。这样，学生既加深了对课文的理解，又锻炼了口语交际能力。在写作学习中，口头作文既是写作训练的一种方式，又是学生训练在公共场合即席讲话能力的好方法。如果学生能循序渐进、由易到难地选择较熟悉、易思考、易组材的口头作文话题，创设和谐、轻松的活动环境，就能变怕写作文为乐说作文，使作文学习收到事半功倍的效果；在作文讲评课上，学生如果能积极地参与交流，各抒己见，再由教师适当补充、订正，那么，这样的活动将对提高学生的写作能力和口头表达能力大有裨益。

然而，相当一部分人认为口语交际随着生命个体的生理成熟，在个人与社会的互动中自动学会、发展，无需再对其进行专门的学习和培养。这导致了我国口语交际正式进入语文课程的视域不仅时间较晚，而且其进入学校课程历程也极为艰难。直至1992年中小学语文教学大纲提出听话和说话教学，到2000年修订语文教学大纲时改称“口语交际”，再到2001年语文课程标准对“口语交际教学”的一系列完整表述，这样，吕叔湘先生早就批评过的那种“半身不遂”的教学状况，才逐渐在语文新课程的深入实施中得到改观。

第二节　口语交际学习的内涵

一、 口语交际的相关概念

（一）语言与言语

要从根本上明确口语交际的内涵，首先应回溯到“语言”和“言语”两者之间的联系和区别。“言语是个体的说和写以及所说和所写，即个人的言语行为和结果。语言，是人们用说写以及存在于说写结果中的音义结合的语音、语意、词汇和语法的规则系统。”① 两者的内在联系表现在：言语行为先于语言规

① 韩雪屏·语文教育的心理学原理［M］. 上海：上海教育出版社，2001：91.

则而存在，语言来源于言语，存在于言语当中。语言规则对人们的言语行为具有规范与强制作用，个人的言语行为本然的应在一定社会语言规则之下，不然，则不为别人所理解和认可。二者区别在于：语言系统是一定社会共有的交流工具，它比较稳定，处于相对静止的状态；言语是个体对已内化于自身的语言系统运用于交际的过程与结果，是语言各种要素不断自由的组合，处于不息的运动状态下；语言系统中，各种结构成分和规则是有限的，而个人的言语生成结果却是无限的。

从以上对“语言”和“言语”的区分，我们知道，语言学习是一个从言语习得出发，了解体验并逐渐内化包括语音、词汇和语法的语言规则体系，最终回到自己能掌握听、说、读、写能力的过程，换言之，语文学习属于言语学习的范畴。因而，语文教学要着重研究的是动态的言语规律，关注静态的语言规则如何进入动态的言语行为过程，动态的言语行为和结果如何创造性地应用了语言规则，从而具有超乎寻常的表达效果。以此观照，口语交际应然的属于言语运用，其本质不在于学习一系列隶属于语言规则的关于口语交际的知识，而在于能够在各种具体情境下熟练运用各种技能而实现交际意愿的言语运用能力。正所谓“我们应当做的是教人们一种语言，而不是教给他们关于语言的知识”，“我们要培养的是使用语言的人而不是语言学家，是能用这种语言讲话的人而不是谈论这种语言的人。”①

（二）口语与书面语

口语和书面语是语言的两种不同的表现形式。口语是对口头言语的抽象概括，书面语是对写出来的言语的抽象概括。口语和书面语的不同，不仅在于语音和文字这两种载体的差别，而且在词语和句法结构等方面也有较多的差异。如口语用词通俗，句子简短，结构松散；书面语的词语较为文雅，句子较长，结构严谨。从发生学上看，口语是第一性的，书面语是第二性的。一种语言可以没有书面语，但不可能没有口语。事实上，在世界几千种语言中，只有少数语言拥有书面语。书面语是在口语的基础上产生和发展起来的，它从口语中不断吸取营养成分，而且自始至终要受到口语的制约。由于书面语的特殊性，它需要和口语保持一定的距离，有自己遣词造句的特点，但是这种距离不能太大，一旦书面语与口

① 皮特·科德．应用语言学导论［M］．上海：上海外语教育出版社，1998.

语脱节，人们就会对书面语进行改革，就像“五四”前后汉语的书面语——文言文的命运那样。口语一发即逝，不仅受到时间和空间的限制，而且由于它是口耳相传，不大容易进行规范。书面语不仅较好地克服了时间和空间对语言的限制，而且有利于规范化。通过对书面语的规范，就有可能形成民族的标准语，或称为“文学语言”，从而又反过来促进口语的发展。语言最重要的功能是交际功能，其他功能都是由交际功能衍生出来的。如果语言不能发挥交际功能，它就不可能具有其他功能。

（三）交际与口语交际

从哲学的角度看，交际是人的本质的外化，是人赖以生存和发展的最基本的活动。哲学把人类的活动划分为实践活动、认识活动、交际活动，主要是出于研究的需要。实际上，实践活动和认识活动都离不开交际活动。交际之所以重要，是因为在一般情况下，主体与客体不能直接构成现实的活动，必须通过交际这个中介。个体的认识或实践，总是在与他人接触交流并不断吸取他人的认识成果的过程中进行的，因此人的认识活动、实践活动总是伴随着交际活动而展开的。在人类社会中，交际首先具有自我意识功能：人对自己的认识总是通过交际实现的，人们只有通过交际，通过别人对自己的反映才能逐步形成自我的看法，才能不断发展自我，完善自我。与此同时，交际还具有认识功能、决策功能、精神娱乐功能等。任何交际都是在信息与情感两个层面进行的，任何信息的输入或输出都是伴随着情感进行的。无论什么人从事何种活动，进行何种协作，传递何种信息，交流何种思想，表达何种情感，都无法离开交际。交际与人的成长、学业的成就、事业的成功密切联系，与人的喜怒哀乐息息相关。一句话，交际是人的本质的外露，是主体认识客体的中介，是实现人生价值的主要过程。

从文化的角度来说，交际的实质就在于文化的传承。交际本身是一种文化现象，它与其他文化现象一起，构成了无限广阔的文化世界；同时各种文化在参与和制约交际的同时，也受到交际的影响。人类的交际，不仅具有生物性基础，更具有文化性特征。从文化的角度来看，“所谓交际，就是人类群体运用符号来传承经验的一种行为方式”。[①] 这个定义，从内容、形式和作用三个方面对交际的本质作了界定：内容是群体经验的传承，形式是语言符号的运用，作

① 吴俊玲，刘万顺．口语交际艺术［M］，北京：中国林业出版社，2003.

用是保证群体经验的连续性，保证群体经验的传播和积累。文化的发展过程，实际上就是经验的创造、传播和积累的过程，而人类经验的传播和积累主要依赖交际。从空间的角度来说，交际肩负着文化交流的使命；从时间的角度来看，交际肩负着文化遗存和发展的重任。总之，交际是人类文化发展的枢纽，也可以说是一种枢纽文化。

当下对于“口语交际”含义的解释很多。如“口语交际是人们在特定语境中，为完成某项特定的交际使命，针对特定对象，借助于标准的口语（有声语言）和非口语（态势语言）进行的听说沟通，多向反馈的一种实践活动。”① “口语交际就是特定的人（包括听、说双方），在特定的语境里，为了特定的目的，运用语言手段，选择适当的内容和方式组成话语，传递信息，交流思想感情的一种言语活动。”② “口语交际是说话人通过话语把自己的思想感情传达给听话人，听话人通过话语来理解说话人的思想感情，并作出某种反应。按现代信息论的观点，口语交际过程包括信息的编码、发送、接收、解码和反馈的复杂的动态过程，其中既有心理的活动，也有生理、物理的活动。”③ 其实，口语交际是一个新的复合词，由口语和交际两个词合成。《现代汉语词典》对口语的解释有二：一是谈话时使用的语言（区别于书面语），二是毁谤的话。口语交际所指的口语应是前者，即口头语言。“交际”一词最早出现《孟子·万章》中：

万章问曰：“敢问交际，何心也？”

孟子曰：“恭。”

宋代理学家朱熹在《孟子注》中解释：“际，接也。”可见，交际活动发生在两个或两个以上的主体之间，是一种双向或多向的行为，一方面为交，一方面为接。口语交际，“口语”是工具，“交际”是目的。

结合以上关于口语交际的多种理解，我们认为口语交际就是在特定的情境中，人们运用口头语言和体态语言进行传递信息、交流思想和表达情感的一种社会交往活动。其主要特性如下：

1. 思维与表达的同位性、同步性。

---

① 吴微．略论中学生口语交际能力的培养［J］．荆州师范学院学报（社会科学版）2001．（1）：123.

② 张锐，万里．教师口语（试用本）［M］．北京：北京师范大学出版，1994：106.

③ 蔡晓丽．口语交际中“言语失误”论析［J］．楚雄师范学院学报．2001．（10）：13.

“思维与表达的同位性”指思维与表达内涵上的一致性，即说的内容为思考的结果。口语交际大多是面对面的交际行为，因此说者就不可能说说停停，一般都是按逻辑、随语流，连续不断地把一件事、一个问题说完，以免造成时间空档而冷场。这就涉及“思维与表达的同步性”，即思维与表达的同时性，当然两者之间存在一定的时间差，但成功的口语交际者会尽量缩小这种差距。据有关学者研究，停顿5秒钟以上就会使交际对象产生疑问而影响表达效果和交际质量。在日常的口语交际中，说者总是根据交际的目的、场景、对象的情意态度一边想一边说，并密切关注交际对象的意见反馈，随时调整自己说的内容、表达的方式、礼仪举止。听者在接收到外部信息后即刻进行积极的思考，处理信息，及时作出得体的应答。思维表达的敏捷、灵活，口语表达的准确、流畅使人们在口语交际中能够侃侃而谈或自如应对。

2. 过程互动性。

口语交际是听与说双方的互动过程。口语交际重在“交际”两字，是听说双方思想感情的交流活动，不是单边的行为。听者对说者传达的信息须及时作出言语的或非言语的反馈。如果没有任何回应，交际就等于没有发生。在日常口语交际中，听者与说者的角色又总是处于不断的互换中。听者须在适当的时候接过话题发表自己的意见，而先前的说者又变成听者，整个口语交际过程就在这样的循环往复中，在听说双方你来我往的共同活动中不断向前推进。在这个过程中说者不能目中无人，自顾滔滔不绝，须适时中止自己的言谈，给对方表达见解的机会；而听者不能袖手旁观，自听自乐，要在恰当的时机作出言语上的反应。“口语交际”中良好的互动的实现需要角色的自然转换，要做到这一点，交际双方除了须具备言语机智外还须体现出合作意识、礼貌意识和角色意识。

3. 情境临场性。

所有口语交际活动都是面对特定的对象、在特定的语言环境中进行的，有特定的交际目的、环境氛围、对象、话题。因此交际时必须考虑以下两个问题：第一，要根据具体语境进行言语交流，交际的情境制约着交际者的言谈举止，暗示着说的思路，即“说话要看对象、讲场合”，使口语交际成为一个既受主观意识支配，又受客观条件控制的过程，说话要看人、地、时，要合乎分寸；第二，交流过程中根据不同的反馈信息，进一步灵活采用各种交际策略，如解释、重复、停顿、迂回、猜测、转换话题等，同样的话题，情形不同，我们表达的内容、方式就不一样。如“话分别”，放学了跟同学说再见，可以说“拜拜，明天见”；送客人时，可以说“慢慢走，欢迎来玩”；有事，急于离开，一般会说“先走一步了，下次再聊”。一个良好的口语交际者是能够在顺应客观情境的基础上借助情境为自己的交际目的服务。

4. 结构简散性。

“简”为用语简略，“散”为结构松散，这是与书面语对应而言。在口语交际尤其是双向交流活动中，这两点尤为明显。其原因，一方面是因为受时空限制，交际者来不及组织结构复杂的长句；另外一方面是，在特定的情境中，交际双方往往可以依赖体态、表情、语境等因素会意，无需多费口舌。

（四）口语交际学习的内涵

口语交际是交际者出于某种社会交往需要，运用有声语言，传递信息、交流思想、表达情意的一种双方互动的社会实践活动。口语交际学习的取向应该指向交际，即人运用口语进行交际的能力，口语是工具，交际才是目的。在言语交际学的视野中，口语交际学习是一个在双向信息交流的运动过程中的实践性学习；影响口语交际学习的内在因素，除了交际媒介语言之外，还包括交际活动的交际主体、交际动机、交际环境等多种因素。因此口语交际学习的本质还在参与交际过程中的一种对话建构，即在动态中生成口语交际参与者的即时性和现场性口语能力。

口语交际学习与原来语文教材的听话、说话有着很大的不同，口语交际学习是学习者出于交际能力发展的需要，运用连贯标准的有声语言传递信息、表情达意的学习活动。在教学活动中，“口语交际作为一种有目的的语言活动，是在动态的语境中运用口头语言接收对方信息，同时把自己的思想情感传递给对方的过程。”① 既体现着观念的更新，又更具操作性，有利于提高语文听说教学的效率。

二、 口语交际素养结构系统

《全日制义务教育语文课程标准》（实验版）认为：“口语交际能力是现代公民的必备能力。应在具体的口语交际情境中，培养学生倾听、表达和应对的能

① 韩艳梅. 论口语交际教学的策略［J］. 教育评论，2002. 2.

力，使学生具有文明和谐地进行人际交流的素养。”从此表述中，我们可以看出，“素养”包含“能力”，由倾听能力、表达能力与应对能力组成的口语交际能力只是口语交际素养的重要构成要素。“口语交际素养”是个复合性概念，它的内涵和构成要素是十分丰富的，但其具体构成，目前学界众说纷纭、莫衷一是，各方家分别从不同层面和角度对其进行界说。

如“口语交际能力分成两个层次，即潜在核心能力层和实现能力层。潜在核心能力层是指思维能力和心理调节能力，实现能力层包含口语能力和交际能力。口语能力包括发音能力、表达能力、倾听能力等；交际能力包括识别语境能力、应对能力、策略运用能力、体态语的运用能力等。”① 如“口语交际素养应包括四方面：语感、思维、口语交际知识、口语交际技能”。② 又如口语交际素养包括“静态知识，这是口语交际能力生成与发展的基础。从一般的口语知识要求，到各种交际场合的特殊要求，从语速、语气、语调、吐字清晰度等共性要求，到针对不同对象而变换口语表达方式的规律性要求。动态能力，即在人际交互作用、思维交流的情境中，主体的倾听能力、表达能力和应对能力。交际素养，广而言之，它包括上述知识和交际能力，另隐含交际的情感、态度和方法；狭义而言，重点指‘文明态度和言语修养’”。③

不可否认，以上各种对口语交际素养构成要素的分析，从不同层面和角度丰富了口语交际素养构成的内涵。我们根据加涅的学习结果分类理论、言语交际理论以及“冰山模型”理论对口语交际素养的构成作以下分析。

口语交际素养结构总体而言，其构成要素大致可分为四个层级：倾听、表达和应对能力，这是形诸于外的显性言语行为；支配这些行为的智能因素是有关口语交际的知识、涉及的各种言语技能、对口语的敏锐感悟和思维；参与和支配这些行为的直接心理因素是口语交际的动机、情感和态度，口语交际的习惯以及交际行为的意志；作为口语交际行为的背景要素则涉及交际主体的思想品德修养、文化知识积累、智力水平、人格个性以及具体的交际环境等。因此，我们认为，口语交际素养是一个分层级的、各要素有机结合的整体系统。如对四个层级要素再作分析我们可将其归纳为两个方面，一则为基础素养，即口语交际行为的背

---

① 徐冰鸥，朱晓民．口语交际能力的构成和特征［J］．语文建设．2006．（9）：5.

② 王尚文．中学语文新课程教学法．北京：高等教育出版社［M］．2003.

③ 潘涌．直面世界：语文口语交际教学新概念［J］．教育科学研究．2004．（8）：41.

景，也就是四级当中的第四级，包括思维品质、知识视野、思维品质、文化品质及人格个性，这是人的最基本也是最根本的素养，是人的素质的底座，也是口语交际行为的前提背景；而四层级当中的前三级则可归纳为口语交际的“学科专项素养”，这是为完成口语交际任务所需的特有素养，结合各要素所发挥的不同功能，我们又将口语交际的“学科专项素养”分成两个层次，即口语交际动力层和口语交际实施层。

（一）基础素养

指口语交际行为发生的背景，是学习主体的最基本的素养，包括光明磊落的人格气质、不亢不卑的处世态度、端庄儒雅的举止风度等，这是交际主体的直观形象；克己容人的处世哲学、志存高远的思想修养、超越狭隘的道德境界、坚定自持的意志品质和广博深厚的知识积累，则构成了交际者的内在心灵世界。这些基础素养是口语交际行为得以展开的底座。

（二）口语交际学科专项素养

指完成口语交际行为所特需的口语交际的情感、态度，专项知识、技能、思维方式，可归纳为动力和实施两个层面，这些要素分别从两个层级对口语交际行为进行作用。

1. 口语交际动力层。

动力层包括口语交际动机、情感，口语交际倾听、表达态度，口语交际行为意志、内在心理调控等等，这些要素标示出口语交际主体在完成口语交际任务的内在心理状态，通过兴趣、需要、习惯、驱力、诱因、意志等非智力因素影响口语交际行为的发起、过程调节到任务结束，是口语交际行为重要必备条件。

（1）口语交际动机、情感。

动机、情感是直接推动人进行活动的直接内部动力，它既能引起和发动个体的活动，又能对活动目标进行指引，同时还能维持、增加、制止、减弱主体投入活动的力量。动机、情感是口语交际行为实现目标的前提保证，个体口语交际动机的激发，对个体学习口语交际的意义可想而知。可让个体在具体的交际情境中，努力就贴近生活的话题，采用灵活的形式组织学习来体验口语交际任务成功完成的喜悦；也可通过明确口语交际的重要性，加强教师、学习指导者的情感期待，指导学习者科学的行为归因，注意对学习结果的及时反馈等方式以强化学习个体的动机、培养学习者对口语交际的热爱。

（2）倾听、表达态度。

倾听态度是指耐心专注地听他人的表达，既不分散自己的注意力，也不随意析断对方的表达，以诚恳的“注意”表示对交际对方的尊重；并能结合表达者的身体语言准确理解其意图和观点。表达的态度首先在于话语内容的真实，“立言以诚”对自己所说的话语内容负责任；其次是称谓上的礼貌、语气情态上的礼貌，再次是语言本身的诚挚、得体，仪态上的大方、自然。这种谦虚诚恳的态度充分表达对听者的尊重和爱意。

（3）口语交际行为意志、内在心理调控。

个体尤其是正处于学龄期的学生，在口语交际过程中经常会出现与陌生人讲话胆怯、不敢正视对方、声音很低，不敢在公开场合说话和发表自己见解的畏慎心理；遇事表现出我不如人，甚至自惭形秽，缺乏自信等自卑心理倾向；公开说话焦虑、心慌等心理，因而影响口语交际的正常进行，为此个体需在口语交际实践中学会对自己内在心理进行调控的能力，其负面心理的克服也需个体坚忍的意志品质作为支撑。

2. 口语交际实施能力层。

口语交际实施是指以口头言语的方式把在大脑中生成理解的言语表达出来，从而实现人际交往，包括静态口语交际知识、口语思维能力、口语能力和交际能力。

（1）口语交际知识。

这是口语交际能力生成与发展的基础。从一般的口语知识要求，到各交际场合的特殊要求，从语速、语气、语调、吐字清晰度等共性要求，到针对不同对象而变换口语表达方式的规律性要求，都需要学习主体有明确的认识；至于诸如演讲的通俗明晰、热情感人，论辩的缜密严谨、气势夺人，采访的委婉亲切、融洽和谐，面试的沉着冷静、有条不紊等，这些不同场合的交际要求也应当成为学习主体的基本共识。

（2）口语思维能力。

思维能力是语文能力素养结构中的核心，人们从言语的生成到交际都离不开思维活动。“思维越明晰，口语表达越清楚，越准确；思维越深入，口语表达越有深度，越有分量；思维越灵活，口语表达越新鲜，越有独到见解。”毫不夸张地说，思维的品质和水平很大程度上制约着口语交际的质量，思维应该是“口语交际的核心和灵魂”[①]“言语生成是理性语词概念系统与感性经验表象双向互动、共同生发的结果。其中既有理性概念系统对感性经验事实的逻辑整合，也有经验事实对理性概念及概念系统理解的检验、融通与校正；既包含自上而下的概念驱动思维，也包含自下而上的表象驱动思维。”[②]“有独立见解”“敏捷应对”“完整准确”“有自己的观点”“有中心、有条理、有根据”“清楚、连贯、不偏离话题”“恰当的应对和辩驳”[③] 等都是对学生思维能力的要求，反映了思维的深刻性、敏捷性、灵活性、创造性、批判性。实际上只有想清楚了，才有可能说明白。如果没有想清楚，是不可能说明白的。“当我们准备在公众场合表达自己的思想时，往往感到不行。此时我们发现事实上是自己估计过高了，发现自己的思维过程并未完成。我们有时所以找不出适当的字眼来说明自己的思想，其原因在这种思想本来就不清楚，而只是自以为清楚了。”

（3）口语能力。

口语能力是指运用和理解口头言语的能力，包括发音能力、表达能力、倾听能力。发音能力包括普通话语音能力和表达技巧方面的能力，如调节语调、重音、停顿的技能。新课标对发音能力的要求是：“学讲普通话，逐步养成讲普通话的习惯”“能用普通话交谈”“表达要有条理，语气语调适当”“借助语调和语气”“注意表情和语气，使说话有感染力和说服力”等。

口语交际的语言结构和行为结构与书面语言有很大的不同，比如双方对话题的选择、接续与转换，双方话语的对接，对话的基本结构等。因此，表达能力主要是指理解与掌握汉语口语特点和运用汉语口语的能力，是信息输出的能力。新课标对学生表达能力的基本要求是：“能清楚明白地讲述见闻，并说出自己的感受和想法”“能较完整地讲述小故事，能简要讲述自己感兴趣的见闻”“有说服力和感染力”等。

倾听能力是指接受者对音义结合的话语形式进行语音听辨和语义理解的能力，是信息接收的能力。新课标对学生的基本要求是：“认真耐心，能抓住要点”“能听出讨论的焦点”“善于倾听”“耐心专注地倾听”等。

---

① 王占馥．思维与语言运用［M］．广州：广东教育出版社，2003：442.

② ④ 克雷奇．心理学纲要［M］．北京：文化教育出版社，1980.

③ 中华人民共和国教育部制订．全日制义务教育语文课程标准（实验稿）［S］．北京：北京师范大学出版社，2001.

（4）交际能力。

是指有效完成人际交往所必须具备的能力，包括识别语境的能力、应对能力、策略运用能力、体态语的运用与理解能力等。

识别语境的能力指对当前的交际语境作出分析判断，使口语的表达与当时的交际情境相适应的口语交际能力。这种能力的构成及特征话语意义的理解涉及一种推理，这种推理与语境密不可分。口语不但要注重上下文、具体情境，还要考虑交际双方的文化背景、共同生活经验、共知信息等语境要素。因此在口语交际过程中，口语交际者不仅要仔细聆听对方的话语，还要保持对语境的高度敏感性，才能做到应答自如、恰当、得体。新课标对学生的基本要求是："根据交流对象和场合""能注意对象和场合""能根据不同交际场合和交际目的"等。

应对能力是指在交际的过程中口语交际者对处于变化状态的交际活动作出及时反应和调整的能力。口语交际活动是一个非常复杂的过程，传受角色、话题、具体的言语交际语境和非语言交际语境都不是静态的，而总是处于变化之中。

策略运用能力是指有效地使用人际交际策略的能力。这些策略包括确定与调整话题的策略、分析交际对象的策略、收集信息的策略、适应语境的策略、激发并维持交际对象兴趣和积极态度的策略、克服紧张的策略等。做到新课标所追求的"恰当"与"适当"是离不开策略运用能力的，人际交流与沟通的顺利进行在很大程度上依赖交际主体策略的运用能力。新课标在策略运用能力方面没有提出具体要求，教师在实际口语交际能力的培养中需要加强策略运用能力方面的训练。

体态语的运用与理解能力是指交际过程中除口语以外的肢体语言的运用与理解能力。体态语一般指手势语、姿势语和面容语。手势语是人们常见的一种体态语，如大拇指表示赞赏。姿势语是一种有意识的身体位置的运用，具有较强的表意功能。如身躯前倾，距离较近，表现出一种积极合作的态度。面容语可以表达丰富的情感，在交际对话中，面带笑容可以表示对对方的话题非常感兴趣并鼓励对方说下去。新课标对学生的基本要求是："能根据对方的话语、表情、手势等，理解对方的观点和意图""注意表情和语气""仪态大方""借助表情和手势，增强口语交际的效果"等。

综合以上对口语交际素养结构的分析，我们不难知道，首先，口语交际素养构成要素之间相互浸润、互为营养，其养成过程是各要素相互作用、相长互生的过程，任一口语交际行为不是某单一要素能得以完成，而是各个层面的要素互为支撑，融合为一共同实现交际任务；其次，应坚持“全人”发展观，形诸于外的浮在水面的要素只是口语交际素养这一冰山的一角，而更应指导学习主体打好隐匿于水下的人之为人的基础底座，练好支配口语交际行为的“内功”，也就是说口语交际学习不仅仅是听说技能训练，更应是充分发挥口语文化的全面育人功能；再次，口语交际素养的形成和发展绝不是朝夕之事、也不一定具有明显的阶段性界限。

三、 口语交际素养的地位

口语交际素养对于当今社会发展以及个体自身的终身发展有不可替代的意义。它在整个语文素养中占据着基础性的地位。

就广义而言，我们从前文可知，口语交际是一种信息交流，而信息交流活动是人的生命活动，是关系到人类生存的问题。著名生物学家贝时璋先生曾给生命显著的特征——“活”下了一个很好的定义：“活”，就是物质、能量、信息三者的变化、协调和有机统一的动作。由比利时学者普力高津提出的“耗散结构”，是由无机物向有机物、由动物向人发展的漫长历史过程中生成的一种具有特异性质的结构。这种结构正是通过不断与外界交换能量（包括信息），使它在不断运动的同时保持一种相对稳定的有序状态，这样它才不至于陷入绝对平衡和死亡。信息的传递、处理和交流是可以采用多种形式的。口语是最便捷、最基础的交际手段。能使用口语进行交际，是人类求生存、求发展、顺利融入未来社会的首要必备条件。培养基本的口语交际能力，是更好地进行人际沟通、社会交往和发展合作精神的需要，也是一个人学习知识、经验的第一重要渠道。人的语言习得明显存在着一个发展的关键期（从两岁至青春期），抓住语言发展的关键期，充分挖掘儿童语言习得的潜能，极早进行规范的口语交际能力的培养，对促进儿童的健康发展无疑具有重要意义。

就狭义而论，口语交际是人际交往的重要内容，学生通过口语交际能习得人际交往规范，获得语言交际、待人处事、临场应变、团队合作等综合能力和素养。比如，有些初中学生性格内向，不善言谈，心理素质较差，自卑感强，不能大胆提出自己的见解，不擅长与外界交流，也不愿向别人敞开心扉，从而导致他们主观或客观上把自己封闭起来，这与当代社会的发展是格格不入的。面对这一现状，学校不仅不应因学生的“不配合”而放弃口语交际教学，反而更应强化，促进学生的社会化，为他们走出家门升入高一级学校和踏入社会、参与社会经济生活奠定一个良好的基础。另一方面，它还可使学生在口语交际学习中，通过自我监控和对方反馈，正确地认识和评价自己的情感态度，及时地调整心理世界中出现的矛盾冲突，防止出现心理障碍，能朝着健康和谐的方向发展，从而最大限度地增强学生在现代社会的生存能力。

不少教师认为听说能力是天生的，而读写能力是靠后天培养的，更何况学生的听说能力时时刻刻在学习，因为一天中学生最重要的语言活动就是听和说。这就造成了口语交际不需要教的假象。他们极力倡导学生多听少说、多看少说、多想少说，这样无形之中使学生丧失了许多口语交际的机会。再加上受中考、高考的功利影响，语文考试限于笔试方式，使学生的口语表达能力得不到真实的评价，于是考试就教、不考试就不教这种急功近利的教学观，导致学生口语交际能力的缺失。学校应从学生的长远利益出发，改变漠视口语交际教学的态度，转变落后的育人理念，从而全面提高学生的语文素质，为素质教育的大力推行作出贡献。《义务教育语文课程标准（2011 年版）》:“九年义务教育阶段的语文课程，必须面向全体学生，使学生获得基本的语文素养”，使他们“具有适应实际需要的识字写字能力、阅读能力、写作能力、口语交际能力”。在这里，新课标将口语交际变为独立的教学系统，与写作、阅读同时登上了大雅之堂。

第三章　口语交际学习的功能和目标

现代社会里，人们对口语交际的学习，不仅需要知晓口语交际的一般意义，还需要明白口语交际的功能，明确口语交际学习过程中的目标指向。因为，口语交际学习的目标取向，影响着不同的口语交际目的、口语交际内容、口语交际对象，制约着口语交际学习能力发展的方向和口语交际学习的进行方式。

第一节　口语交际学习的功能

“语言是一种最重要的交际工具。这是从语言的本质的功能方面给语言下的定义。”① 口语交际作为交际的一种方式，作为传情达意的一种手段，在现代社会里，尤其是在人才培养中，自有其不可取代的地位。其地位的奠定，源于它本身重要的功能。

一、　促进人的智力发展

口语交际是把内部思维语言转化为外部口语的过程，“是一个语言的内化和外化频繁交替进行的过程，是一种复杂的心智活动。”② 心理学把语言交际的过程分为三个阶段：因某种情境迫切需要触发语言交际的动机的萌发阶段，动脑思考使内心语言形成表达序列的孕育阶段，把内在语言转化为外在的口语的表达阶

---

① 于根元．语言学概论［M］．北京：商务印书馆，2003. 8.

② 陈左力．听说教学之新探．语文教学之友［J］．2001. 6.

段。在此过程中，敏锐的思维品质至关重要。

（一）口语交际的机理

美国科学家邓斯和平森把上述口语交际过程描述为“一条联结说话人头脑与听话人头脑的许多事件的链条”，即“言语链”。“从说话人传递到听话人的信息，首先是以语言形式排列的：说话人选择恰当的词语和句子来表达他想说的话，然后，这些信息经过一系列的转换，成为生理学和物理学的形态，并最终在听话人一端又重新变成语言形式，听话人使他的听觉去适应一系列的词和句子；在他听懂了说话人所说的话的时候，这个过程就完成了。”①

从认知心理学的观点看，口语交际是一个信息的输出、输入、处理和综合运用的过程，它包括：（1）输出阶段——组码，即组织内部言语，当人们听到别人说话、得到信息并产生说话动机后，大脑立即加工处理，引起联想和想象，产生说话人的思路，牵出说话人一连串的话语；编码，即说话人用极简缩的内部语言确定说话的大致内容后，从大脑储存的语言信息里选择、组织相应词语，使其成为按一定语法规则组成的言语系列；发码，即说话人组织好内部语言后，迅速借助发音器官发出声波，将内部语言转换成有声的外部语言，把语义的物质载体——语音送到听者的耳鼓，形成言语交际；传码，即说话人说什么、说多少、怎么说，要根据具体语境，通过物理反馈（一边说话，一边用耳朵听，随时调整自己的语调、语量、语速）、生理反馈（发音传到自己大脑里，通过中枢神经对说话情况进行调节），灵活调节，随机应变。（2）输入阶段——接码，即听话人的听觉器官接受到说话人发出的语音后，立即通过听觉传导神经将它们传到大脑的言语听区；解码，即听话人通过言语听区的积极思维，将接收到的语音形式还原为语义内容，从而理解说话人所要传递的信息。在口语交际活动中，言语主体实现的就是一个言语信息传递与反馈的过程。

（二）语言模塑思维

口语交际是人类社会特有的将自己的思维结果（内部语言）借助于词语，按一定语法快速转换为外部语言（有声语言）以表情达意的一种智力活动。重视口语交际能力培养是发展学生智力的需要。课程标准强调：“要重视发展学生的思维能力，尤其是创造性思维能力，重视提高学生的思维品质。”

① 邓斯，平森．言语链——说和听的科学［M］．北京：中国社会科学出版社，1983.12.

语言是思维的外显形式，他们是相互联系、相互作用的有机整体。马克思认为：语言是人类思想与思维的直接现实，是思维的物质外壳。高名凯认为，“语言和思维事实上是存在于同一统一体内的两个对立面，语言是这个统一体的形式部分，思维是这个统一体的内容部分。”① 辜正坤认为“语言与思维的关系是互为依存的。语言模塑思维模式，思维反构语言模式。”②

“人类言语表达和知悟空间既不是一种单纯由语言构成的线性一维结构，也不是由语言和语境合成的平面的二维结构，而是一种由语言、语境和（人的）思维状况所构建的立体的三维结构。”③ 语言的精密化、完善化过程也就是思维的精密化、完善化过程。口语交际学习需要学生持续不断接收信息、进行加工，通过解释、分析、判断、联想和推理作出反应，借助语境用语言发表自己的见解，语言的内化和外化频繁交替进行。

整个口语交际过程中，语言表述的思维具有以下几个明显的心理特点：一是思维的敏捷性。说话人快速持续循环地“遣词”（搜索大脑词汇库中的词语），“造句”（按照语法规范造出句子），“传达”（借助发音器官和体态活动，恰当地传达出去）。口语交际参与者都处于临场发挥状态，从思维到语言几乎是同步进行转换。二是思维的选择性。思想内容表达都必须对词语、句式、语气等加以“选择”，即说话人必须从大脑储存库中“选择”准确的词语、恰当的句式、合适的语气。口语交际过程中，表达者的选择、加工能力愈强，接收者的选择、加工强度愈小。三是思维的灵活性。口语交际必须有较强的口语应变能力。成功的交谈者善于快捷把握反馈信息，及时调整话语，使表达更好地为交际服务。这种口语应变能力就表现出了表达者思维的灵活性。

（三）口语交际学习与创造性思维培养

如何在学习口语交际的同时，训练创造性思维能力和思维品质，业已成为口语交际学习中的重大命题。语言的最基本单位——词、基本单位的组合——词组，一起构成思维最主要的加工材料——概念的载体，所以，教学生以语言为工具进行思维表达和思维理解是语文学科特有的功能和重要任务。

创造性思维的结构由逻辑思维、形象思维、直觉思维、发散思维等要素构

① 高名凯．语言论［M］．上海：商务印书馆，1995：7.

② 辜正坤．语文教学与中华的命运［J］．语文教学通讯，2000.（2）.

③ 韩宝育．语言与人的意义世界［M］．北京：中国社会科学出版社，2002：66-67.

成，它们按照一定的分工，彼此互相配合，每个要素发挥各自不同的作用，共同实现创造性思维。它不仅能提示客观事物的本质及内在联系，而且能在此基础上产生新颖的、具有社会价值的前所未有的思维成果。

学生学习口语交际，其作用不仅仅在于口语交际本身，还在于训练思维能力。“语言在充当思维的工具或手段时，物质材料和精神内容是共同参与进去的。”① “思维能力应当是口语表达智能的核心。”② 学生通过口语交际学习，训练思维的批判性、敏捷性、逻辑性、发散性等与思维体系相关的要素，与书面语言的读写训练相比，口语交际学习在促进学生思维的发展上有其特别的优越之处，是训练学生创造性思维能力和品质的有效途径。

1. 口语交际学习与逻辑思维的培养。

口语交际就是言语表达和言语领会，同时伴随着的是一个集分析、综合、判断、推理、想象、联想等脑思维高度活跃的过程。逻辑思维是建立在语言基础上，运用概念、判断和推理实现的思维，它包括分析、综合、抽象、概括、判断、推理等思维过程。它是创造性思维的一个不可或缺的要素，对创造性目标的实现起着指引和调控作用。

口语交际教学活动中，学生在进行诸如转述与复述、即席发言、演讲、讨论、辩论等口语交际时，从快速将内部言语成果转化为外部语言，到快速准确地选择、组织语言材料，以及体态语对有声语言的配合，这本身就是一个严密的逻辑思维过程。从话语的词义、词组义、句义乃至语篇，意义错综复杂，需要借助各种方式去推理，去进行纵横交错的加工组合；需要有相当的语音辨识力、言语记忆力、语义理解力、话语品评力，否则，言语意义的接受、理解就难以为继。“语句是体现思想的，是思维活动的外化，语法就是思维活动的产品。……而语法则是语言社团（主要是民族）的思维长期抽象化的结果。”这种思维的“抽象化”就包含逻辑思维的过程。

抽向思维必须依赖语言（包括口语交际）才能进行的。比如概念这种逻辑形式是思维的细胞，要表达概念就得使用词语，比如描绘自行车这个物体就得使用“自行车”，还有一些脱离具体形象的抽象概念，如“管理、政治、民主”等。“语言是通过词汇意义、语法意义与思维发声联系的。”比如我们常用明确的语言

---

① 戴昭铭．文化语言学导论［M］．语文出版社．1996.

② 王志凯．论口语交际教学中的思维训练［J］．井冈山学院学报．2008.（1）.

如关联词、人称代词等等来交代层次的划分和逻辑关系。即使逻辑运用的公式代码，其实也只是语言的转化符号。当我们需要说明某个数学运算的求解过程，还得把公式变回语言的表达形式。①

口语交际还具有转瞬即逝的特性，要求发话人和受话人在短时间内准确、快速地表达和领会，这就更训练了学生思维，增强其敏捷性、准确性、条理性、灵活性。

2. 口语交际学习与形象思维的培养。

形象思维由于具有整体性，而不是像逻辑思维那样具有直线性、顺序性，所以往往比逻辑思维更适合于探索和创新。事实上，创造性活动中关键性的突破即灵感或顿悟的形成，靠的是形象思维和直觉思维而非逻辑思维。形象思维主要是借助于鲜明、生动的语言作物质外壳，运用事物表象（视觉、听觉、触觉、味觉等）进行分析、综合和联想、想象（包括再造想象、创造想象），具有具体形象性。

其中，想象是对记忆中的原有多种表象进行整合、重构以后形成一种新的形象的心理操作过程，也是创造性思维的一部分。爱因斯坦认为：想象力比知识更重要，因为知识是有限的，而想象力概括着世界的一切，推动着进步，并且是知识进化的源泉。康德也认为想象力具有联想、复现、复制、建构和创造的能力。

离开了想象和联想，口语交际是难以进行的。人们在交谈中或绘声绘色地描绘，或慷慨激昂地陈述自己的观点和看法，或向对方介绍某种事物，都是在一边说一边想，“想”就有想象和联想的参与；听话时，许多弦外之音、言外之意都要靠想象和联想去推理和理解。所以，口语交际学习能激发和提高学生的想象力、联想力，从而训练其形象思维能力。学生可以通过不同途径、不同形式的口语交际学习，充分调动自己的想象和联想。

比如：教材中有些课文的结尾言尽而意未了，这时学生可以展开想象的翅膀对故事情节进行延伸和补充。

在学完高中课文《项链》这篇短篇小说后，学生可分成学习小组来讨论交流，填补作者故意留下的空白结局，每组学生可以大胆说出本组的讨论结果。由于不强求结论一致和交流环境宽松，学生们在讨论时会异常活跃，各抒己见，可

---

① 池昌海．现代语言学导论［M］．杭州：浙江大学出版社，2007.

以从文本本身的情节发展和女主人公的性格变化出发，积极调动想象和联想，给女主人公玛蒂尔德设想出不同的结局。这样，就把口语交际学习和阅读学习有机结合起来，把形象思维训练和逻辑思维训练结合起来，学生不仅锻炼了敢于口头表达的自主意识和联想推理能力，还有助于他们广泛吸纳不同见解，加强对文本的理解，提高对作品的鉴赏力，可谓一举多得。

3. 口语交际学习与直觉思维的培养。

口语交际学习应该而且能够承担训练学生直觉思维能力的重任，这与汉语独具的心领神会和直觉体悟的特征有关。王力先生说："西洋的语言是法治的，中国的语言是人治的。"西洋语言重逻辑分析，而中国语言重视语言主体的心理因素，强调直观感受。①

直觉思维是人脑以空间表象或关系表象作为思维材料，运用关系表象对客观事物的本质及其规律性联系作出整体把握、直观透视和快速综合判断的思维过程。这种直觉判断由于其准确率高、速度快、不会丧失时机而为其他思维方式所不及。前苏联哲学家凯德洛夫曾断言：任何创造活动都离不开直觉。

口语交际的内在基础就是一种直觉状态的心理经验即语感，人们运用口语时，更多依赖语感的自然推动。"语感就是把人和语言联起来的纽带"，它"专注于人对语言的感知、领悟和把握，涉及语言的发展和言语的生成与理解"。② 语感的最基本特征是直觉性，它"能够迅速、准确地对言语对象作出正误、真伪、是非、美丑的直觉判断"。"语感的直觉性和思维性、理解性不但不是在根本上对立的，而且还是思维性、理解性的结晶，是理性在感性中的沉淀，是理性溶解于其中的感性。"正如萨丕尔所说，语言"是千千万万人的直觉的总结"。③

一个人语言能力的高低，很大程度上取决于语感。直觉思维是构成语感的核心要素，通过培养语感就可以有效地提高学生的直觉思维能力。口语交际学习的过程能够通过大量的口语交际实践活动，使学生最终获得一种敏锐的语言直觉。如：通过即席讲话、即席演讲、辩论、交谈、讨论等口语交际形式，能够训练学生敏捷的语言信息输出能力和敏锐、准确地把握语言信息的输入能力，以及运用语言的正误感（用语准确无误）、分寸感（面对不同场合和交际对象，用语得

---

① 李创新．中学语文创新教法素质训练方案［M］．北京：学苑出版社，1999：208.

② 王尚文．语感论［M］．上海：上海教育出版社，1995：1.

③ 萨丕尔．语言论［M］．上海：商务印书馆，1985：206.

体)、畅达感（用语流畅)、情味感（用语有情味）和节奏感（用语抑扬顿挫，停顿适当)。

有位小学老师，运用美国艺术心理学家阿里海姆的“知觉补充说”，在语文教学中借鉴绘画的“空白”艺术，引导学生结合课文内涵进行关于想象的口语交际设计。学习《桂林山水》时抓住课文的导入，启发学生想象。他说：“同学们，今天我们要到广西壮族自治区的一个风景区——桂林旅游。在漓江的木排上，有一位导游阿姨正等着我们呢，见了面我们该怎样打招呼呢?”同学轮流扮演导游，面带微笑：“同学们，你们好！欢迎你们到桂林来，很高兴为你们导游。”这时，同学们一个个走上前去，大大方方地说：“阿姨，您好！见到您很高兴。”“阿姨，有你当导游，我们旅途更愉快!”①

4. 口语交际学习与发散思维的培养。

传统学习模式强调认识理解都必须集中、统一到学科的理论体系和基本概念上来，必须符合教师的要求和传统的规范，容易造成学生对书本、教师和权威的迷信。而求异思维、扩散思维、多向思维，即发散思维，它需要从已知信息中产生大量变化的、独特的新信息，它是沿不同方向、在不同范围、不因循传统的思维方式。它强调思维的内容和思维成果应与传统观念或原有概念不同，甚至相反。

口语交际学习是训练学生发散思维的一条有效途径。口语交际活动具有互动性。互动性在口语交际学习中表现在两个方面，一是学生与学生之间的交互式的互助、交流与合作。学生的生活经验、阅历不同，思维的方向具有差异性；学生之间年龄相近，心理相通，地位相等，有利于采用集体讨论或举行经验交流会等口语对话、交流的活动形式，利用集体思维来解决问题。学生与学生间的口语交流，形成思维的多向辐射，同中求异，取长补短，拓宽解决问题的办法和范围。二是教师和学生之间的互动。主要表现为师生切磋，教学相长的互促互进。学生在口语交际学习过程中需要教师的积极引导，并适时地得到教师恰当的点拨、引导、评价、总结；营造口语交际适宜的“心理安全”和“心理自由”的情景。心理学研究表明，这种情景有利于调动积极的思维和情绪，可能产生正向求反，不迷信权威。可见，口语交际学习互动性的特点是能促进学生的发散思维，从而促

① 刘如森，罗良坤．“口语交际”与“文本阅读”比翼双飞［J］．小学教学参考．2007.(11).

进创造性思维发展的。如：结合阅读学习，利用创造性复述手段，根据文本、话题等材料内容，用不同的方式改组原文，变换叙述角度、体裁、人称、结构、语体、中心等，提出新见解、新结论，可以有效地训练学生的发散思维能力。

二、 塑造健全人格

（一）语文与人格教育

海德格尔强调人和语言的关系不是人用语言去做什么，而根本就是人存在于语言中，语言是人类“存在的家园”。语言之于人，首先是一种精神意义的存在，是人的精神本体赖以存在的凭依。所以，言语交往不仅仅是对语言符号的简单组合和操作，同时也是“人的感官的延伸，是他的触觉、他的眼睛”①，“任何一个人的精神世界总是和他的言语世界相联结、相吻合的，精神世界的开拓不能不同时是言语世界的延伸，言语世界的拓展也不能不同时是精神世界的充实”。②

中小学生的精神成长和人格形成是和他们的母语习得一起完成的。钱理群教授指出：中小学语文学习是为人打“精神的底子”。从这个意义上说，只有当听、说、读、写的言语能力升华为人格的自我塑造能力的时候，以运用母语进行言语交往的语文学习才能真正实现其本体回归，实现言语能力的升华。所以，语文在致力于提高学生言语交往能力的同时，又不可避免地肩负起了思想教育、人格教育的多项任务。课程标准特别强调语文学科对于提高学生人文素养、塑造良好人格上应承担的责任，提出要“为学生形成正确的世界观、人生观、价值观，形成良好个性和健全人格打下基础”。

（二）口语交际学习与人格塑造

现代心理学认为人格即“个性”，是个体在社会实践中作为主体而表现出来的思想和行为的总体特征，是人的性格、气质、能力、品德、操行、修养、尊严、态度等个人独特而稳定的全部心理特征的总称。美国学者斯蒂芬·P·罗宾斯认为，“人格是个体对他人的反应方式和交往方式的总和。”③ 这个定义把口语交际学习与人格塑造紧密地联系了起来。人格是在先天生理素质的基础上，通过后天环境、教育的影响而形成和发展起来的。

---

① 张协生．论语感能力的特征与培养［J］．语文教学与研究，1996.（2）.

② 王尚文．语文教育学导论［M］．武汉：湖北教育出版社，1994：11.

③［美］斯蒂芬·P·罗宾斯．组织行为学［M］．北京：人民大学出版社．2008：92.

以有序的班级授课和认知学习来维持的传统的语文课堂学习，杜威批判为“静听”，它仍然存在于今天的语文课堂。杜威指出：“学校的重心是在儿童之外，在教师，在教科书以及在其他你所高兴的任何地方，唯独不在儿童自己即时的本能和活动之中。”① 学生作为知识的被动接受者，无法作为听、说、读、写的主体进行言语实践活动。有人曾分析语文学习质量低下的缘由有三：一是学生缺乏参与言语实践的生动活泼的交际情境，二是学生缺少有意义的言语交际任务，三是缺少在具体的言语环境中开展言语实践的机会。一句话，就是用“公共通用的话语模式代替主体的个性话语”。在口语交际学习中，强调师生、生生主体间的言语交往活动，突出学生主体的话语言说权利，主体人格不再被工具化的知识人格所取代。

学生的健康人格是在学习和社会活动中养成和发展的，离开人的言语交往活动，学生健康人格的确立就难以成为可能。口语交际学习的基本理念和特点决定了口语交际学习能突破传统的语文课堂学习模式，能使语文学习从以教师讲读为中心向以主体间言语交往为中心转变，使师生、生生主体间的交往和沟通成为可能，在完成知识探索的同时，完成语文学习所肩负的人格培养的任务。

1. 确立个体自信、自主言说主体性地位。

自由地言说和表达是现代人的基本权利，也是一个健康而有活力的社会的重要标志。学生能够自由大胆地言说，不只是学生说话能力或提高学习效率的问题，更是牵涉到至今仍未完成的国民性改造的大问题。由于几千年的封建专制，中国人长期遵奉沉默是金、言多必失、安分守己的处世哲学，不喜欢在公众场合自由地发表自己的言论和观点，即使有真实自然的思想、言论和情感，也没有机会表达和伸张，形成压抑扭曲的国民性格。对这种“沉默的国民的性格”，鲁迅先生早有深刻的揭露，指出它是社会进步的最大障碍，“沉默啊，沉默，不在沉默中爆发，就在沉默中灭亡！”在人类进入二十一世纪的今天，要想实现中华民族的全面复兴，社会主义的接班人就不能缄默不语，而应该张开嘴巴，成为自主言说的主体。

口语交际的核心是“交际”，注重的是人与人之间的交流和沟通，它是听说双方双向或多向互动的过程，口语交际学习强调师生、生生主体间的双向或多向

① 王天一，夏之莲，朱美玉．外国教育史（下册）［M］．北京：北京师范大学出版社，1993：205.

信息的沟通和交流。特别是生生互动，即学生和学生之间的交流，生生交流呈现的是一个和谐、民主、文明的人际交往氛围，它有利于激发学生的交流欲望，引导学生“敢说”。教师这时不再是课堂中心者的角色，而是平等参与者、共同促进者。所以，口语交际学习突出了学生的主体性地位，通过提问、讨论、交谈、演讲、辩论等语言交际活动，学生在想说、乐说中体会自由言说和表达的自豪和快乐，从而增强自信，找回自我。在说的过程中，学生的性格、气质、能力、修养、尊严等相关人格要素也会得到陶冶和升华。

2. 培养学生批判质疑精神和创新意识。

有人曾对北京十所中学1200名学生进行问卷调查。结果表明：课后敢于向教师质疑的占66.8%，课堂上敢于向老师质疑的占21.5%，而课堂上敢于当面指出老师错误的学生仅占5.5%。学生创新的潜质绝大部分在课堂上消失了。长期以来，前苏联教育家凯洛夫的“五环节”课堂教学结构（组织教学→检查复习→讲授新课→巩固新课→布置作业）几乎主宰了我国中小学课堂教学，它以培养“工具性”人才为目标，学生往往被要求以书本知识为唯一依据，学生缺少批判质疑的精神和发现问题、提出问题、解决问题的能力。

要想在口语交际学习中培养学生的批判质疑精神和创新意识，首先对习惯于旧学习方式的学生是一个挑战，学生要在观念上突破自我禁锢和文本的权威，乐于标新立异，敢于向权威挑战，并就共性的问题展开讨论，多维度、多渠道思考。在学习方法上，学生要在具体的交际情境中，多承担动态变化的交际任务，着重训练思维的敏捷性、灵活性和运用系统知识来解决未知问题的能力。在讨论过程中，学生可用谬误拷问彼此的批判质疑精神和创新意识，不预设唯一的标准答案，允许随时改变自己的说法，允许说错。学生在教师的引导下批判质疑、独立思考，敢于奇思妙想，甚至异想天开，别出心裁。在这样的口语交际学习过程中，学生的批判质疑精神和创新意识将得到很大发展。

3. 培养学生现代交往理性和现代交际人格。

所谓的真理一般由共识构成，而共识是人们在没有内外压力和制约下的理想情境中进行交往沟通达成的。哈贝马斯认为：“交往行为是一种语言行为，实现交往行为合理化最重要的途径是：在建立共同价值规范和充分论证基础上平等对话。对话的有效性原则体现在真实、真诚、正确三个方面。在交往过程中，传受双方的关系就是以信息（广义上的语言）为媒介的人与人的社会交往关系。”这段话，深刻地揭示了现代交往理性和交际人格的丰富内涵，即在共同价值规范和充分论证下的平等对话，强调对话的平等与理性，强调各种矛盾与问题的化解注重以和平的理性的方式在思想层面予以化解。

学会交往的核心是学会相互理解与沟通，这两方面都可以通过口语交际的不同形式有意识地加以培养。从学习活动的客观需要来看，学习既需要独立思考，也需要团队合作。合作，就离不开语言交往。学生可以通过创设交际情境，展开讨论、辩论等口语交际活动，彼此间充分地交往，克服自我中心的思想倾向，学会就不同意见与别人商量、沟通。在这样的学习过程中，学生不仅融入了自己的生命体验和情感，还从老师和别的同学那里加以丰富和完善，学会鉴赏和尊重理解“别样的风景”，增强集体的凝聚力。学生还可以通过预设话题，将话题与文本的解读有机地融合在口语交际过程中，相互质疑问难而接近真理。这些口语交际学习的实践活动，既锻炼了学生语言交往能力，又使其学会现代交往的理性和规范，有助于学生现代交际人格的养成。“通过对话和各自阐述自己的理由进行争论，这是21世纪教育需要的一种手段。”①

第二节　口语交际学习的目标

口语交际的学习，首先需要我们明确其目标指向。是所谓“明其志，方能知其所赴”。从前文论述可知，口语交际素养包括基础素养和专项素养，隐藏于水下的基础素养是冰山的主体，而形诸于外的口语交际行为只是冰山一角，为此，口语交际学习首先是把一个个体培养成具有丰富心灵的人，然后才是这个人的口语交际知识能力。这两方面相融相合才能构成真正意义上的口语交际素养。这个认识决定了口语交际目标制定的基本架构。

一、　确定目标的依据

（一）人的社会性发展需要

中小学学习阶段，个体的身心都会发生巨变，世界观、人生观在这一时期形

① 国际21世纪教育委员会联合国教科文组织总部中文科译．教育——财富蕴藏其中［M］．北京：教育科学出版社，1969：48.

成，健康人格在这一时期构建，是一个人独立走向社会生活的准备时期。静止地看，社会阅历和经验的不足，导致对问题分析和辨别能力的片面和不深刻。动态地看，年龄的增长、学生学习生活范围的扩大，独立意识的增强，与人格心理的不成熟，导致思想全面性、深刻性和批判性的偏差，在分析问题时往往带有主观经验色彩，容易在世界观、人生观方面产生困惑。新课标“在语文教学中，应注意培养学生的社会主义道德品质，提高文化品位和审美情趣，发展健康个性，逐步形成健全人格”的表述也正是基于对中学生这一特殊阶段的身心健康发展的考虑。

“现代社会对传播信息和接收信息准确性的要求越来越高，对口语表达这一重要交际方式的要求也就越来越高。语言表达能力强，善于表达自己、善于与人沟通的学生，可以获得更多的成功机会。”① 因口语交际思维与表达的同位性、同步性，交际过程的互动性，情境的临场性，要成功实现交际功能，主体须在人格素养、语言表达、思维等综合能力达到一个很高的水平，而学习主体也在交际过程中理解人性、提高文化品位和涵养审美情趣，健全自身的健康个性。

（二）口语交际相关理论

语用学、交际学和口语交际的能力结构特征，是口语交际学习的目标制定的理论基础。

语用学理论中重视语境与话题的确立，强调话语意义在不同语境中的恰当表达和准确理解；为言语交际中话语意义的表达和理解提供了理论、方法和应该遵守的原则。语境中的话题是言语交际的关键，言语交际中参与者的心态、思想、修养，对话与意义的恰当表达和准确理解起着重要作用。语用学理论为口语交际课堂明确了教学的范围，指明了训练的方向。

交际学理论阐述了交际选择、交际决策等问题，指明了运用正确的方法进行有效交际的途径。它主要强调，交际是一个相互影响的活动过程。合理地进行交际有助于激发创造性思维，活跃开放交际思想；交际过程中，交际目标对交际活动起定向的作用，它制约着交际主体对交际环境和交际策略的选择；成功的交际活动需要运用恰当的交际策略，它是实现交际目标的手段、途径和方法，实施交际活动取得成效的保证。交际学的观点拓宽了口语交际学习的内容和思维空间。

① 胡方红．口语教学与交际能力培养［J］．江苏教育学院学报（社会科学版）．2003.（9）．

口语交际本身的素养结构特征也影响着学习目标的确立。前文关于口语交际素养结构的分析是确立学习目标的标准之一。

（三）新课标的目标

在《义务教育语文课程标准（2011年版）》中，关于“口语交际”的培养目标十分明确：“口语交际能力是现代公民的必备能力，应培养学生倾听、表达和应对的能力，使学生具有文明和谐地进行人际交流的素养。”

对口语交际的目标可以归纳为三点：一是增强人际交往能力，在口语交际中树立自信，尊重他人，说话文明，仪态大方，善于倾听，敏捷应对。二是注意口语的特点，能根据不同的交际场合和交际目的，恰当地进行表达。借助语调和语气、表情和手势，增强口语交际的效果。三是学会演讲，做到观点鲜明，材料充分、生动，有说服力和感染力，力求有个性和风度。在讨论或辩论中积极主动地发言，恰当地应对和辩驳。朗读文学作品，能准确地把握作品内容，传达作品的思想内涵和感情倾向，具有一定的感染力。

这些目标，立足于对未来公民的素质要求，着眼于全面提高学生的语文素养。它不仅要求训练每个学生的听说能力，而且更注重口语交际中言语的规范，培养学生交际、待人处世、举止态度、临场应变、传情达意等综合能力和基本素养。

二、 目标的系统化和具体化

作为语文学习的一个独立领域，口语交际不能与日常口语交际实践脱节，这是口语交际学习的价值所在。在口语交际的学习目标取向上，必须正视进入学习体系的口语应该是基础训练，口语的学习主要学习生活交际中的口头表达能力，而不是要培养演说家和论辩大师。因此，口语交际在目标的确定上，应该是基于口语交际中最基本、最本质、也是最具共性的元素。

价值取向决定目标定位，所以口语交际的目标系统可以这样建构：口语交际学习的首要任务在于关注学习主体言说中的内容、情感、价值、态度等人文素养，达成潜在修养目标；除此之外，通过倾听、表达和应对的能力培养，通过口语交际的技能技巧、方式方法的学习，达成实现层面的交际目标、认知目标。口语交际学习目标主要通过学习的实践，积累口语交际的经验，提高口头语言水平，培养良好语言习惯来实现。

（一）口语交际学习的修养目标

口语交际学习的修养目标包括人际交往的文明态度和语言修养。具体体现在具体的交际情境中学习口语交际具体形式、方法、技巧的认知目标，和倾听、表达和应对三大能力的交际目标之中。

1. 真实而自然。

说话真实自然，即“说真、真说”，是口语交际学习在价值观与情感态度方面的学习。“口语交际教学内容除了非言语交际、交际技巧和媒体交际等外，学生对口语交际的价值认识应成为口语交际教学中的首要内容。”①

真，本应是人立身处世的根本。“千教万教教人求真，千学万学学做真人”是陶行知先生的教学名言，也同时是口语交际学习孜孜以求的目标。“人生在世，无一事非情，无一事非欲。要在诚之一字而已。诚便是真。去伪崇真，做人做文，都是一样。”② 一个人在用语言表达自己的思想感情的同时，也在塑造他自己的形象。

在世界的童年时代，人类便是以最本真的状态诗意地栖居于这个蔚蓝色的星球。他们自由地“言说”、真诚地“言说”、真实地“言说”。他们在“言说”中敞亮自己，接近真理，把握人生的真谛。在古希腊，有苏格拉底、柏拉图，在中国则有孔子、庄子等诸子百家。他们不仅自己真实地言说，也鼓励、诱导别人真实地说。苏格拉底用“产婆术”使人们把握存在于心中的真理；孔子则以他的睿智、宽容和渊博，让他的弟子“知无不言，言无不全”，同时他还反对无真实内容的夸夸其谈，“子贡利口巧辞，孔子常黜其辞”；老子更是高举“美言不信、信言不美”的旗帜，追求言语的真实，反对花言巧语。著名作家海明威1954年获得诺贝尔文学奖，在领奖的结束语中他这样说：“作为一个作家，我讲得已经太多了。作家应当把自己要说的话写下来，而不是讲出来。”这简短的语句，表达了一个作家真诚的心，谦虚的性格，再接再厉取得更大成绩的决心。言语真实自然，给听众留下非常深刻而良好的印象。

（1）内容真实。

刘焕辉先生在他的《言语交际学导论》中说：交际中言语要遵循“质的准

① 韩洁．美国口语交际教学对我国口语交际教学内容建构的启示［J］．语文教学通讯初中刊，2005．（9）．

② 林语堂．林语堂名著全集［M］．长春：东北师范大学出版社，1994：18.

则”，总的要求是“努力使所说的话是真实的”。它包括两个次准则：不说自己相信是虚假的话；不说自己缺乏足够证据的话。① 亚里士多德在提及修辞时也曾说过：“首先要注意的问题，自然是首先自然而来的问题——怎样从事实本身产生说服力。”中央电视台的“实话实说”栏目大受观众的喜爱，也正说明了大家都想听到真话、实话。

我国人民历来赞颂讲真话的美德。

《韩非子·外诸说左上》中关于曾子“杀彘”教子的故事，一直为人们所传颂。曾子为了让孩子相信母亲的诺言，把妻子开玩笑时说的“杀猪给你吃”的话付诸实施，将猪杀了，这在孩子眼中维护了母亲诚实的形象，而孩子也会在父亲的举动中学会讲真话。

各国的民间也流传着很多抨击谎话，赞扬讲实话的格言，如：

谎言没有脚，但有招祸的翅膀。（日本）

即使说一句假话也是说谎，即使偷一根针也是盗窃。（蒙古）

谎言跑得再快，也永远追不上真理。（俄罗斯）

人若不夸口，羞耻不临头。（非洲）

宁愿听痛苦的实话，不听甜蜜的谎言。（非洲）

说话真实、自然，是人际交往中的一个基本要求。我国的《普通高中语文课程标准（实验）》在“表达与交流”中专门强调了这一点：“能考虑不同的目的要求，以负责的态度陈述自己的看法，表达真情实感，培育科学理性精神。”美国的《威斯康星州高中语文课程标准》，也非常注意培养学生口语交际过程中保持客观的态度，强调陈述时论据的权威性和真实性。如“总结并反驳相反的观点，并能提出具有说服力的论据”，“引用原文的论据证明自己的观点”，“使用适当的科技设备为结论提供有力的支持”等。这增强了陈述时内容的可信度和有效性，同时避免了口语交际中不切实际的信口开河。②

（2）态度诚恳。

诚信是一种美好的品格，也是进行成功口语交际的基础。许慎《说文解字》：“信，诚也。从人言。”本义是以言语取信于人。春秋战国时期，“信”字语义引

---

① 刘焕辉．言语交际学导论［M］．南昌：江西教育出版社，1997：414.

② 郑国民，季雪娟．评介美国威斯康星州高中语文课程标准［J］．中学语文教学．2003，（1）：59.

申出诚信之义，并成为朋友交往和一般人际交往的准则。《谷梁传·僖公二十二年》："人之所以为人者，言也；人而不能言何以为人。言之所以为言者，信也；言而无信何以为言。"

古人对言说中的诚信早就有中肯的论述。中国古代的修辞学就讲究"修辞立其诚"，将修辞与修身养性融为一体，将言辞的修饰归结为身心的诚挚。"君子耻有其辞而无其德"（《礼记·表记》），孔子甚至认为"有德者必有言，有言者不必有德"（《论语·宪问》），老子更进一步说"信言不美，美言不信"。这论及的虽然是文章，但同样适用于口语交际。"诚之所至，金石为开"，只有真诚的语言才能打动人，赢得信任和支持。林肯在1858年竞选辩论中说："你能在所有的时候欺瞒某些人，也能在某些时候欺瞒所有的人，但不能在所有的时候欺瞒所有的人。"无哗众取宠之心，有实事求是之意，言语真挚热烈，打动了当时在场的所有听众。

口语交际离不开诚信，离开了诚信，口语交际就难以顺利地进行。言语的沟通，首先是感情上的沟通，立足于真实情感的沟通是打开交际闸门的重要渠道。"一个真诚的对话者，不但他的真诚本身就是一种魅力，而且还能使他说得更好，听得更真。"① 任何花言巧语，其实质正是缺乏诚信。"人们在内容上希望听到真实的话语，在情感上则要求真诚，要求真心真意，要求开诚相见或诚恳的态度。"② 孔子就极为重视口语交际中的诚信，他极力反对口语交际中的花言巧语："巧言令色，鲜矣仁"（《学而》），"巧言、令色、足恭，左丘明耻之，丘亦耻之"（《公冶长》），"巧言乱德"（《卫灵公》）等。

1986年，新加坡的电视人首创了一种新的电视游戏模式——亚洲大专辩论会。辩论会上辩手们的雄辩的口才、敏捷的思维、得体的举止，一下子征服了广大电视观众的心。但自1995年以来，社会上对大专辩论会的批评越来越多，其中一个很重要的原因便是"辩论会这种形式无益于讨论真理。辩手们的发言受制于抽签的立场，说的不是心里话"。③ 当人们发现辩手们在场上慷慨激昂、义正词严，但说的其实都是违心话，自然在感情上难以接受，更不用说激起他们发自内心的认同感。而对辩手们而言，当他们的表达正是个人思考的结果和情感的认同

① 王尚文．对话：语文教育的新观念［J］．浙江师大学报（社会科学版），2001，（5）：79.

② 朱自清．朱自清散文集［M］．长春：时代文艺出版社，2001：309.

③ 余培侠．世纪之辩［M］．北京：中国世界语出版社，1999：72.

时，他们的发言往往就越会有感染力，因为他们是真正在为自己的信念而“呐喊”，他们展示的已不仅仅是语言、智慧，而是生命、人格的力量。

因此，若不是真诚的讲述，那么不管你的词句多么精美，你的声音多么美妙，你的事例多么完备，你的手势多么优雅，都引不起听众发自内心的认同，而这样的交际最终只能以失败告终。

2. 明确而优雅。

明确而优雅，即“说美、美说”，是口语交际学习在知识与技能方面的内容，主要指人际交往中的语言修养和文明态度。

语言往往是一个人文化修养、道德水准、精神面貌的表现。一个人说的话，显示出这个人的修养程度，它们是教育与文化的证明。卡耐基曾说过这样一段话：“那天早晨，当他起身时，他特地擦亮了皮鞋，穿上一尘不染的漂亮衣服，企图维持自己的自尊，以及争取旁人对他的尊敬；但他却没有擦亮他的词汇，说出毫无瑕疵的句子。他等于在那儿宣布，他不是一个有文化教养的人。”① 因此，前哈佛大学校长艾略特博士认为，每一个淑女或绅士的教育中，都有一项必修的心理技能，那就是明确而优雅地使用他（她）本国的语言。

(1) 语言优美。

崇尚语言优美，一向是中华民族的美德。《礼记·义礼》说：“言语之美，穆穆皇皇。”《礼记·祭仪》说：“恶言不出于口，忿言不返于身。”古人对口语交际语言美的重视由此可略窥一斑。在口语交际中，使用文明优美的语言，能够体现说话人谦虚的美德，能让人感到人际间的温暖与友爱。俄罗斯有句谚语：“世界上什么东西最能征服人心？谜底是语言。”美好的话语，是人们美好心灵的显现。在日常生活中，一席情真意切的话语，可以让人体味到人性的善良和人间的温暖。语言优美体现在下面几个方面：

语音准确。口语交际的一个显著特点就是表达者和接受者是在相互感知的情况下，在相对短暂的时间里完成信息的传递和接收。表达者以音义结合体的话语形式出现，接受者也须进行语音听辨和语义的理解，才能实现信息的输入与输出。所以，“接受者的语音经验，和表达者提供的声音表征在多大程度上重合；接受者的语义经验与表达者传递的信息内容在多大程度上重合，决定了接受的差

① 戴尔·卡耐基．语言的突破［M］．呼和浩特：远方出版社，2007：267.

异。"[①] 中国幅员辽阔，是一个多民族、多方言的国家。不同的民族、不同的地区，使用的语音系统可以相差万里，给正常的口语交际带来很大的不便。由于普通话语音的不标准而造成的语义理解上的障碍也是屡见不鲜。《中华人民共和国宪法》第19条规定：国家推广全国通用的普通话。国家语委现行的普通话水平测试，也正是为了统一语音的规范。作为新世纪的学生，言语表达首先必须做到语音标准。

语法规范。语言是有规则的，说话必须符合人们共同遵守的规则。言说主体若违背了这种规则，就会使受话人对言语的理解产生困难。口头语言的表述，虽不似书面语来得严谨，在特定的语境中，允许省略、插入、易位、紧缩、追加、重复等，但也必须遵循约定俗成的语言规则。

言辞丰盈。词汇是言语编码的符号材料。口语表达的基本特点之一就是快速连贯性。要实现言语的快速编码，库存的词汇量必须充足。如果词汇不丰富，张嘴"因为"，闭口"所以"，或者颠来倒去的"然后""好""很好""棒""棒极了"等，语言枯燥乏味，往往会导致表述时词不达意。在教学中经常出现学生"有话说不出"的现象，原因之一就是学生词汇库不丰盈。

用语贴切。高水准的口语交际，还要求交际人能选择贴切的词语来更好地表情达意，使自己的表达不仅做到"信"和"达"，而且能达到"雅"。文明雅致的语言是我们美好心灵的外现，所以孔子认为"文质彬彬，然后君子"。"一般来说，粗俗的语言是不受欢迎的，连篇累牍的粗话除了令人作呕或给人背受芒刺的感觉外，是不会达到满意的交际目的的，因为粗俗与幽默毫不相干。"[②] 因此，在口语交际中，一定要注意杜绝脏话、粗话，清除语言垃圾，排除语言污染，做到语言纯洁、文雅、高尚。

（2）表达恰切。

成功的口语交际还要求切合特定的时间、地点、人物、环境等因素，要根据特定的处所、场合选择最适合的表达方式和最准确的言语表达。

表意准确。就是指遣词造句能够确切地表达情意，如实地反映客观事物的实际面貌。只有准确的语言，才能清楚地阐述自己的思想，才能激励听众，并为听众所理解和接受。在词语的海洋中，每个词都代表着不同的事物、概念和状貌，

① 谭学纯，唐跃，朱玲．接受修辞学［M］．上海：上海教育出版社，1992：99.

② 刘焕辉．言语交际学基本原理［M］．南昌：江西教育出版社，1997：325-326.

反映着不同的思想和情感。在口语交际中，要掌握每个词的独特意义，用词时做到轻重得当，大小合适，情感适度。表意准确，首先包括用词的词性、范围、语意、风格、感情色彩上的准确，其次也包括语序、句子成分、虚词、复句等运用得正确无误。语言的准确，还包括在反映事物时能作出中肯精当、恰如其分、言必及意的表达。只有准确的语言，才能表达清晰的思想，才能达到交流思想感情的目的。傅雷先生就非常注重言语表达的准确性。他曾在信中语重心长地告诫儿子傅聪："……不过，在你的日常会话中，就得润饰一下，选用比较多样化的形容词、名词及句法，尽可能避免冗赘的字眼及词句，别毫无变化地说'多妙'或'多了不起'，你大可选用'宏伟''堂皇''神奇''神圣''超凡''至高''高尚''圣洁''辉煌''卓越''灿烂''精妙''令人赞赏''好''佳''美'等等字眼，使你的表达方式更多姿多彩，更能表现出感情、感觉、感受及思想的各个层次，就如在演奏音乐一般。"①

语境适切。语境是口语表达时所处的现实环境和具体情景，包括表达某种特定意义时所依赖的言辞因素和客观因素。所谓言辞因素，就是说话所依赖的前言后语：所谓客观因素，是指时间、地点、场合、对象等等。语境是一切话语的出发点，它对话语的形成起着十分重要的作用，话语只有在一定语境的作用下才能产生交际效果。语境约束了话语的意义，话语依赖语境而存在。适切语境就是要求口语表达的内容（即特定的意义）与语境要素配合得适当，具有明确的针对性、目的性与谐和的机变性、一致性。只有与语境相适应的口语表达才能取得好的交际效果。首先，语境适切指要切合交际时特定的时间、地点、场合。1936 年 10 月 19 日上海各界代表公祭鲁迅先生，出版社的代表邹韬奋发言时已临近结束了，他只说了一句话："今天天气不早，我愿用一句话来纪念先生：许多人不战而屈，鲁迅先生是战而不屈。"邹先生的这一句话就十分切合具体时间特点和要求，而运用对比构成的警句则如警钟长鸣，激励着人们向鲁迅先生学习，去勇敢地战斗，收到了很好的交际效果。其次，语言表达还必须切合特定的听众对象。听众对象在文化素养、思想观点、语言能力、品格习惯、个人心理及情感表达等方面具有种种不同的特点。口语交际时，交际人要针对这不同的特点，选择恰当的言语表达方式、特定的言语内容与之相切合。毛泽东主席就是这方面的典范。

---

① 傅雷．傅雷家书［M］. 长春：三联书社，1981.

1927年秋收起义失败后，毛主席在浏阳文家市里仁学校的操场上对被打散后又重新集结的起义队伍作了一次演讲。他说："我们工农武装力量现在很小，就好比一块小石头，蒋介石反动派现在力量很大，就好比一口大水缸。只要我们咬咬牙，挺过这一关，我们这块小石头就总有一天会打烂蒋介石那口大水缸！"毛泽东用"小石头"终会打烂"大水缸"的比喻，深入浅出地说明了革命必胜的道理。这种说法非常切合工农出身的起义战士的特点，使战士非常容易理解和接受。

语言表达，还要切合前言后语。抛开为了一定的目的，故意违反交际规律，听东答西，造成言语距离的言语交际以外，一般的口语交际必须顺应前言后语。

合乎礼貌。"礼貌是人类文明的标志，是人类社会活动的一条重要准绳。作为一种社会活动，语言活动也同样受到这条准绳的约束。"① 俄国大文学家、哲学家赫尔岑也曾说过"生活中最重要的是有礼貌，它比最高的智慧，比一切学识都重要"。言语之美，首先由礼貌言语而创造。礼貌的语言是促进人际关系，进行沟通与交流的一个不可缺少的因素。

英国语言学家Leech曾在前人研究的基础上，提出了人际交往中的六条礼貌原则：①得体准则。减少表达有损于他人的观点。尽量少让别人付出代价，尽量多让别人得益。②慷慨准则。减少表达有利于自己的观点。尽量少使自己得益，尽量多让自己付出代价。③赞誉准则。减少表达对别人的贬损，尽量多赞誉别人。④谦逊准则。减少表达对自己的赞誉。尽量少赞誉自己，尽量多贬低自己。⑤一致准则。减少表达自己同别人的不一致。尽量减少同别人的分歧，尽量增加同别人的一致。⑥同情准则。减少表达自己与别人在感情上对立的内容。尽量减少双方的反感，尽量增加双方的同情。在口语交际中，如果交际的双方善于运用礼貌原则，善于调整表达角度，说话时尽量多给别人一些方便，尽量让自己多吃一点"亏"，从而在交际中使对方感到尊重，同时反过来获得对方对自己的好感，以促进口语交际的成功。

（3）态势雅致。

人类的交际包括语言交际（有声语言）和非语言交际（无声语言）两种形式。前者主要依据文字符号系统，通过声音表情达意；后者主要通过视觉传递信息。但在特定的语境中，无声的态势语有时比有声语言更具有独特的交际功能。特定的场合下，有声语言甚至是多余的，而体态语却达到了"此时无声胜有声"

① 何兆熊．新编语言学概要［M］．上海：上海外语教育出版社，2000：211.

的效果。因此，对于每一个学生来说，在进行口语交际时，选择运用恰当得体、自然大方的态势语就显得十分必要。

一次成功的口语交际，不仅得力于好的有声语言，也必伴随着文雅、得体的态势语。准确、协调、自然、优美、轻灵、得体的态势语能够艺术地把口语表达者的主体形象以动态、直观的方式诉诸听众的视觉器官，展示表达者的气质风度，塑造个体的美感形象，从而给听众一种审美享受。高尔基曾对列宁的演讲做过这样的评价："他的动作轻巧而灵活，手势简捷而有力，与他那言语不多但思维丰富的演说完全吻合。在他那蒙古型的脸上，一双锐利的眼睛在熠熠闪光，表现出一个不屈不挠的战士对谎言的反对以及对生活的忠实；他那双眯缝着的眼睛在燃烧，使着眼色，讽刺地微笑着，闪烁着愤怒。这双眼睛的光泽使得他的演讲更加热烈，更加清晰。"

口语交际中雅致、得体的态势语应做到：

自然大方：态势语贵在自然。自然见真淳，也只有自然，才是感情的真实流露，才能真实地表情达意，才能给人以美感。

准确协调：态势的变换应与内容、情绪、气氛相一致。只有准确协调的态势语才能起到补充或加强话语的情意，帮助听众理解，激发听众情感的作用。

动静相济：态势语的运用要注意适量。过多、过繁的态势语只会破坏语意，引起听众的反感。过多的无意义的态势语甚至还泄露出一个人的浅薄、轻浮与狂妄无知。

（二）口语交际学习的课程目标

1. 高中语文课程标准中的口语交际课程目标。

在2003年的《普通高中语文课程标准（实验）》中，把必修课的课程目标分成两个部分，"阅读与鉴赏"和"表达与交流"，其中的"交流"，就是指的"口语交际"。在新课标中，分别在七个不同的地方提到口语交际。口语交际的目标，在新课程标准中分为必修课的口语交际目标和选修课的口语交际目标。必修课的口语交际目标是在两个地方分别说明的，在新课标的第二部分课程目标中，对"表达与交流"提出了九个目标，其中有关"交流"的，也就是有关"口语交际"的。有三点要求：

（1）增强人际交往能力，在口语交际中树立自信，尊重他人，说话文明，仪态大方，善于倾听，敏捷应对。

（2）注意口语的特点，能根据不同的交际场合和交际目的，恰当地进行表达。借助语调和语气、表情和手势，增强口语交际的效果。

(3) 学会演讲，做到观点鲜明，材料充分、生动，有说服力和感染力，力求有个性和风度。在讨论或辩论中积极主动地发言，恰当地应对和辩驳。朗读文学作品，能准确地把握作品内容，传达作品的思想内涵和感情倾向，具有一定的感染力。

在新课标的第三部分实施建议中，提出“口语交际教学应注重培养人际交往的文明态度和语言修养，如有自信心、独立见解、相互尊重和理解、谈吐文雅等”。

选修课的课程目标中，把口语交际的目标放在了“语言文字应用”的目标中，要求“在实践活动中增强口头应用的能力，能根据交际的需要，选择恰当的时机和场合，提出话题，敏捷应对，注意表达效果。参加演讲与辩论，学习主持集会、演出等活动”。

2. 义务教育语文课程标准中的口语交际目标。

教育部《义务教育语文课程标准（2011 年版）》中，明确提出了义务教育阶段“口语交际”的总目标是：使学生“具有日常口语交际的基本能力，学会倾听、表达和交流，初步学会运用口头语言文明地进行人际沟通和社会交往。”其中，口语交际学习的知识和能力目标，体现在“具有日常口语交际的基本能力”；过程与方法目标，体现在“学会倾听、表达与交流”；情感态度和价值观目标，体现在“初步学会运用口头语言文明地进行人际沟通和社会交流”。表述的是三个维度，提出“三者相互渗透，融为一体”，注重了学生语文素养的整体提高。

“总目标”之下，按学段分别提出了“阶段目标”。各学段相互联系，螺旋上升，最终全面达成了总目标。

在各学段阶段目标中提出的“口语交际”的阶段目标包括三个方面。

(1) 情感态度方面的阶段目标。

第一学段，重点是认真听，主动说，有自信心。提出“能认真听别人讲话”，“有表达的自信心”，“与别人交谈，态度自然大方，有礼貌”等要求。一个人在口语交际中充满自信，对于成功地交际至关重要，而且有助于在学习、处事、做人诸方面树立信心。

第二学段，核心是全身心地投入，体现了情感态度上更高层次的要求。进一步提出“学会认真倾听，能就不理解的地方向人请教，就不同的意见与人商讨”。“倾听”体现了对对方的尊重，“请教”体现了虚心的态度，“商讨”体现了求是的作风。

第三学段，培养表达的自信，表达时态度自然大方，与人交谈尊重、理解对方。提出“与人交流能尊重和理解对方”。“尊重”不仅要“认真耐心”地听，而且要尊重对方的人格，如全神贯注，不随便打断对方的话，聆听时要用神态作出反应；“理解”则要站在对方的角度去听去想，理解对方说的内容，体谅当时的心情，在情感态度的要求有所提高。

（2）语言习惯方面的阶段目标。

课程标准着重强调了讲普通话的习惯，使用礼貌用词，说话文明得体。指导学生说普通话，乃至养成讲普通话的习惯，这是语文课程最基本的目标之一，也是语文教师一项重要的职责。说话要使用礼貌用语，要文明得体，这是一个人有较高的语文素养、道德修养的重要组成部分。说话彬彬有礼、文明得体，也是口语交际教学在语言习惯培养上的一个重点。

（3）培养口语交际能力的阶段目标。

要在教学中培养倾听、表达和应对的能力。这是口语交际教学的核心目标。倾听，要由了解内容，到把握主要内容，到抓住要点。表达，要会复述、讲述，能转述，由简单地说，到讲得清楚、明白，再到有中心、有条理。应对，是在交流、交际中的表达，是对学生提出的更高要求。低年级要能积极参加讨论、交流；中年级要能进行较深入的交流，“能就不理解的地方向人请教，就不同的意见与人商讨”；高年级，自己认为对的意见敢于发表和坚持，在发表意见时，有准备、有中心、有条理，有一定的质量。

第四章　口语交际学习的理论基础和理念

哲学和语言学的不断发展，为口语交际学习提供了新的研究视角，拓宽了口语交际广阔的理论视域。尤其是20世纪流行的主体间性理论和视界融合理论，帮助我们厘清了口语交际学习中交际、理解、互动、规则、运用和融合等一系列概念和内涵，为口语交际的学习奠定了坚实的理论基础。在理论的烛照下，一些口语交际的基本理念得以发展并影响了基础教育课程的课程取向。

第一节　口语交际学习的理论基础

口语交际在语用学上又被称为“言语行为”，每一次口语交际实质上都是一次实现主体意图的言语行为。研究言语行为的诸多理论，它们都不能规避主体意图，它们在对“口语交际”本质进行释义的同时，也自然而然地构成了“口语交际学习”的理论前提。我们要研究口语交际学习的基本理念，不妨从这些理论前提寻找切入点和突破口。

一、视界融合理论

德国哲学家伽达默尔（1900—2002）“视界融合”理论属诠释学范畴，其出发点是反对古典解释学的客观主义，但客观上为我们理解口语交际奠定了哲学理论基石。

（一）视界融合理论的基本观点

伽达默尔在著作《真理与方法》中强调了哲学解释学的“视界融合，效果历史”。任何理解都处于历史的不断演变发展之中，文本作者的视野和解释者的视野互动交融，相互作用和相互渗透，使文本作者和解释者各自超越原来的视界，从而产生多元化的阐释和演绎。这就是被伽达默尔称为的“视界融合”。

伽达默尔认为：“视界就是看视的区域，这个区域囊括和包容了从某个立足点出发所能看到的一切……具有‘视界’就意味着，不被局限于眼前的东西，而能够超过这种东西向外去观看。”① 这里“视界”指的是理解的起点、角度和可能的前景。视界融合中的“理解”就是“传承的运动和解释者的运动的内在的互动。”②

“解释学的一切前提不过只是语言”，这是伽达默尔在《真理与方法》中引用的施莱尔马赫的名言。他认为在文本与读者、传统与现在之间是一种“紧张关系”，起中介作用的是语言；理解作为一种视界融合本质上是一种语言过程。在这里，理解的任务被定为“主观地（通过心理移情）重建客观的过程”。它要求任何一方都不能拘泥于自己的成见去倾听对方，使对方的体验进入“我”的体验之中而成为“我”的理解的重要方面，反之亦然。

对话本质上是平等、宽容的，它要求承认对立意见的合法性，才能使对话成为平等的语言交流；其本身还是一种开放性的结构，这种开放不仅意味着对它者的开放，使“你”能够进入“我”之中，还意味着对历史、传统的开放，使历史进入现代，并与现代一起构成“我”的新视界，一同走向未来。

伽达默尔在谈到效果历史意识和视界融合时，认为视界融合标志着新的更大的视界的形成，这个新视界的形成无疑是一个不断发生的过程。在这个过程中，一切理解的要素、进入理解的诸视界持续地合成生长，构成了“某种具有活生生的价值的东西”。

（二）视界融合与口语交际学习

伽达默尔的“视界融合”为口语交际学习的研究提供了新的哲学理论视角，为口语交际参与者对口语交际的理解和对话，形成更加广阔的交际视野。

在口语交际中，不同的交际对象的视界各不相同，对话前提就是相互的“倾听”，通过倾听中的“理解”，将蕴含着的对话双方的“视界”相互交合，就形成口语交际的“视界融合”，从而能够实现超越自身主动地“向外去观看”。口语交

① 伽达默尔．真理与方法〔M〕．上海：上海译文出版社，1999：56

② ［日］丸山高司：伽达默尔-视野融合［M］．河北教育出版社，2002：107.

际的“视界”与“理解”恰好与“视界融合”理论的观点保持了一致性。这种“视界”与“理解”有参与者的自我意识渗透其中，从而确立互动生成的融合关系。

按照伽达默尔的观点，任何一次成功的口语交际都必须依赖交际双方真诚的交际愿望，也就是双方相互理解的愿望。你和我都表达了各自的信息，进一步的信息里必然会包含通过聆听和其他方式得到的信息，也就必然地进入对方的“视界”。交谈的持续进行将以保持这种视界融合的进程为前提。在视界融合的进程中，每一个人理解了他人的信息，都是经过自己的主观改造的，是经过了自我视界的改造的结果。也就是说，口语交际过程中传递的信息，不是绝对客观的，口语交际的推进是开放的、不确定的，它取决于交际双方的共同构建。

口语交际是视界融合的过程，其不断推进是视界融合持续进行的结果，也是理解深度的体现。视界融合的程度越高，口语交际双方的意图也就能最大限度地实现。在口语交际的实践中，设若交际双方均有“与君一席话，胜读十年书”的心理感觉，那么就表明彼此视界融合程度比较高，沟通效益就极其显著。

二、 会话策略理论

美国社会语言学家约翰·甘柏兹是会话策略理论的创建者，他的理论有助于我们理解交际意图是如何实现的。其著作《会话策略》从理论方面，涉及有关语言本质的哲学、社会学和心理学诸问题，以崭新的社会语言学视角融会贯通了众多语言学研究成果；从实用方面，它提出了分析和解决现代化社会所面临的各种交际问题的具体办法。

（一）会话策略的基本观点

甘柏兹特别指出，会话的理解是一个动态的过程。在这个过程中，会话人通过综合所收到的信息不断地形成和修正一些关于对方交际意图的假设，并通过自己的言语和非言语的行动来验证这些假设。因此会话的过程是一个互动的过程。甘柏兹将会话人保持会话持续进行并且能够不断增强理解的能力称作“会话策略”。

语言最实质的部分并不是语法学家所概括出来的语言结构系统，而是讲话人利用有关语言的知识和非语言的知识以互动的方式所进行的交际实践。互动是语言的最重要特性，一切语音、语法规则的价值只存在于具体的交际活动传情达意的实际作用之中。通过使用语言而产生了交际效果，那些实现了的语言形式才是语言事实。如果只是产生了一些合乎语法的句子而没有任何交际效果，则不能认为是真正的语言现象。在交际活动中，话语实际传达的意义往往不是所使用的词语的一般意义，而是交际活动的参与者通过对交际对象的了解，通过对语境的理解，以及联系话语上下文的理解而获得的特殊的意义。语法和词汇系统不过提供一个可参照的框架，对话语的具体解释可以是千变万化的。

口语交际能力可定义为讲话人赖以创造和维持会话合作的一些语言的和交际规范的知识。他认为会话人首要的是在互动中进行交流，从互动中创造出需要理解的内容，不只是理解一段外在的话语。话语策略应答的是，说话人能否有效地使对话人进入会话，保持合作，并共同建构有关的话题。

会话推理过程包含着对话语的和对语境线索的一系列有关联性的判断，也包含对话语内容与直接环境以及文化环境之间的关系的估量。① 一方面，人们通过激发对方一些对于将要进行的活动的期待和预想将他人引入会话活动。口语交际过程中，会话者利用自己的语言能力（包括以上所讲基本的语境规范知识和对语境线索的感知能力），在实际情境中灵活地调动对方积极性，对语言熟练运用，在交互合作中完成自己的交际目标。另一方面，会话活动必定联系着某些程式化活动的知识。这在会话策略的掌握中既体现在对一系列交际方式的选择，又体现在对交际方式的象征意义和交际知识的了解；在交际的过程中发生作用的还有基本的语境规范知识和对语境线索的感知能力。

交际意图是人们进行口语交际的目的和动机。交际意图的实现，需要会话者掌握基本的会话原则，运用恰当的会话策略。

（二）会话策略的重要概念

约翰·甘柏兹提出了一系列关于会话策略的重要概念，包括言语社区、语境化和语境提示

言语社区。言语社区是一个言语互动的环境。“凭借共用的语言符号进行常规性互动的人类集合体，并且与其他类似集合体在语言使用上迥然相异的”就是一个“言语社区”。作为交际活动的语言运用受到社会规范的制约。换言之，世界上的人之所以能被划分为属于不同的言语社团，主要是因为他们的言语行为受到不同的社会规范的制约。如何较快地通过“言语社区”内外之间的交流、碰

---

① 约翰·甘柏兹．会话策略〔M〕．徐大明等译．北京：社会科学文献出版社，2001.

撞，掌握会话策略，是口语交际学习的首要任务。

语境化和语境提示。语境化概念是互动社会语言学中最具有建设性的思想。互动社会语言学认为语言的本质在于它的交际功能的实现。人们进行话语分析时，应把语言放在语境中进行研究，而语境是植根于社会和文化的语境。甘柏兹的语境化理论创新之处在于他对语言的研究既着眼于宏观背景又把它放在微观活动之中，形成“语境提示”。语境提示之所以重要是因为在甘柏兹看来语言事实必然包括一个语境的成分。语言的表意功能依赖于语境。失去了语境，语义就变得飘忽不定，难以界定。所以，在口语交际学习中，非常重视语境的理解。

（三）常见会话策略

根据美国社会语言学家约翰·甘柏兹会话策略理论，我们可以建立一般的会话学习策略。一是兴趣策略，即培养学习者的口语交际动机（让学习者明确学习口语交际的意义，把教师的期望与学生的理想结合起来）、激发学习者对于将要进行的活动的期待和预想。二是真实情境策略，创造“语境化”的学习环境。可以借助生活和文本创设交际情境、模拟现实生活、让学习者承担有实际意义的交际任务。三是在交际学习的过程中培养语境规范知识和对语境线索的感知能力。

三、 主体间性理论

对口语交际学习进行研究，除了要考察口语交际的视界融合过程和会话策略之外，还要探讨口语交际的本质意义。德国著名哲学家尤根·哈贝马斯的主体间性理论为研究口语交际的本质提供了最恰当的哲学依据。

（一）主体间性的主要观点

主体间性的主要观点在于消解传统哲学中的一元主体，用交往理性、对话理性代替主体中心理性的基础性论题，是对主体性哲学的深刻反思。自从笛卡尔以“我思故我在”的命题开创主体性哲学时代先河以后，“主体——客体”这种两分模式便在西方哲学中占据显著位置。主体间性超出了主体与客体关系的模式，进入了主体与主体关系的模式。现象学哲学家胡塞尔完整地阐述了主体间性理论，认为主体性意味着自我，而主体间性意味着自我共同体。

哈贝马斯在胡塞尔的基础上提出了“交互主体性”概念，认为人的主体性必须在交往活动中生成；在交往的过程中，人与人之间的关系不是互为客体，而是互为主体，必然走向“交互主体性”。主体之间通过分享经验，使得相互间的理解成为可能，并且因此而构成相互间的交流，达到一定的意义的共享。因为交往是“人与人”关系而不是“人与物”关系，生活世界的意义最终只能在普遍的交往中产生。可见，主体间性是主体与主体间的交互关系，是在作为人与人之间的相互作用、相互沟通、相互影响、相互交流的关系中体现出来的关系属性。

（二）主体间性与口语交际学习

1. 多元主体间交往。

主体间性视域中的口语交际学习是指交际主体之间通过语言沟通达到互识和共识，以建构完满的精神世界为目的的主体间的交往实践活动。主体间的交往关系在口语交际过程中通过平等、合作的交往而走向“共在”，以至于“共生”。所以，口语交际中的主体间性是人与人在口语交往中所形成的精神沟通、道德同情或相互理解；是不同的利益主体通过对话、商谈达成合作和协调；交往的双方和多方都体现出主体性，既相互独立，彼此承认，又相互尊重。

2. 交往中介。

主体间性作为主体间关系的规定，是生成于主体与主体的交往实践活动中的。其中，交往是主体间性生成不可缺少的必然中介过程，主体在相互理解和对话的交往过程中，语言、规范、理解等才会得以存在。“语言是一种交往媒体，它用于沟通，而行为者通过相互沟通现实行为的协调一致，追求各自的目标。”[①]在口语交际学习中，使“交往”成为可能的只能是语言媒介即口语，它把诸多主体互动连成一体，并为生活形式赋予一定的语言结构。

口语交际学习虽然是以语言符号为中介的精神沟通，但并不意味着把它当作唯一有意义的交流方式，主体间性约定口语交际学习的本质是多元对话主体之间以言语（比如对话）或非言语符号系统（比如非言语的姿态、行动）为中介的精神世界的相互作用、相互影响、相互沟通和相互理解的学习交流活动。

3. 交往理性。

哈贝马斯还把行动的“意向性”和行动的“遵守规则性”联系起来。认为没有主体间性，就无法形成规则意识；没有主体间性，就没有交往理性。[②] 这与美国哲学家格赖斯（H. P. Grice）提出的“会话合作原则”有着异曲同工之妙。人

① 哈贝马斯．交往行动理论［M］．曹卫东译．上海：上海人民出版社，2004：101.

② 龚群．道德乌托邦的重构：哈贝马斯交往伦理思想研究［M］．北京：商务印书馆，2003.

们的交谈之所以能顺利进行，是因为说话人和听话人都要遵循共同的原则，相互合作才能达到沟通的目的；交际双方都是规则的调校者，个体化必须通过社会化来完成。从这点出发，我们可以认为口语交际是一种交往理性。这种理性是铭刻在达成理解这个语言的目的之上的交往规则，它形成了一组既提供可能又施加约束的条件，是其社会化的载体和内容。

第二节　口语交际学习的基本理念

作为口语交际学习的理论基础，无论是视界融合理论，还是会话策略和主体间性理论，它们在对言语交际的本质进行释义的同时，也就本能地规定了口语交际学习的理念。我们结合人们口语交际学习的实践经验，确立口语交际学习的基本理念。

一、 在自主与合作中实现交往理性

没有主体间性，就没有交往理性，交往行为也无以正常进行。所以说，学习者在口语交际学习中，在自主表达中注重合作，在相互合作中表达自我。

（一）在交往合作中自主建构

口语交际自始至终都受着自主观念的主宰。口语交际是互动性的信息传递过程，按照中文信息处理的原理，信息经历了编码-发送-传输-接收-编码的过程，从说话者传递到听话者。说话者发出的信息具有主观性，听话者在对信息进行接收和编码的过程也有强烈的主观性，按照哈贝马斯的主体间性理论，口语交流双方具有主体间性，口语交际本质上讲是一种交往理性，是其社会化的载体和内容，因而口语交际中交流双方应拥有自主观念。建构主义的教育观认为，人的精神世界离不开主体自主能动地生成和建构，而不是外部力量塑造成的。

自主观念要求交际者按照自己的意图表达见解、理解他人信息，而口语交际作为互动参与的行为，客观地又要求交际者互相“迁就”，主动地去理解对方的意图并迎合之，才能达到“视界融合”，最终完成口语交际的任务。由此，自主观念与合作意识又是相互矛盾着的，二者矛盾地统一于口语交际学习的始终。

皮亚杰的建构主义学习理论认为，在教师指导下，学生个体作为学习的中心，不再是被动的接受者和被灌输的对象，而是主动进行意义建构。建构主义强调学生的主体性。[①] 运用在口语交际学习中，在于因势利导，唤醒学生的主体表达欲望，在双向互动中展现学生个性。为此，教师在口语交际课上，应巧妙融入、恰当引导，努力实现课堂教学的双向互动。生生互动、师生互动，多向互动，在多向互动中迂回展开多种形式的口语交流，使教学过程真正成为互动的交际学习过程。学生在学习过程中主动参与、与人交流，就可以发挥和发展个人的特性和能力，逐步学会自信、大方、文明、和谐地与他人交际。

（二）在自主学习中学会合作

在口语交际学习中，口语交际的推进取决于口语交际双方的共同构建。这决定了口语交流双方应遵循美国哲学家格赖斯所谓的“会话合作原则”，否则，双方难以达到沟通的目的。正因如此，甘柏兹将交际能力定义为：讲话人赖以创造和维持会话合作的一些语言的和交际规范的知识。任何一次成功的口语交际学习都必须依赖交际双方真诚的交际愿望，也就是交际双方相互理解的愿望。

一次成功的对话之前提就是相互的“倾听”，对话的结果就是达到了“视界融合”。只要对话还在进行，这种“融合”就会不断地持续下去。在这过程之中，“我”和“你”都表达了各自的信息，也就进入了对方的视界。同时，口语交际是交互性的言语交际活动，需要双方的共同参与和合作，担负合作的责任，这是完成口语交际任务不可或缺的理念。

如何使自主观念与合作意识这两个矛盾体“和谐友好”地“并肩作战”，充分调动学生思想积极性，完成语文口语交际课的任务，这就要求语文教师凭借自身经验和教学技巧，创设情境，诱导学生在充分表达自我主张的同时学会与他人的合作学习。比如，创设“微型社交场合”的情境，让学生亲身体验、思考在这种交往合作环境中充分地表达自我，学会与他人分享交流成果。口语交际环境呈现和再现现实生活，使情境成为引导学生自主表达和互相合作的“契合点”。

二、 语言能力与语用能力同步提高

（一）语言能力与语言知识

哈贝马斯认为，意义的同一性依赖于规则的主体间有效性。我们在口语交际

---

① 施良方：学习论［M］，北京：人民教育出版社，2008.

学习中培养语言能力时，既要注重若干主体间的有效交流的策略，又要传授、掌握语言的系统知识。

语言能力是人能够说出或理解合乎语法的语句，能够辨析有歧义的语句，能够判别表面形式相同而实际语义不同或表面形式不同而实际语义相似的语句，掌握听说读写译等语言技能的运用能力。① 在乔姆斯基的“转换生成语言理论”中，这是与“语言行为”相对的一个重要术语。一般正常人都具有这种能力，但有高低之分。语言能力的显性表现就是语言表达能力。理解语句、辨析歧义是语言能力的潜在要素，语言表达能力则是外在的要素。一个人语言表达能力的高低，直接影响着口语交际的实际成效。

（二）语言能力与语境

语言能力的培养离不开语境。语境是指一切话语结构生成和语义理解的语言和非语言影响要素的集合。正如哈贝马斯所说，“在沟通过程中，言语者和听众同时从他们的生活世界出发，与客观世界、社会世界以及主观世界发生关联，以求进入一个共同的语境。”②

语境由交际者在交际过程中构建。从语用学的角度看，只要我们参与这一过程，就会完成各种言语或非言语行为；从言语行为的角度来说，诸多语用规律，如会话合作原则，礼貌原则都在起作用，消除话语意义的多义性与模糊性。语境不是固定不变的，所以交际者可以有意识地操控语境的某些方面并以此为一种交际策略进行交际。

（三）语言能力与语用能力

语用能力是交际能力的重要组成部分，指人们在言语交际活动中能够适宜、得体和有效地使用和理解语言，实现话语效能并达到交际目的的能力。在沟通过程中，“解释性的语言概念是各种不同的形式语用学研究的基础。”在语用学中，非常重视语境在口语交际的作用。如在特定语境中进行特定会话，通过语境来理解和运用语言。③ 对话者可以适切语境，精心选择恰当的话语表达意图，或者在具体的语境中准确理解听到的话语意义。语用能力决定着口语交际的实际效果。

---

① 葛本仪．语言学概论［M］．济南：山东大学出版社，1999.

② 哈贝马斯．交往行动理论［M］．曹卫东译．上海：上海人民出版社，2004：95.

③ 叶蜚声，徐通锵．语言学纲要［M］．北京：北京大学出版社，1997.

从语用学的视角，语言能力与语用能力在语境的关联下联系起来。一次口语交际活动的顺利有效进行，既要求交际主体熟练掌握语言系统知识、具备高素质的语言能力，又要求会话双方在具体语境中灵活应用语言；既要理解语外之义，又要阐发话外之音。在口语交际学习中，运用适切的会话策略，强化“语境提示”是进行口语学习、使人的语言能力和语用能力同步提高的有效途径。例如，在学习中借助课文创设交际情境、模拟现实生活，均属于语境范畴。中学语文新课标规定，学生应具有日常口语交际的基本能力“学会倾听、表达与交流”，就是对学生语言能力与语用能力培养的一致要求。

三、 口语交际学习贴近社会生活

口语交际学习内容的确定，应取决于社会的实际需求和口语交际的培养目标。这就要求口语学习的内容应切近当今社会生活，选取生动活泼、能够激发学习兴趣的口语交际题材。

（一）口语交际的价值认识源于社会生活

根据主体间性的观点，口语交际是在“人与人”之间互动发生的，但是它必然通过某一种社会关系的活动而发生。由于社会关系的价值取向，决定了口语交际的活动形式和内容，因此，口语交际的内容需要积极开发口语交际的社会性资源，拓展学习的生活空间，通过自觉实践提高口语交际的素养。

学习口语交际能促进个性培养和社会交往能力提高才有意义。通过口语交际学习，使学生为未来成为工作人员和公民等角色做好准备，即“把口语交际学习与现实生活之间的联系充分揭示出来，即学习口语交际是为了更好地适应社会生活，扮演好各种社会角色。”①

从这个角度看，经常性的口语交际学习课程不过是对口语交际的理性认识的实践转化而已。所以，语文教学中重在设置具体的交际情境，根据学段的不同特点，对自己身边的大家共同关注的问题或电视电影中的故事和形象组织讨论、专题演讲，学习辨别是非善恶；在综合性活动中，关心学校、本地区和国内外大事，就共同关注的热点问题，搜集资料，调查访问，相互讨论，能用文字、图表、图画、照片等展示学习成果。这些都具有实践中的价

① 韩洁．美国口语交际教学对我国口语交际教学内容建构的启示［J］．语文教学通讯初中刊．2006．（9）

值学习特征。

（二）非言语交际的直观感受源于生活经验

口语交际的非言语交际，可以在社会生活中直观地感受到。它是口语交际中不可缺少的要素。比如人与人之间的姿态语言、眼神传递等。非言语技能的恰当运用会使交际更生动，更富有感染力，甚至收到言语交际所无法达到的效果。

一般非言语目标包括肢体语言，辅助语言，外表神态等。非言语交际有时甚至于可以表现出一种文化上的气质差异，在日常生活中具有交往的独特价值。我国语文课程标准提到要重视学生在口语表达过程中借助语调、语气、表情、手势和视觉来增强口语交际的效果，就是对学生非言语交际技巧应达到的程度要求。

（三）口语交际的程序性知识是类化的生活经验

口语交际能力是言语知识和交际技能的结合，是一种类化了的口语交际经验在特定场景中活生生的显现。这就把口语交际的技巧直接和生活经验、生活实际联系了起来。

顺利完成一次口语交际活动，总是离不开一般的听说能力，也需要掌握交际活动的特定规则和具体技巧，即程序性知识和口语交际的策略。程序性知识是关于操作步骤和过程的知识；策略性知识是关于如何学习、如何思维的知识，是控制自己的学习与认知过程的知识。它们都是从人类交际实践活动中抽象出来的。因此，口语交际教学的内容应该结合社会生活实践开展对口语交际程序性知识的学习，它包括一般的听说能力的培养和各种口语交际活动。

四、 口语交际学习离不开交往实践

按照约翰·甘柏兹的理论，语言的最实质的部分并不是语法学家所概括出来的语言结构系统，而是讲话人利用有关语言的知识和非语言的知识以互动的方式所进行的交际实践。因此，强化口语交际实践活动，提高口语交际的实践性操作能力，也就走近了语言的实质性部分。

（一）交际技巧的心理操练

行为主义心理学的“刺激-反应”理论，强调通过不断操练以刺激学生对某个知识点保持兴奋性，“练习次数愈多，个体的某种反应与某一刺激的联结则愈强”。① 所以，口语交际学习利用口语交际资源，注重交际技巧、交际策略的操练。通过不断练习，是学习主体变被动为主动，由“要我说”变成“我要说”，从而培养良好的心理素质。

从心理学的角度，口语交际学习的三个递进的层次：其一为基本要求，即对已经程序化的口语表述，要求尽可能地排除心理因素的干扰，在表述中力避因紧张而导致的卡壳、忘词等毛病，流畅、自然地完成表述；其二为提高要求，即当口语表述因为心理紧张等因素的干扰而出现卡壳、忘词等毛病时，应当能够在心理自我调节的同时，进行即时信息编码，使表述按“即兴组合”的方式顺利完成；其三为最高要求，即在无充分准备的情况下，能根据表述需要，完成“瞬间信息编码”，使表述获得成功。②

口语交际学习中角色转换。表述者应选择双方的，或对方认可、表示理解的立场为出发点，求得双方情感发展步调的一致性，然后逐步引导对方转到自身的观点、立场和认识的高度上来，在理解的基础上，求得认识的共同提高和美的升华，从而达到良好的口语交际的目的。分层次口语交际教学，就是贯彻了心理学在口语交际学习中的这一原则，消除不同交际对象的戒备心理，提高全体学生的口语交际水平。③

（二）课程学习的实践性操作

在中小学语文口语交际课中，进行口语交际学习其实是具有很强可操作性的。可以根据学生的认知特点，开发口语交际资源，抓住课堂这一阵地，面向全体学生设计多种形式的口语训练，使学生具备文明和谐地进行人际交往的素养。

在口语课上，利用多种教学手段，可以找到丰富的口语教学资源，使口语交际学习具有趣味性。可采用以新激趣、以奇激趣、以美激趣、以疑激趣、以情激趣等方法。例如借助电教媒体，用录像播放生动有趣的故事，画面直观富有动感，学习者喜闻乐见，观看之后让学生复述故事，描述精彩情节。学习课文后留足时间，让学生自由快乐地进行口语练习。如学《端午的鸭蛋》一文，学完课文

① 张春兴．教育心理学［M］．杭州：浙江教育出版社，1998.

② 易锦海，李晓玲．交际心理学［M］．武汉：华中理工大学出版社，2004：34.

③ 李子华．多学科理论观照：有效口语交际教学新的生长点［J］．教育实践与研究．2010．（3）．

之后，老师可以让学生说说自己故乡端午节时有哪些习俗，学生借鉴课文并结合自身经验，不但会喜欢口语交际，而且津津乐道、能把口语说好。这样，既充分利用了随处可见的教学资源，又保证了口语交际的趣味性。

教师通过让学生模仿课文的精彩语段，学习口语表达，可以收到事半功倍的学习效果，而且可以使口语交际学习极具生动性。中学语文课本中的很多篇章生动有趣，语言精练，模仿这些语段进行复述或延伸表达，既能规范语言表达，又保证了口语交际的生动性实效性。

口语交际是激发主体创造性思维的互动活动，具有极大的灵活性，教师在课堂上引导学生质疑解疑，发现问题、提出问题、共同解决问题，既能在口语交际学习中培养学生发现、分析、解决问题的能力，而且也能培养学生口语表达、与人交流的能力。

口语交际是交际主体主观性的活动，具有情感性。课文朗读需要注意语音的强弱、节奏的快慢、语调语气的变化，并带有丰富的感情色彩，充分调动学生的朗读积极性，既能培养学生有感情朗读，又训练了学生的口语表达能力。

可见，在实际口语交际学习课上，只要教师广开渠道，采用多种多样的“活动”形式，以满腔热情关爱学生，以和蔼态度接近学生，和他们平等地交流，让学生自由自信地展示自己，就能在口语交际课堂上使口语交际具有实践操作性，保证其趣味性、生动性、灵活性、情感性。

口语交际学习仅仅在课堂上进行口语交际学习还远远不够，而应该把口语交际学习推向课间、课外、校外，构建开放的口语交际教学体系，建立口语交际学习“大课堂”的理念，如小记者采访等活动，就是构建口语交际“大课堂”的有效方式。

第五章　口语交际学习的类型和特征

在社会和学习生活中，我们需要经常性地运用口语去传递信息、交流思想情感，获得别人的理解支持，或者收集信息，或者寻求合作。构成这一活动的交际目的、主体、对象、媒介和环境等要素的不同，就构成了口语交际的不同类型。从口语交际的内涵和结构上看，它除了一般的共性特征外，更具有口语交际学习实践的个性特点，即日常生活中的口语交际学习、组织中的口语交际学习和书面语的有声表达在课程内容上的差异。

第一节　口语交际学习的类型

口语交际学习就是创设适宜的环境刺激，对学生施加语言环境的影响。儿童语言发展的理论认为，这在儿童语言发展的“关键期”尤为重要。以乔姆斯基为代表的“LAD 理论”认为，“儿童语言学习就像儿童的身体在适宜的环境刺激和营养条件下，按预定的方式生长和成熟一样”。加拿大心理学家唐纳德·赫布认为，“人类之所以有言语功能，一方面是因为大脑中先天就有专司言语功能的特殊结构（言语中枢），具有处理抽象语言符号的能力，另一方面则是因为后天经验的作用和语言环境的影响”。①

口语交际的类型实质上就是提供口语交际学习的不同环境，根据不同的视角

① 邱娟飞．从儿童语言发展特点谈儿童口语交际教学［J］．教育探索．2007.（8）．

表现为不同的类型。

一、 组织与非组织环境中学习

这种学习是在日常学习和生活环境中的口语交际学习中逐渐积累、自然养成的。现代语言学理论中的功能语言学注重口语交际的实用功能，“强调语言、语篇与社会语境的关系”①。适合性是社会交际的需要，人们运用语言传递信息，交流思想，实现社会交际。

（一）生活环境中的学习

生活环境中的口语交际学习随时都有可能发生。学习者在交际时都会自觉或不自觉地根据不同的交际环境、交际方式、对象和目的选用不同的交际语境，进行随意性会话。随意性会话是一种非正式的即兴交谈，具有随意性和自发性的特点。一是即兴的、没有明确实用目的的会话，如家庭成员的闲聊、亲密朋友在餐桌上的闲谈、朋友或同事聚会时的海阔天空等。表现为话题及与话题有关的活动。二是自然、放松的状态下所进行的闲聊。从表面上看非常随意，内容也显琐碎零乱，然而在这类会话中，会话者在建立与其他交谈者的人际关系的同时，说明个人对客观世界的看法，表现出口语交际的角色关系和交际目的。三是使用自然、生活化的非正式口语。在句法层面上，句子结构十分松散，大多数句子都比较短小，很少使用书面语中常见的短语状语；常常用追加手段来修补、替换或纠正前面所讲的内容。它是不同群体、个人之间在日常交际中表达意思、传递信息的语言方式。

（二）组织环境中的学习

美国心理学家班杜拉建构的社会学习理论认为，任何有机体观察学习的过程都是在个体、环境和行为三者相互作用下发生的，行为和环境是可以通过特定的组织而加以改变的。② 更多的口语交际学习方式是在有目的的阅读学习、作文学习和综合性知识学习中进行的。把口语交际作为学生面对未来社会最基本的生存方式和手段，最终取向是培养学生成功的口语交际能力。这种类型的口语交际学习需要在语文课程中进行专门学习。比较有代表性的类型就是讨论、辩论、演讲等。

---

① 陈红．语境与口语交际的文体特点及人际意义［J］．天津外国语学院学报．2002．（4）．

② 施良方．学习论［M］．北京：人民教育出版社，2008．

组织环境中的口语交际学习，强调使学生的“语言由儿童语言向正常的成人语言过渡，由‘自我为中心’的语言向社会化语言过渡，由不规范的语言向规范的语言发展”。规范口语交际是言语知识和交际技能的结合，重视与学生思维品质的联系。小学生的形象思维比较强，口语水平高于书面语言，但口语规范性较差，该阶段应重视学生表达能力、模仿能力、良好的交际习惯、文明的礼仪等方面的学习。可以是介绍类，介绍自己、介绍同学、介绍自己喜欢的季节或花鸟草虫、介绍旅游景点等；也可以是简单的访友待客类，如做客、待客、祝贺、问路、打电话、接电话等。低年级学生多采用看图说话和学生生活相结合的形式。初中学生的抽象思维开始发展，口语水平与书面语言水平发展协调，口语交际内容应开始重视学生的内心感受和想法，锻炼学生交际的能力，并重视体态语的教学。内容逐步过渡到表演类、说读后感观后感、说经验教训、演小剧本、主持节目等，更可以是商量、请教、赞美等内容。设计贴近生活的交际内容，营造多样化的情境。高中学生的思维特点是抽象思维能力增强，学生的生活日渐成人化，重点学习学生的表达和调节的能力，不仅要学生能听、敢说，而且要使学生学会与人沟通，做到大方、得体，学会如何适当地回应他人。口语交际的内容可以是演讲、访谈、辩论，也可以是劝说、沟通、协商、对话，既有对话形式，也有较高层次的独白形式。

看一段口语交际的课堂辩论实录：

中学生看电视利弊谈

辩论导入（略）。

（板书）正方：中学生看电视利大于弊

反方：中学生看电视弊大于利

主辩陈词：

正1：电视是我们的良师益友，电视机可以让我们“秀才不出门，便知天下事”。看电视可以让我们了解天下大事，不做“两耳不闻窗外事，一心只读圣贤书”的书呆子，还可以让我们学到许多课本上没有的知识，拓展视野。比如电视中的《动物世界》《幸运52》《智力快车》等节目都能开阔我们的视野，增长我们的知识。因此我方认为看电视利大于弊。（掌声）

反1：除了看电视能增长知识外，看书、看报、听广播、上网不也能增长知识吗？有的节目教人知识，而有的节目：如瞎编乱造戏说历史的片子对中小学生还有误导作用；如演员说台词时念错字音，历史剧不符合历史知识等都会误导学生。至于乱七八糟的美容医药广告坑人害人的例子还少吗？更严重的是暴力、凶

杀、色情片等还会让人误入歧途，害人走上犯罪的道路。俗话说："学好三年，学坏三天"，与其这样还不如不看。（掌声）

正2：请问对方辩友，你有没有看过电视呢？如果没有，你怎么知道电视误导人？如果有，你是不是看电视后就变坏了呢？（同学掌声、笑声一片）我认为对方辩友有夸大其词危言耸听之嫌。（笑声）我方还认为看电视能丰富人的情感，加强与人的感情交流。比如了解战斗英雄的故事能激发爱国情感；看名人的成长经历能增加我们克服困难的勇气；看歌舞类文艺节目可以放松心情。尤其是当你生病或心情郁闷时，好的电视节目逗你开心一笑，能有助于疾病的恢复。此外，电视节目还可以为日常生活的谈话提供话题，共同的看法能增进情感的交流，不同的见解也能调剂生活的情趣。（掌声）

反2：对方辩友说的固然有一定道理，可你有没有过看电视与家人争遥控器的经历呢？你喜欢的频道忽然被调走了，你是高兴还是生气呢？当你长时间坐在电视前时你的父母是赞成还是反对呢？（掌声）在你为看电视叫好的时候，你有没有关注以下这些报道呢：

材料一：英国《星期日泰晤士报》报道说，在英国，患精神疾病而住院的14岁以下儿童人数已猛增50%，全国学龄儿童已有3%患了严重的抑郁症。专家认为，"电视文化"是造成这一问题的重要原因。

材料二：西班牙《论坛》周刊说，成千上万的西班牙儿童是伴随着儿童电视节目成长起来的，看电视已成为西方儿童除睡眠外的最主要活动。过多观看电视造成了孩子不喜欢活动、好斗、词汇贫乏、心理不平衡、追求消费、学习成绩下降等后果。儿童对电视的依附，就像吸毒者对毒品的依赖，靠他们自己的力量无法摆脱。

由此可见过多看电视不但无益而且有害，不但没有增进感情交流，而且还阻碍了正常的情感表达，让孩子变得抑郁、自控能力也下降。（掌声）

（略去正文部分）

自由辩论：

正方A：没见过不等于没有。

反方B：我觉得你们有些偏题，我们辩论应该围绕看电视的利弊谈。我支持反方观点，我认为中学生看电视最大的弊端是影响学习。美国密歇根大学社会研究院对孩子阅读与看电视进行了长达二十多年的研究：每天看一小时的电视，学习成绩会下降0.5分，每天看一小时的课外书，学习成绩可以提高0.2

分。中学生的主要任务是学习，我们应该少看电视，电视看多了会弊大于利。(掌声)

正2：我认为你的资料不太符合中国国情。你方引用的大多数是国外的研究资料，在我们中国特别是农村有多少学生有课外读物，再说看课外书一定能提高成绩吗？要是看的是不健康的课外书还会影响成绩呢？我认为只要看电视的时间不太长并且多选择对我们有益的节目看，中学生看看电视是有好处的，而且是利大于弊。(掌声)

总结陈词：

正方：我方认为看电视利大于弊。理由：1. 看电视增长知识，开阔眼界；2. 使人放松，加强沟通；3. 形象鲜明，记忆深刻；4. 丰富情感，愉悦生活。适当看电视有选择地看电视可以让我们走出狭隘的个人小圈子，多从社会和他人处汲取知识营养。让我们不要对看电视这一行为有什么偏见，让电视机成为我们的良师益友，而不是“狐朋狗友”，学习之余多看看电视吧，同学们！(掌声)

反方：在这里我方提醒同学们不要被正方的甜言蜜语所诱惑，看电视有益处是不错的，但也要看什么样的人，自制力差的人，有学习任务的中学生还是少看电视为妙。在这里我方再次重申观点：中学生看电视弊大于利。1. 看电视伤视力，不利于健康；2. 看电视容易让人懒惰，思维缺乏锻炼；3. 看电视容易让人性格孤僻远离人群；4. 看电视耽误时间影响学习。同学们现实些吧！我们是中学生，有沉重的学习压力，还是把看电视的时间多用来学习或锻炼身体吧！让我们做电视机的主人而不是奴隶！(掌声)

学生评委评分。

教师总结：感谢双方辩手给我们带来的精彩辩论！双方辩手表现得各有千秋：正方辩手用语严密，反应机敏，驳得精彩，材料虽没有对方准备得充分，但能结合生活实例来证明观点，并且辩手发言气质很好。反方辩手材料准备充分，语言也很幽默，观众参与广，表现很好。从整个辩题来说是公平的，关键是看辩手的语言表达和现场反应。从生活实际来讲中学生适当看些有益的节目是利大于弊的，关键是要把握好尺度。从辩论中我们要学会辩证地看待问题。本场辩论结束，但生活中的论题还有很多，竞争也将继续。结合本次辩论和自己的观点，请同学以“说说电视”为话题写成一篇作文。

摘录学生们作文题目：《警惕隐形杀手——电视机》《电视机的自白》《适当看电视好处多》《由中学生看电视所想到的……》《我喜爱的一个电视节目》《谁

为我“平反”》《电视机·双刃剑》《我是个电视迷》《不做电视的奴隶》。

以上课堂实录充分体现组织中口语交际学习辩论、演讲的特点，正方和反方围绕规定论题展开辩论。教学目标设置合理，旨在锻炼学生的组织、合作、收集资料、交际等能力；培养学生文明、得体的对话、交流、论辩，学会尊重对手，学会尊重对方观点。过程及其教法学法设计科学有序：课前的学习准备以合作学习小组为单位展开，要求学生个体发挥作用，又强调小组成员的分工协作。收集有关中学生看电视利弊的材料：电视节目的内容及栏目设置，中学生看电视的时间长短；从报刊、杂志、网上等了解专家如何评价中学生看电视的利弊。老师主要在这几个方面发挥作用：强调辩论的要求，确定评分标准，宣布辩论程序，确定正反两方主辩手、评委。

此外，还有书面语的有声表达。它往往是一些特殊的口语交际学习活动，多侧重于技巧性，比较典型的类型是诵读和戏剧表演。

二、 主体与多主体对话环境中的学习

先看一个案例。甲乙两个同学放学路上聊天：

同学甲：唉，这次我们班的足球又踢砸了！也不知“老班”怎样修理我们？

同学乙：昨天，沃尔玛商场里上架了一款新的滑板车，什么时候我们都去买一个。

这两位同学的谈话中，同学乙的话由同学甲引发但没有对甲的话题进行回应，而是按照自己的思维方式谈自己所想的事情上。无论甲，或者是乙都是在表达自己想表达的说话主题。如果乙的说话内容变为：有什么办法，等着挨“老班”的批吧！这样，乙的角色转换是由甲的话题引起，乙针对甲的说话内容做了言语上的回应。

口语交际学习的行为可以发生在交际学习的主体之间，也可以发生在口语交际环境中的单个主体身上。这种主体对话主要看口语交际学习者之间是否发生交流和回应。在口语交际学习中，主体互换是否发生，听者与说者的角色是否发生互换，可以确定为单主体行为或主体间的会话行为。

（一）主体会话学习

主体会话学习指口语交际一方以口头言语为主，将自己的思想感情传递给另一方的交际活动。这种单个主体会话学习类似于“独白”，它更多关注的是口语交际本人而非交际对象的语言回应。这种言语活动主要为一人独自进行，

听者主要是通过面部表情、气氛、肢体动作来回应，表示对所听到的信息的理解或疑惑、赞同或反对。如果没有任何回应，交际就等于没有发生。谈心得体会、讲故事、口头报道、致词、演讲以及课堂上教师指定某一位学生作的发言等属于这类。在新课标中，就从口语交际对象维度对学生作了基本的规范，如“耐心专注地倾听，能根据对方的话语、表情、手势等，理解对方的观点和意图”。

通常情况下，单个主体口语交际学习的环境往往是可以预测的。如演讲、报告、发言。单主体口语交际学习行为一般发生在活动之前，交际者对交际过程中自己的言谈举止可以作好一定程度的准备，拟好提纲，打好腹稿；对于听众可能会出现的反应——鸦雀无声或交头接耳、心领神会或茫然不知、心不在焉或聚精会神都能事先考虑好应对的措施。思维活动往往有较充裕的时间，对于临场应变能力要求相对不高。所以思维比较严谨、语言有感染力。

（二）主体间会话学习

主体间会话行为指口语交际学习的双方或者多方围绕共同的话题，利用口头语言辅以其他表达方式沟通思想情感的交际活动。主体间会话关注的是口语交际本人与口语交际对象（或口语交际主体和交际对象）的交互整合，关注口语交际对象的各种反映，口语交际主体和口语交际对象呈现出一种交互的主体互换关系，这样口语交际主体有了回应；它注重的是口语交际主体和口语交际对象在动态的对话与理解的回复往返中的动态理解与交流。

听者对说者的话有言语上的回应，而不仅仅采用点头、摇头等体态语言，以此实现听者与说者角色的互换，使口语交际不断进行下去。它一般要具备三个条件：一是交际双方必须围绕一个共同话题；二是说者和听者必须互换角色，双方凭借对对方话语的正确理解，作出适当的言语回应；三是角色转换是因说者的话所引起的。属于这类的有日常会话、辩论、讨论、访谈、问答等。在交流过程中，注意根据需要调整自己的表达内容和方式，不断提高应对能力。

主体间口语交际学习行为在过程中往往是难以预见交际环境的，许多因素交际者无法预测、准备，须临场发挥，为保持交际的顺畅，时间紧迫，思维活动、语言组织都须瞬间完成，对临场应变能力要求很高。

（三）主体对话与传统口语学习的联系

传统口语学习指“讲、说、述、谈”的口语学习行为。“讲”和“述”在主体性对话中更多表现为主体的自我对话行为；“谈”和“说”在主体性对话中更多表现为主体间的交互会话行为。“讲”是比较正式的口语交际行为。在讲的过程中一切起承转合都由讲话人自己控制。话语片段之间有很多联系和照应。更多表现为一种主题学习行为。比如演讲、讲课、做报告、新闻发布等等。“述”是陈述、复述。述是指说话人只需把一件事或者一个道理陈述清楚、明白，把必要的信息传达出来，让听话人明白其中蕴含的意思。“谈”是谈话、对话，交谈要根据不同的对象和场合，调整谈话的话题和交际方式，不断地变换着角色，包括内容、风格、语音语调、仪态等，并时刻琢磨对方的潜台词，即会话含义。“说”是一般的口语表达，不一定非有听众不可，说可以说自己的话，也可以说别人的话；可以说给别人听，也可以说给自己听。

第二节　口语交际学习的特征

口语交际既包括“听话、说话”这种单向的静态语言实践，更强调“口语交际”的双向互动，即包括听觉、视觉、情感、体验、记忆、思维、评价、认识、创造等活动在内的动态语言实践。在双向互动的口语交际学习实践活动中，参与口语交际的主体及其主体间的关系会表现出不同的交际特征。

一、多主体对话的交互性

进行口语交际的双方，都具有说话人和听话人的双层身份。“言语生成是理性语词概念系统与感性经验表象双向互动、共同生发的结果。其中既有理性概念系统对感性经验事实的逻辑整合，也有经验事实对理性概念及概念系统理解的检验、融通与校正；既包含自上而下的概念驱动思维，也包含自下而上的表象驱动思维。”① 课程标准指出“口语交际是听与说双方的互动过程”。口语交际中良好的互动实现需要角色的自然转换。听者对说者传达的信息须及时作出言语的或非言语的反馈。在日常口语交际中，听者与说者的角色又总

① 刘晓钢．论言语生成中的思想创造［J］．上饶师范学院学报．1999．(5)．

是处于不断地互换中。口语交际是人们通过语言彼此交流各种观念、思想、兴趣、情绪、感情等。这一切都可以被当作信息，而口语交际过程本身则可被认为是一种信息交流的过程。但是不能把人的交际仅仅归结为信息的传递过程。人与人之间的交际不像两部机器间简单的“信息运动”。口语交际中的每一个体都是一个独立积极的主体，每一方都要求对方有积极独立性，不能把对方看成是某种客体，更多的是当成一个独立的主体。因此在向对方发送信息时，还要时刻想到能从对方的回答中获得新的信息。实际上，口语交际是说者和听者（也称为“沟通角色”）的连续不断的更替。交际双方都必须根据所处的语言环境，理解对方的言外之意，了解其说话的动机，然后作出相应的反应来进行对话。来言去语交互影响构成了口语交际的双向性特点，保障了语言的表意功能和表情功能的实现。“乐于参与讨论，敢于发表自己的意见”“注意根据需要调整自己表达的内容和方式”“恰当地应对和辩驳”等新课标的基本要求所追求的“恰当”与“适当”，就体现了这种交互性特征。

无论在那种交际环境中，作为口语交际双方的地位是平等的。

在口语交际过程中，说话人可以从对方的手势（例如横向摆手表示不同意）、身势（例如点头表示赞同）、表情（例如瞠目结舌表示惊讶）以及人嘴里所发出的自然声音（又称“类语言”，例如跟单纯的舌根鼻音拼合的音表示（哼）不满意或不相信）甚至“不动声色”（可以表示无动于衷或傲慢）中，得到自己输出信息的必要反馈，从而随时调整言语交际方式。

例如《红楼梦》第二十五回“魇魔法姊弟逢五鬼，红楼梦通灵遇双真”中写到：

马道婆道：“你只管放心，将来熬的环哥儿大了，得个一官半职，那时你要作多大的功德不能?”赵姨娘听说，鼻子里笑了一声，说道：“罢，罢，再别说起。如今就是个样儿，我们娘儿们跟的上这屋里那一个儿！也不是有了宝玉，竟是得了活龙。他还是小孩子家，长的得人意儿，大人偏疼他些也还罢了；我只不伏这个主儿。”一面说，一面伸出两个指头儿来。马道婆会意，便问道：“可是琏二奶奶?”赵姨娘唬的忙摇手儿，走到门前，掀帘子向外看看无人，方进来向马道婆悄悄说道：“了不得，了不得！提起这个主儿，这一分家私要不都叫他搬送到娘家去，我也不是个人。”

赵姨娘慑于王熙凤的淫威，不敢直说王熙凤的名字，就“伸了两个指头”。

马道婆马上心领神会，这是借指“琏二奶奶”。如果马道婆当时没有理解，那么交谈就要变得拖沓，或者受到阻断，口语交际的职能也就不能充分实现了。所以我们说，口语交际是一种交互作用的行为。

二、多主体对话的直接性

通常情况下，人与人之间的口语交际是面对面进行的，因此口语交际具有直接性。在交际的过程中，人们不但能够听到对方的语言，而且可以看到对方的动作。交际双方的眼神、表情、动作，这些可见的“伴随语言现象”能够对言语的理解起到辅助作用，在特定的情况下，它还能起辨别语义及其色彩的作用。比如，在打电话中，对方简单地回答“好，好”，就言辞材料本身的意义来看，这没有什么贬义；就声音来说，也很可能听不出什么情绪表现。然而如果这是在面对面的口语交际中，你瞥见了对方答话时眉头微皱的表情，就会确切地知道他不耐烦了，是在应付你。尤其是一些寓谐于庄的反语，说话人常常要用神态、手势、身势来强调，听话人也只有联系对方的神态、手势、身势才能听出真意。这时，伴随着的这些语言手段往往更能接近事情的核心，口语交际的直观特点就显得更有意义了。新课标要求“能根据对方的话语、表情、手势等，理解对方的观点和意图”“借助表情和手势，增强口语交际的效果”等就具有这个特点。

口语交际的直接性还表现在它具有很强的目的意图和很实用的功利性。任何口语交际都是为了一定的目的而进行的。口语交际一般是双向的，交际双方都要从同对方的言语交流中获得某种信息，达到某种欲望，得到某种利益。不要说外交谈判、业务洽谈、教师讲课、法庭审判、演讲比赛等是这样，就连日常寒暄也可以传递一定的感情信息，流露出双方感情的厚薄和关系的亲疏。

口语交际的直接性特点要求在口语交际中能形成一定的“语言风度”，也就是在交谈中表现出来的气质和风格。但是风度又不同于仪表，风度的养成是和一个人的性格和气质有关系的，一个性格开朗的人，在语言风度的表现上就会大方得体。同时“语言风度”又可以通过文化素养表现出来。因此，在口语交际中要把握住口语交际的直观性特点，通过大方、得体、准确的表达，给听者树立一个良好的形象。

三、 主体在生活学习中的反思性

口语交际学习不要局限于一个特定的范畴，要把口语交际学习放在社会生活这个大环境下，在日常生活中进行全面的学习，加强各项交际的技能的学习。作为的受教育的学生群体，学校和社会都是学生学习的基本生活场景，生活中的口语交际学习要尽可能多的为学生提供一切机会来进行口语交际的学习。

在中小学的课堂上，口语交际的学习常常被忽略，更多是由说话来代替。但是口语交际与听话说话有很大的差别，口语交际是双向的，而听说更多的是单向的。口语交际需要全面的表达技巧。日常生活中的口语交际，主要是“反思性”的。人们从小就生活在母语环境下，时刻感受着口语交际。在日常生活中，学生形成了基本的口语交际的能力，但是这种口语交际本身存在着遗憾，日常生活中的口语交际和“说话”相似。人会说话，但是并不代表都说得很好，说话要分场合。一个在公共场合大声说话的人，并不是因为他不具备轻声说话的能力，而是因为他在意识上没有认识到在公共场合轻声说话的必要性和重要性。日常口语交际中的这些缺憾，很多是自然养成的，并带有相当的普遍性。对大多数人来说，在日常生活中也不是能够自然改善的。因此，需要在口语交际学习的实践活动中去矫正。

日常生活中口语交际学习的“反思性”所要面对的是学生已经形成的口语交际能力。人们在日常口语交际中的缺憾，并不是因为缺乏实践，相反是由于过多的实践了在“公共场合大声说话”乃至习以为常。为了唤醒这种缺憾，在学习中要注意与自然状态下的口语学习拉开一定的距离，将生活中习以为常的“习惯”进行陌生化处理。越是日常的口语交际，越需要反思性的课程设置，学生的口语水平越高，而学习的内容越需要反思。就如何反思有三种方式可以借鉴：第一种方式是游戏，让学生通过此方式真正认识到这种缺憾的存在，对自己行为的不良影响。第二种方式是讲故事，让学习者在一些真实故事或者有缺憾的经历中进行自我反思。第三种方式就是观看一些反映真实生活中口语交际情景的视频或者教学录像。

反思性的口语交际学习，主要在于对自己的口语交际行为引起反思，而不是仅仅把生活的片段搬到学习的场景中。

四、 主体在组织学习中的形成性

交际的情景制约着交际者的言谈举止，暗示着说话的思路，使口语交际成为一个既受主观意识支配，又受客观条件控制的过程。因此，在组织学习中指导学生口语交际学习就要创设特定的交际目的、环境氛围、对象、话题，在情景中进行专项训练。要将各种形式具体化，要深挖来源于生活同时又高于生活中的口语交际行为。

组织中的口语交际学习相对来说是比较陌生的口语交际类型。这种形成性的课程内容，主要是正式场合的口语交际。在学习中，许多教师运用的讨论、辩论、采访等都属于形成性的课程内容。口语交际学习的情景创设是比较重要的一种学习方式，此方式强调让学生在学习中想说话，有话可说。

特级教师陈金才《向往秋天》口语交际课就是典型范例。

这节课教师先通过三个部分引导学生向往秋天：首先是激发对秋天的向往，然后是听听秋天的杂音，最后是秋天的召唤。在激发对秋天的向往这个部分，教者通过系列口语实践活动来锻炼学生的表达、应对能力。在这个片段中，陈老师展示了秋天的树林、秋天的山泉、秋天的果园和学生的野炊这四幅图画，让学生想象秋天。图画展示的作用为：让学生充分感受秋天的独特魅力，产生情感共鸣，为下面的辩论积累材料，让学生有话可说。

师：其实，我早就想带你们去秋游了。可是，你们知道学校为什么到现在还没有组织秋游吗？

生：为什么？

师：因为有的同学家长有不同的看法，他们不赞成组织大家去秋游！我把他们的讲话录音都给带来了，你们也来听一听吧。

（播放"学生家长"录音："陈校长，我向您提个建议，今年的秋游是否可以取消呢？秋天没有什么好看的，树叶枯了，小草黄了，花也快凋谢了。另外，小学生年龄小，秋游要坐车，要走路，要过桥，要爬山，万一出了事故怎么办呀？陈校长，现在学生的学习任务多紧张呀，秋游会耽误学生功课的。出于以上情况，请您不要组织学生秋游了！"）

师：听到了吗？这位家长提了几点意见？

生：她提了三点意见。

师：哪三点意见？

生：1. 秋游耽误功课；2. 秋游要爬山、坐车、过桥，说不定会发生意外。她还说，秋天也没什么好看的。

师：是不是这三点？

（投影出示家长的三点意见：秋天没什么好看的；秋游不安全；秋游耽误学习。）

师：你们同意这位家长的观点吗？

生（齐声）：不同意！

口语交际课的目的在于对一种口语交际行为的掌握，特别是一些辩论性的口语交际学习，不能仅仅只关注于口语交际的结果，更重要的是让学生能够正确的倾听、表达和应对。因此，在日常的口语交际中，话题的选择及话题的内容的确定是口语交际学习的重要方面。陈老师在这个片段中点出了进行辩论的观点，即在美丽的秋天出去郊游，但是出现了不同的观点——家长的反对。

形成性的口语交际学习最重要的是行为的养成，在讨论中培养倾听、表达的能力。教者面对即时生成的课堂，充分彰显教学智慧，智取了让学生听家长的意见，同时让学生归纳要点的教学策略，教学进程自然过渡到为下一步的辩论准备材料。

师：有道理呀，怎么都不同意呢？那今年的秋游，到底去，还是不去？

师板书：秋游，还去吗？

生：（学生争着说）去！

师：唉，麻烦就在这里，这个家长说的观点，我也基本同意。怎么办？

生：我们先说服你！

生：你再帮我们说服她！

师：好聪明的想法！只是要说服我也不容易呀！你们打算怎么说服我？

生：以理服人。

师：好主意！家长提的意见有三点。你们打算一点一点地逐一反驳，还是概括起来一起讲？如果能说服我，我就有信心帮你们说服家长，说不定下周我们就可以去秋游。我们就请后面听课的老师当裁判怎么样？

（学生兴致勃勃）

师：不过，我只有一个人，你们可是群策群力呀，所以，我有一个小要求，就给你们三次机会，你们只能派三名同学上来说，如果他们都不能说服我，你们就没有机会了。所以你们一定要慎重，认真做好准备。要不要先分小组讨论一下？三分钟够不够？

生：不够，要五分钟。

师：那好，就听你们的，赶紧开始吧！

（小组自由交流，讨论激烈）

师：这一小组做得很好，由一个同学将大家说的意见全记录下来了。其他组也可以学习他们的这种方法，推荐一个记录员。

（小组开始分工，由一人笔录）

师：小组讨论很热烈，看样子收集了不少很好的建议。为了等会儿讲得更有条理，我还建议你们快速编写一个提纲，注意，概括性要强。

（学生开始编写提纲，教师巡视）

师：好多同学提纲编写得很好。一会你们来劝说我的时候，光读提纲行不行？

生：不行。

师：对。我们还要围绕提纲把话说好，说具体，要把道理讲透。可以用一些具体的事例来证明，还可以引用名人名言、格言警句，来增强说服力。我这有一些材料，说不定你们能用上。（幻灯出示数条相关名言警句）

师：有没有用得上的？你喜欢哪一句？

生：我喜欢这一句："社会是一所没有围墙的学校，自然是一本永远读不完的书。"

师：刚刚家长提出了三点意见，你选择的这一句，可以用来反驳她说的哪一个观点？

生：反驳第三点："秋游会耽误学生的学习。"

生：我喜欢"行万里路，读万卷书"。

师：用来反驳哪一个观点？

生：也是第三点。

生：我喜欢"温室里的花朵难经风霜，笼子里的小鸟难上天空"这句话，可以用来反驳第二个观点。

师：好。可以把你认为有用的材料补充到提纲的下面。除了老师提供的材料，你自己在课外书中看到的材料，也可以用上去。（学生在提纲上添加相关材料）

师：时间到。你们首先推荐谁？谁最有信心，请把手举高一点。

（学生互相推荐，气氛热烈）

生1：陈校长，我认为那位家长的观点是不对的。首先，秋天是美丽的，在我的眼里秋天是画，是彩云，是流霞。秋天里有很多其他季节里看不到的东西。比如说：飘零的落叶、成熟的果实等。第二，秋游是安全的。过去秋游我们从来没发生过事故。秋游也许会有点危险，但是，我们不能因为怕出事故，就不去秋游。我们这些小小的雏鹰不经历风雨，怎么可以展翅高飞？第三，秋游不仅不会耽误学习，相反，会让我们增长见识。古人云："从无字处读书。"所以，我认为秋游是有好处的。我们应该去。

师：这位同学思路很清晰，讲得条理清楚，语言流畅，还能恰到好处地使用名言警句，增强说服力。这些都值得肯定。你们觉得，他有没有说服我？

生：（大声）有！

师：（摇头）还没有。因为他说理不够充分，不够具体，简单了些。比如说家长提出的安全问题，很重要，你怎么才能让家长放心，让我也放心呢？

（学生跃跃欲试）

生2：陈校长，你听听我的意见吧。有些家长认为秋游会耽误学习，我觉得不会。秋游也是一种学习。我们去秋游，会看到丰收的果实。我们看到果实，就会联想到"一分耕耘一分收获"，就能体会到农民伯伯的艰辛，改掉自己浪费粮食的坏毛病。

师：看到果实，想到农民的辛苦，从中受到教育，这就是秋游的收获，你很会联想。

生2：此外，我们不能老是在教室里死读书，古人说："纸上得来终觉浅，绝知此事要躬行。"我的名字就叫"陈觉浅"！纸上得来都是浅薄的，要亲自去体验，才能明白其中的道理。所以我觉得，家长的意见是不对的。再说，我们已经长大了，有了保护自己的能力，秋游那点风险怕什么，"温室里的花朵难经风霜，笼子里的小鸟难上天空。"亲爱的父母们，你们就让我们勇敢地走出去吧！最后，我还要补充一点。现在别的学校都在组织学生秋游，我们的心早已飞到了大自然中去了，如果你们老是把我们关在学校里，我们还有什么心思去学习呢？秋游以后，能使我们心情愉快，能够更好地投入学习。

（掌声）

师：不错！你的讲话有几个亮点。第一能联系自己的名字——"陈觉浅"来说理；第二是你的语气很恳切；第三是能从反面来论证，"如果你们老是把我们关在学校里"，就会怎样，说得很有技巧。你们觉得，她有没有说服我？

生：（大声）有！

师：她的确有点打动了我，不过我这个人有点固执，很难被说服，何况还要帮你们去说服家长呢？我希望第三个同学能让我心甘情愿。

生3：老师、同学们，大家好！我的观点是这次秋游还是应该去的。

师：很有礼貌，很有风度。

生3：刚才那位家长对陈校长提了三点意见，让我来一一反驳。首先，她说“秋天没什么好看的。”我认为这个观点不正确。其实，秋天很好看，果实累累，到处是金黄的落叶，让人陶醉；呼吸新鲜的空气让人神清气爽；走进秋天，凝望那一泓碧水，山、树会重叠了你的身影，清风会涤荡了你的肺腑，天籁之音会拨动着你的心弦，这么美好的秋天，多么令人向往呀！难道秋天没有什么好看的吗？

（热烈鼓掌）

师：这段话说得很精彩。其他同学只说秋天很美，而她却具体地说出了秋天到底美在哪。语句优美，打动人心。

生3：（更加自信地）还有第二条：“秋游不安全”。我认为秋游没有什么不安全的。只要我们有了自我保护的意识，问题也就不算太大了。这位家长说，秋游的时候，要爬山，过桥，坐车，走路。其实爬山可以锻炼我们的意志，过桥可以增强胆量，走路能够增强我们的体质，如果能进行野炊更能锻炼我们的自理能力了。（掌声）

那位家长的第三个观点是：“秋游会耽误学习。”可是有人这样说：“社会是一所没有围墙的学校，自然是一本永远读不完的书。”我们可以在大自然中尽情地敞开心扉，大脑更加清醒，心情更加愉悦，我们一边看瀑布飞泻而下，一边吟诵：“飞流直下三千尺，疑是银河落九天。”这不就是最好的学习吗？所以，我代表天健小学的同学申请陈校长同意我们去秋游。（学生长时间地鼓掌）

师：同意不同意？

生：同意！（学生的回答响亮）

师：我没有问你们，（指后面听课的老师）我是问后面的各位裁判。

（听课老师笑，鼓掌表示赞同。教师在黑板上“秋游，还去不去？”的后面写上大大的“去！”学生欢呼起来。）

这个片段是这堂口语交际课的重点。这种辩论性的口语交际课不太好把握的地方在于容易造成过分的生活化，将日常生活片段机械地搬进课堂，然后让学生简单地表演一番。这种“表演”是低层次的，同时也是缺少价值的。但是在陈老师的这堂口语课程中，他回避了那些有关论辩技巧的陈述性知识，如让事实说话，从不同的角度进行分析，运用反问，说话语气要文明大方等。而是巧妙地让学生成为应辩者，让学生针对家长建议中的漏洞来进行反驳，以此来培养学生准确的应对能力。这一过程中，倾听、表达、应对三者相互依存，以发展口语能力为主线，以一个个训练点作铺垫，出现了学生的精彩“应辩”。

这堂口语交际课的成功之处在于：不是直接地把问题抛出来让学生进行辩论，而是以秋天的一些场景来进行铺垫，然后将学生引到辩论中，避免了学生对野炊这件事情结果的过度关注，在讨论中培养了学生理解应对的能力。在辩论中学会交际行为，使活动中的关注重点不在于具体的结论，而在于口语交际的行为。

第六章　口语交际学习的心理认知过程

口语交际不仅受外部行为体系的调控，也受内部心理认知活动的影响。口语交际的心理认知活动包括倾听、表达与交流等过程。掌握口语交际的心理认知过程是提高口语交际学习效果和发展口语交际实践能力的重要前提。从口语交际活动的基本构成来看，这里可以把口语交际的心理认知过程分为听话（或倾听）的心理认知过程和说话（表达）的心理认知过程。同时，在口语交际学习中，这些过程都具有一定的心理认知特点。

第一节　听话的心理认知过程

听话过程在口语交际里又被称为倾听过程。倾听是说话者的声音在空气中以声波的形式刺激听话者的听觉器官，引起听话者的耳膜振动，进而由听觉神经把这种振动信号传达到大脑的听觉中枢（位于听神经以上的脑干和大脑半球中的听觉结构）。中枢神经细胞活动通过感知声调和声音所代表的词句，并把词句刺激传达到大脑的颞叶听觉区和额叶动觉区，产生听觉综合活动，并通过辨音、识义、比较、分析、整合等活动吸收语言所传递的信息。正如人的一切认知活动都主要通过感知觉从外界获得信息和通过信息加工贮存信息、并成为日后的感知觉活动的基础一样，听话的心理认知过程也经历着这样的过程。这里可以把这个过程划分为三个基本阶段，即声音感知阶段、意义建构阶段和行动决意阶段。

一、 声音感知阶段

声音感知阶段是听话者对说话者发出的语音流进行感知觉的过程。尽管不同学者对该过程持有不同的观点，但有代表性的观点主要包括：将言语活动的声音感知过程等同于其他声音的感知过程和把言语活动的声音感知过程视为一种特殊的感知过程。

将言语活动的声音感知过程等同于其他声音的感知过程的观点认为，言语活动的声音感知过程与其他声音感知过程一样存在着神经系统加工的明显阶段；在这个阶段中，听话者对感知到的说话者的语音流进行分析，将其分解为若干部分；然后，听话者对语音流包括的成分的组合形式进行分析，并将其与原型或模板进行匹配。在这类观点中还有一种语音净化理论，其认为：我们从分析感知到的语音流开始，经过更高水平的信息加工，然后与我们记忆中已知的各个音素和单词进行匹配来识别单词。听话者组建所听到的语音流的始发音不一定需要初始的音素。正像看电影或听讲座时，人们可能在起初阶段只能听到一些杂音，但过一会儿仍能断定说话者可能说了些什么。这种确定到底听到的是什么的过程就是一个有意识的语音净化过程，而把这到底听到的内容之外的内容称为噪音。在听话过程中，听话者在传输、变换、存储、处理、显示和识别的信息处理过程时，通常要将噪音净化掉。此外，麦克莱兰等人还认为，声音感知（或言语知觉）过程可分为三个水平，即声学特征水平、音素水平和单词水平。这三个水平之间发生着交互作用，较低水平会影响较高水平，较高水平也会影响较低水平。这类理论的共同特点是，用一般的知觉理论如对象与背景的关系以及视知觉原理（如对称性、接近性、相似性、闭合性）来对言语活动的声音感知现象进行解释。

把言语活动的声音感知过程视为一种特殊声音感知活动的观点主要依据言语发音的类别知觉提出。事实上，尽管人们在言语活动中听到的语音流是由一个音波变调的连续体组成，但我们知觉到的语音是不连续的类别。这一现象可以在对辅音—元音组合 ba、da 和 ga 的感知中表现出来。这些音节间声音的差异集中在言语信号中截然不同的变调形式上：有的感知为 ba，有的感知为 da，还有的感知为 ga。每个音节类别在不同场合中的发音方式也有不同，但这种不同不会影响言语活动的感知过程。例如，我们昨天说的 ba 音和今天说的 ba 音并不相同，但不会被感知为不同的音。对非言语情绪声音的感知则完全不同，如一种音调，音高（音调有多高或多低）的连续不同听起来则连续且清晰。此外，言语知觉运动理论也把在言语活动中的声音感知过程视为一种特殊的声音感知活动。这种理论认为，言语是通过一种含蓄的、隐蔽的系统而被知觉到的，这个系统以一组理想化发音动作的深层运动表象为背景，“描绘出”输入的语音特性。人对这种深层的表象水平上的语音特别敏感，这些同时发音的片断便导致了类别知觉现象。

按照知觉符号理论，外界刺激引起选择性意识经验的知觉状态和无意识的神经表征，这些痕迹通过选择性注意被抽取出来并储存在长时记忆中。随着个体经验的丰富和积累，长时记忆里形成由具有模式性、类似性的知觉符号所构成的仿真器。在以后的激活中，这种知觉记忆作为代表外界事物的符号进入符号操作过程，而大量的知觉符号集中起来就能构成认知表征。所以，从这种意义上讲，认知在本质上具有知觉性，它与知觉在神经水平上享有共同的系统，那种对刺激的心理表征就是知觉经验的遗留物。根据这种知觉符号理论，在言语活动的声音感知阶段，感知语音流实际就是建构声音所述事件的知觉模拟。同时，如果把阅读看作一种言语活动（沉默的声音或有声语言），读者在阅读过程中是通过自己所发出的语音流的刺激提示来建构所描述事件状态的经验表征。换言之，根据语音流的一系列提示，听者（或读者）建构所述情境的经验性模拟，听者（或读者）是所述情境的体验者。对该理论的有力支持是所谓的麦格克效应的发现。麦格克效应是指言语知觉中的视知觉和听知觉的同步现象。英国发展心理学家研究在不同的发展阶段婴儿如何感知言语时曾经播放一个 ba 的声音，同时给被试呈现一个录像，里面的人做 ga 的口形。简单说，“Ba+ga=da”是最经典的麦格克效应的例子，听到一个 ba，同时看到 ga，通常人们会知觉到 da。我们都有这样的经验：当电影的音带与说话者的嘴唇动作相一致时，你不会有任何问题。但是，如果音带显示的是一回事（如 da），而与此同时演员的嘴唇清楚表达的是另一个音（如 ba）的动作，你可能就会听到一个折中的音（如 tha），这个音既不是所说的那个音，又不是所看到的那个音。你综合了听觉和视觉的信息，得到了一个与两者都不一样的结果。这是大脑采用混合妥协机制所致。那些译制得很差的外国电影往往就会使人迷糊，其原因就在于观众的视知觉和听知觉不同步，获得介于视知觉和听知觉之间的综合性知觉。因此，在口语交际中，交流者需要明白：在气氛热烈的场合中听演讲，或者在喧闹的场所中交流，当言语的声音常常被干扰乃至掩盖时，听话者可以辅以感知与言语意思同步的肢体语言来感知语音流。

在正常的交流活动中，学习者利用读唇来增加对语音流的知觉，特别是在噪声背景下知觉说话者的言语时更需如此。言语知觉的运动理论主张发音信息包含了视觉和听觉信息为其提供了支撑。同时，另一种理论进一步将这种现象描述为跨感觉信息的综合。事实上，言语活动中的语音流感知过程是一种相对复杂的认知活动，即使是在阅读活动中阅读者听到由自己发出的沉默的声音流也是如此，其既涉及语言的成分，又涉及意识的成分，这两者难以分辨。① 总体上讲，尽管言语知觉的不同理论反映了研究者看待言语活动中感知语音流的差异，但无论哪一种理论，都对人们认识在口语交际中感知语音流过程具有启发意义。

在口语交际中，交流双方都经历着一个有意识的语音净化过程。在有意识的语音净化过程之中，又涉及视知觉和听知觉的同步问题等。事实上，正如法国符号学家莫里斯·梅洛-庞蒂所说，“为了理解言语，我们不必考察在语词或形式方面能给予我们语词和形式所包含的纯粹思想的某内部语词：只需我们顺从言语的生命，言语的分化和发音动作，言语的表现动作就行了。……和难以理解的事物一样，语言只能通过符号的相互作用被理解，如果单独考察符号，那么每一个符号都是模棱两可的或无新意的，只有符号的结合才能产生意义”，② 因此，在口语交际中，尽管对说话者所发出的单个语词的声音的感知比较重要，但是将其个别声音置入说话者发出的整个语音流、发音动作，甚至前后语音流更加重要。但是，从某种意义上讲，在声音感知阶段，听话者主要获得了语音流的物理属性。

二、 意义建构阶段

意义建构阶段是听话者在感知语音流的基础上，通过分析声音流（或言语）的语法结构来获得语音流所指称的意义的过程，即把感知到的物理属性的语音流信息转换成精神层面的意义的过程。该过程是听话者进行言语编译的逻辑思维阶段。

从某种意义上讲，尽管听话者所听到的意义主要通过整个语音流及其讲话情

① 〔法〕雅克·德里达．声音与现象［M］．杜小真译．北京：商务印书馆，2005：17.

② 〔法〕莫里斯·梅洛-庞蒂．知觉现象学［M］．姜志辉译．北京：商务印书馆，2005：50.

境而建构，但获得语音流所指称的意义却始于词义破译。当听话人听到一个词的词音或在看见一个词后在心灵中产生沉默的词音之后，他必须从这个词的语音（无论是有声的还是无声的）出发，在大脑中检索出先前已经存储在大脑中的相似声音表象，进而通过已有检验所建立的声音表象与指称对象的联结来显现声音所指称的意义。在正常情况下，从语音听辨到检出一个词大约需150～200毫秒。同时，检索不同的词所花费的时间往往不同，其往往取决于该词在大脑中的声音表象及其意义联结的活跃程度。例如，高频词比低频词容易检索，最近听过的词比较早听过的词容易检索，因为它们更容易在听话者听到声音之后被联想起来。听话人在检索出词后将在大脑中建立听到的特定语音流的表层结构（或形成听话者意识到的语音表象流），然后从语音流的表层结构深入到语音流的逻辑形式，即建构语音流所指向的意义。这个过程主要通过具有公约性的语法分析来实现。不少心理语言学家认为，句子结构可以切分为成分，意义结构则可分为命题。因此，在意义建构阶段，理解听到的语音流的过程就是根据语音流表象的表层结构来建立深层的命题的过程，这种命题是用概念描绘来表述的大脑中的理想对象。那么，人们是如何建立深层的命题的呢？按照美国语言学家乔姆斯基的专著《句法结构》中“转换——生成语法”的观点，既然说话者的言语表达是由深层结构（即具有语义相关信息的短语结构，意味着语言中更重要和基础的表达层次，它是句法结构与语义的接口）通过转换规则而形成表层结构，那么语言的理解就是一种“倒转换”的过程，即从表层结构倒转换成深层结构。例如，当听话人听到“The ball was kicked by the boy”（球被男孩踢）这样的表层结构，就可以倒转换为“The boy kicked the ball（男孩踢球）这样的深层结构。表层结构中的某些词素可以对“倒转换”起触发作用。如在上句中，“was+动词+by”就有这样的作用。根据这种理论假设，一些学者做了许多实验，证明转换越多，理解越困难。然而，这类研究只注重句子结构，却忽视了语境和语义的作用。

需要指出的是，在听话者的意义建构阶段，语法分析的最终作用是使语义与语音相联，解释句子是如何理解的。正如短语规则本身就具有递归能力（用有限的语句来定义对象的无限集合），可以生成复杂句，因此，听话者的意义建构也经历着同样的“倒装换”过程。

三、 行动决意阶段

行动决意阶段是听话人根据前一阶段建构的意义判断决定采取新的行动

的过程。在这个阶段，听话人将把意义的概念形式根据经验转化为大脑中的表象。所谓表象，是当对象不在面前时人们头脑中浮现出的对象的形象，这种形象是意义的一种特殊的、生动的表征形式，它有利于听话者在对象没有出现的情况下在大脑中表征和加工这些对象，并作出决定。听话者把听到的意义转化为表象信息进而作出决定，是听话行为的必然归宿。例如，如果听话人听到一个请求，那么他不仅要知晓说话人表达出的请求的意义，还必须决定是否照此请求去做；如果是一个问句，听话人在明确说话人意图之后也需要决定是否对此问句作出回答。因此，口语交际的听话过程还包括听到的信息后的决意过程。当听话人理解了说话人言说的意义之后，就要根据说话人所表达的意图而有所决定。如果听到一个陈述或判断语句，那么听话人就会根据需要将新信息储存在记忆中；如果听到一个需要用“是”或“非”作答的问句，那么听话人会把新信息和储存在记忆里的信息相比较，然后根据比较决定如何反应；如果听到一个请求，听话人会从记忆库里检索出相关信息并构建相应的行动形象，并考虑实现该请求的主客观条件，然后决定是否实现该请求。

在这种决意阶段，听话人的反应并非总是顺着说话人的话语内容，他可能仅仅使用听到的一些判断、问句或请求来推断说话人的个性特点，也可能决定采取疑问来回答疑问，甚至还可能作出同说话人的意图相反的决定。此外，如果听话人没能准确地理解说话人的意图，也可能作出并不合乎逻辑的决定。譬如教师与学生交流，一味兜售有关人文精神的高深理论，学生往往不知所云，其原因在于学生在陌生的语音流环境中无法迅速地感知到语音流的表层结构，更不能通过语法分析来建构相应的意义。从这种意义上讲，决意过程同声音感知、意义建构过程紧密相联，而只有讲话者分清听话对象，讲述适切的内容，才有助于听话者的有效听话，并作出正确的决定。

总体来讲，听话的心理认知过程的三个阶段依次发生，但在必要的情况也循环往复地发生。听话者在感知语音流的阶段可能有意义建构行为的潜入，而意义建构阶段也可能有语音流表象的再现，而决意不仅出现在第三阶段，其也贯穿于整个听话过程中。因此，整个听话过程的心理认知活动具有这样的特点：快速、敏锐地感知；随时筛选、加工；情绪的反馈；根据具体的语言环境，积极主动地进行理解、评价和想象等。

第二节　说话的心理认知过程

说话是说话者的表达和讲述行为，是用语言表情达意的复杂“生理-心理”活动过程。在这个过程中，说话者的大脑内储存着概念（或意识事实）和音响表象的联结，当说话者欲表达某个概念（或意识事实）时，概念就能在大脑中引起相应的音响形象；然后大脑再把同这个音响形象相关的冲动传递给发音器官，然后发出声波。[①] 其中，前者主要是属于说话的心理过程，而后者属于说话的生理过程，其两者共属于口语交际中说话的心理认知过程。说话行为源自口语交际中参与交流的任何一方表情达意的需要，这种需要使说话者产生说话动机，并形成欲表达的内部言语，然后借助发音器官——呼吸器官、喉头和声带、口腔和鼻腔——的协调运动，将内部言语迅速转换成外部的有声言语（或沉默的文字流），传达给听话人。一般来讲，在口语交际中，说话的心理认知过程主要由构建主观意义、产生表达动机、生成内部表达和形成外部言语等几个环节构成。

一、 主观意义构建阶段

在口语交际中，说话者与听话者共同形成了由说话和听话组成的“听-说”循环系统；在这个循环系统中，说话者和听话者具有主体间性，即说话者也是听话者或听话者也是说话者。一般来讲，说话行为继起于听话行为，这种行为在形式上是说话者对说话者的言语刺激的一种反应，而在内容上是听话者在听话阶段决意的具体执行过程。事实上，当听话者理解说话者表达的意义之后，说话者的表达意图将刺激听话者在大脑进行一个意义建构过程，这是听话者进行说话的开端，也是听话者身份转化为说话者身份的“节点”，这里将其称为主观意义的构建阶段。

说话者构建欲表达的主观意义的过程在逻辑内容上同听到的意义有关，但仅仅有听到的意义还不能产生说话者欲要表达的意义（或由概念构成的逻辑内容）。

① 〔瑞士〕费尔迪南·德·索绪尔．普通语言学教程［M］．高名凯译．北京：商务印书馆，1980：32-33.

从本质上讲，说话者构建欲表达的意义的过程是主体的意识活动过程。在这个过程中，说话者要表达的逻辑内容产生于具体的认识情境，即由口语交际的参与者身份、交流的主题与环境、双方已经达成共识的意义、说话者的个体经验等形成的有机系统。正如皮亚杰在认识发生论中所揭示的那样，认识（或逻辑内容）既不是在主体内部结构中预先决定了的内容，也不是在认识对象预先存在着的特性中预先决定了的，而是认识主体与认识对象相互作用的结果。[①] 同样，在口语交际过程中，说话者欲表达的逻辑内容是说话者、听话者和联系二者的话题在特定情境中共同作用的结果，这种结果同说话者的意识进行的意向性体验活动有关。在哲学史上，笛卡尔把人类心灵活动看作“我思”行为，即“我感知，我回忆，我想象，我判断，我感觉，我欲求，我愿望”的行为，[②] 其在本质上是“我的心灵对被思之物的一种体验，即一个对某物的意识”，[③] 即这里所称的意向性体验活动。在说话者的意向性体验活动中，说话者的意识能够借助个体经验、听取的意义以及交际情境提供的其他信息，通过联想活动形成一个新的融贯整体，即由诸多概念构成的逻辑内容，从而生成欲表达的意义。

二、 表达动机产生阶段

表达动机是推动说话人说话的内部动力，它表现为人渴望表达自己的思想情感，想说，爱说。说话人的主观意义的生成成为表达动机产生的原始动力，而建构意义的初衷也是为了诉说。苏联著名心理学家维果斯基也认为，“每说一个句子，每作一次谈话之前，总是先产生言语的动机——即我为什么要说……对某种东西的需要和请求、问和答、发表意见和反驳、不懂和解释，以及其他许多类似的动机和言语之间的关系，都在完全地决定着现实的有声言语的情境。”事实上，表达动机的生成源于主体的多种需要。例如，个体在本性上就具有向他人表达主观意义的冲动或需要；有获得他人认可自己的观点的需要；有以言行事的需要等。但是，在现实的口语交际过程中，实际地引发表达的动机主要有两种情形：一是满足要求，希望从交际对象那儿索取什么，或是物质的，或是精神的；二是

① 〔瑞士〕简·皮亚杰．发生认识论原理〔M〕．王宪钿译．北京：商务印书馆，1981：16-17.

② 〔德〕埃德蒙德·胡塞尔．现象学的方法［M］．倪梁康译．上海：上海译文出版社，2005：134.

③ 董小平．课程知识的认识发生过程研究［D］．西南大学，2010：63.

得到宣泄，即在与周围的人、事、物的接触中，或具有不平凡的经历之后，希望陈述自己的想法、观点、感触。有了说话的动机，就会产生说话的欲望。

三、 内部言语生成阶段

人们在用口语表情达意时，对于表达意义的符号需要在大脑中进行模拟，从而形成内部言语（或内部表达），这种内部言语主要是由一系列声音表象构成的语音表象流，又被称为“沉默的言语”。① 这种产生沉默言语（或声音表象流）的过程就是内部言语的生成阶段。

内部言语是外部言语产生的前提条件。在日常口语交际或文学创作中，个体总是在口头表达前对即将说出的话语在大脑中进行预演，或在下笔之前对即将写出的话语在大脑中进行预演。这种说话者向外部世界实际“抛出”他人可感知的话语之前，在大脑中存在的欲表达的话语就是言语的内部状态，而这种形成言语的内部状态的过程就是内部言语的组织。说话者运用语言规则组织表达思想的内部言语的过程也是一个复杂的“生理-心理”过程。在这个过程中，说话者根据说话的目的和情境的需要，尽快地调动、筛选、组合大脑中存储的各种语言信息，并将它们按照一定的逻辑顺序和言语规则组织起来，迅速地形成能够表达主观意义的话语，并使之言之有物，言之有序，主题明确，条理清楚。

正如语言是思维的物质外壳，在现实的口语交际中，说话者生成内部言语同建构主观意义和产生表达动机几乎是同一过程，其差异在于他们属于该过程的不同方面。其中，生成内部言语的过程主要强调了这个过程的语言因素，建构主观意义和产生表达动机主要强调了这个过程的思维因素。在这个过程中，说话者在通过意向性体验产生欲表达的意识事物之后，通过寻求能够表达这个意识事物的概念来形成意识事物的逻辑内容，而概念的寻求又是通过再现能够指称这个概念的声音表象进行的，即说话者总是通过在大脑中寻求声音表象与声音表象所指称的逻辑内容“链”来提取概念的，声音表象则成为概念在大脑中的基本“标志”。当所提取的声音表象所指称的内容同欲表达的内容具有同一性时，说话者就会认定这种声音表象就是欲表达的逻辑内容的声音能指。通过这个过程，说话者成功地将欲表达的内容赋予在大脑中存在的声音表象，从而在大脑中呈现活生生的概

① 董小平．课程知识的认识发生过程研究［D］．西南大学，2010：74-76.

念（即概念内容与形式的结合体）。如果涉及复杂的逻辑内容，说话者则需要使用特定语言系统的语言规则组织形成复杂的声音表象流。事实上，无论是声音表象还是声音表象流都是说话者在向自己进行说话。所以，在口语交际中，说话者本人是自己所说的话的第一个听众，而熟练的口语交际者则会利用这个过程第一时间感受即将说出的话可能对对方产生的影响，或检验其能否实现以言行事的交际意图，进而对内部言语作出调整。

从内部言语的产生机制来看，顺利地组织内部言语需要两个条件。首先，要有足够用来准确表情达意的口语词汇储备。这样说话就比较准确、明晰、流利，否则就会出现有思想却说不清楚道不明白的现象。其次，要掌握把词语按正确次序组合的语法规则。只有符合语法规则，说出来的话才能被人听懂，否则说话颠三倒四，语序混乱，会影响信息传递和思想表达，让人不知所云，无法进行沟通。同时，要使这种快速选词组句的能力在口头表达中发挥更大的作用，需要做到：第一、丰富积累。积累丰富，才能为选词组句提供物质条件；第二、选用正确。正确选词组句，才能准确地表情达意；第三、简洁、生动。既简洁又生动，这样的话语是最受欢迎的。

总体来讲，说话者思维的敏捷性和储存的词汇的丰富性是内部言语产生的关键。因此，口语交际学习者需要通过日常的学习有意识地训练思维能力和积累语言词汇，从而为在口语交际中迅速地、准确地、生动地表达主观意义提供必要的话语素材。

四、 外部言语形成阶段

外部言语主要相对于内部言语而言，是内部言语的外显存在形式，即说话者通过复杂的“生理-心理”发音系统向外界具体地说出的话语。从这种意义上讲，外部言语是在外部实现了的内部言语，或正在履行以言行事的内部言语。如果说内部言语仅仅是说话者向自己说的一种内部表达，那么外部言语则是说话者向他人说的一种外部讲述，这种讲述显现为可以被他人通过听觉系统客观感知的语音流。通过这个过程，说话者欲表达的主观意义获得了自己的物质载体。这一过程生理机制是言语运动器官的活动，即将言语信息的抽象语音表征转化成一套运动指令，由其支配各个发音器官运动，形成连续的肌肉活动，从而产生表达言语信息的声音序列。同时，说话者发出声音序列的语速、语调等也承载着说话者的主观意图。

运用语音表情达意即运用语音、语体表达情感和思想的阶段。说话靠声音传达，语音是口语的物质条件。语音的表达要求是：第一、发音正确。发音符合普通话的语音标准。第二、吐字清楚。咬字清晰明确。第三、音强适度。音强能根据对象、场合与表达内容而适当调控。第四、语速适宜。语速根据表情达意需要而适时调节。第五、语调有变化。语调按语言环境而显示抑扬顿挫，强调逻辑重音（句子中某种特殊含义所决定的重音，跟着思想发展）、感情重音（根据感情表达的需要而决定的重音，随着感情出现）。尤应一提的是，当环境使运用语音表情达意不畅时，说话者应注意表达的节奏，并适当辅以“体态语”。

此外，对正在发生的口语交际活动而言，外部言语的表述具有临场性、敏捷性、灵活性、不可更改性、直接性等特点，其受应变力、知识水平、个性心理特征与体态语言等因素的制约。

说话者所讲述的外部言语同听话者所讲述的外部言语相互衔接，即双方的来言去语通常是连续的，而且保持着相对稳定的语流速度。对对方话语的分析、理解乃至作出反应，实际上都是在大脑内迅速完成的。就临场性而言，说话的过程即由思想到外部言语的过程非常短促，没有多少准备的时间。话语出口，转瞬即逝，要求说话者迅速作出反应，容不得沉思良久，反复琢磨。所以，外部言语的表达要求思维的敏捷性和灵活性。就不可更改性而言，外部言语一经说出，就无法修改。除了个别与事实不相符合的词语说出来以后发现不合适可以通过“注释性”言语向听话者及时纠正外，其余语句和段落、层次，几乎是无法移动、无法修改的。因此，外部言语要力争准确、周密、简练地表达自己的意思。就直接性而言，外部言语的讲述要面对听众。说话的人要随时注意收集从听者中来的信息反馈，并不断调节外部言语的内容和形式，以适应听众的心理。这种直接性要求说话的人把话讲得使听者听得懂，乐意听，收到好的表述效果。

第三节　口语交际的心理认知特征

口语交际中的听话和说话过程具有一些共同的心理认知特征。通过了解这些特征，口语交际学习者能够在现实的口语交际中更好地调节和掌握口语交际情境。

一、 口语交际的心理特征

（一）整体性

在口语交际中，学生不但在语言运用能力上会有所发展，而且在科学、艺术、道德等文化因素方面也会有所发展。正是通过这种语言交往活动（也就是生活交往活动），学生的个性才得以发展，所以说，“口语交际”这种综合性的语言实践活动必须立足于人的个体的整体性，立足于每一个学生的兴趣。如果学生没有口语交际的兴趣，就无法产生兴奋感，也就难以从口语交际中获得整体性发展。

（二）实践性

“口语交际”由于以学生的现实生活和社会实践为基础发掘课程资源，而并非在学科知识的逻辑序列中构建课程内容，因而在教学内容的取材上，要更贴近学生的生活实践和发展需要，要体现更大的灵活性，以“教材为中心”的观念在“口语交际”课程中更是不可取的。此外，“口语交际”以语言活动为主要开展方式，特别强调学生的亲身经历、亲身体验和语言的互动过程，它要求每一个学生都能积极参与到语言实践活动中去，在语言的交往中，在经历、体验、感受中学会与人沟通，发展人的交往能力和创造性地解决实际问题的能力。而教师在这种语言实践活动中，既不能是一个“传授者”，更不能是一个“灌输者”，而只能以一个组织者、参与者、促进者的面貌出现在学生中间，自始至终让学生保持良好的心理状态。

（三）开放性

首先，学习目标的开放性。每个学生的个性不同、需要不同，口语交际的内容范围有可能涉及科学、艺术、道德等不同方面，且学生在活动中的体验和感悟、获得也有所不同，所以，口语交际学习的目标呈现出开放性特点。其次，课程内容的开放性。学生的生活世界是多彩的，既有现实的也有幻想的，既是道德的也有科学的、审美的。“口语交际”的内容选择应该面向学生整个生活世界，面向儿童的多种认识需要，并随着学生生活的变化而变化。最后，评价标准的开放性。学生在口语交际活动中所产生的实践体验是丰富多彩的，在活动中的表现也是极具个性化的，因而学习的结果也是不尽相同的，这样便形成了“口语交际”评价标准的多元性，我们不能以同一个角度或尺度来衡量学生在口语交际中的表现，最好的评价方法就是让学生对自己在口语交际活动中的表现与体验所得，作出定性的而且是具有肯定性的自我评价。要达成以上目标，作出科学评价，师生务必处于兴奋状态。

（四）生成性

在口语交际学习过程中，学生作为一个活生生的人，他的情绪、情感会受周围环境的影响，他的语言是灵动的，学生与学生之间的语言交际过程更是鲜活的，不可控制的，因而口语交际情境是个有机的整体，是生成性的，而不是一个根据预定目标而设计好的机械性的装配过程。因此，口语学习是一种生成性学习。生成性学习，就是要训练学生对他们所阅读的东西产生一个类比或表象，如图形、图像、表格或图解等，以加强其深层理解。生成性学习需要进行生成性教学。生成性教学是指在弹性预设的前提下，在教学的展开过程中由教师和学生根据不同的教学情境自主构建教学活动的过程。精心设计实施策略，让学生处于亢奋的心理状态，使学生在交际时互动起来。

二、 口语交际能力的非言语特征

口语交际中常有非言语信息。所谓非言语信息，包括“在交际的环境中人为的和环境产生的对于传播者或受传者潜在信息的所有的刺激”，它指语言符号以外，附着于交际主体的面部符号、身势符号和物理符号等。这些符号与话语同步。

口语交际能力的非言语特征具体表现在两方面：

（一）语境依赖性

口语交际在特定语境中发生。这种语境包括：交际者对所谈话题的假设、理解和看法，以及相关的背景知识；已经交流双方的话语结构、语法结构、手势语、语音、语调等。

口语交际过程一直存在着对各种语境资源信息的意识，这些意识激活语言表达的实际语义价值。口语交际的成功依赖于对各种语境资源的意识和认知，而交际能力的发展更离不开对语境知识的认知与积累。为了能将交际的不完整语言感知为一个负载语言信息的言语行为，言语行为必须要全语境化，即运用所储存的知识结构确定话语、意图和语言使用环境之间的相互联系并构成意义。交际者根据合乎表达的规则进行选择，解读具体的语境结构。同时，各种语言情境的因素也制约语境，激发各种语义系统，产生不同的交际内容。事实上，只有在具体的语境中，借助对语言使用习惯的控制能力，交际双方才能用得体的非言语符号表达理想的交际意图，实现语言的达意、操纵、探索和想象四种功能。在整个交际过程中，交际双方都受到语境的约束。如获得中国电影节第八届金鸡奖和第十四届百花奖的焦裕禄扮演者李雪健，他在不到一分钟的时间里，面对1700多名观众发表获奖答谢词，真诚坦率地说出了一句肺腑之言："苦和累都让一个好人焦裕禄受了，名和利都让一个傻子李雪健得了。"如果听众心理不能兴奋，就不能依赖语境，准确理解李雪健答谢词的丰富内涵。

（二）心理依赖性

交际时的心理状态包括交际意图、期望、话语空间的知识以及交际者的感情和相互的社会关系。对这些心理状态的认知是依赖语境的交际能力的另一重要特征。从心理认知的角度看，交际能力通过交际时的心理认知过程而得到发展。例如，听话者按特定符号与实体的关系从多个心理表征提取该符号指称的实物表象，与此同时，说话者靠推断听话者的心理反应选用符号。在这一处理过程中，表现"交际什么"的内容与同表现"如何交际"的能力被共同展现。

一定语言群体的共有语言背景知识有助于对语言交际意图等的识别。但是，由于心理认知的差异，对同一语言场景中的非语言信息往往会出现不同的理解，由此产生不同的语境结构。口语交际中对各种语境信息的理解和生成，正是在被逐渐构建的心理表征。在构建过程中，交际者不断借助语言知识和语境内容识别语境的具体内容，将每句话语融合成一个语境的心理表征，并围绕这些具体的话语更进一步使用心理表征重新激发语境。因此，口头交际的成功涉及大量非语言的信息，现代科学研究已经表明，语言能力与语言环境和心理认知关系密切。这自然要求听话人善于分析、综合、评价、判断对方话语的是非曲直、内容真假，听出其谈话的本意及言外之意，从而决定自己应持有的态度和作出的反应，同时还要品评其语言表达技巧的高低。在田中角荣访华期间，曾有这样一段插曲：

在宴会上，田中角荣在致答词时说道："遗憾的是过去几十年间，日中关系经历了不幸的过程。其间，我国给中国国民添了很大的麻烦，我对此再次表示深切反省之意。"

次日，在两国政府首脑的会谈中，周总理严肃地指出：日本军国主义发动的侵略战争给中国人民带来了深重的灾难，日本人民也深受其害；您只说"添麻烦"就了事了？用"添麻烦"一词作为对过去的道歉，中国人民是不能接受的。

田中连忙解释，从日文角度讲，“添麻烦”确有谢罪之意。经过双方的几次会谈和磋商，最后在联合声明中是这样表述的：“日本方面痛感日本国过去由于战争给中国人民造成的重大损害的责任，表示深刻的反省。”从这个事例中我们不难看出，周恩来总理非凡的言语认知能力。

口语交际能力具有依赖心理认知的非言语特征。在口语交际过程中，言语行为通过语境解释说话人和受话人的言语和非言语信息。口语语境的非言语信息促使交际者不断借助语境构成心理表征，使交际呈现出语言群体共有的特征和个体的差异。这些特征要求口语交际能力的培养必须建立符合心理认知的语言输入。口语交际能力依赖心理认知的非言语特征决定了师生口语交际应处于兴奋状态，如此，教师才能创设精炼优美的动态有声交流，把握适度的静态无声交流，恰当运用副语言系统（如音量、音调、强度以及停顿、犹豫等），学生才能有所得。如果口语交际时心理不兴奋，反应不敏捷，就难以通过语境完全解释说话人和听话人的言语和非言语信息，口语交际也因此而低效或中断。

三、“听-说” 过程的交互特征

在口语交际中，交流双方常常既是听话者，又是说话者，因而其听话过程、说话过程具有交互性，时而线性化，时而网络化。

（一）信息交互性

口语交际是一个信息交流系统，它承载着巨大的信息流动过程，有输出、输入和调整、反馈的过程。说话人用语言说给对方，就完成了信息输出；听话人听取了对方的评议就完成了信息输入；听话人把接受的信息消化后，再将自己的思想说给对方，就完成了一个回合的信息交流。以此循环，直到这种交流达到双方满意为止。加之新时期口语交际者视野开阔，获取信息的渠道多样，其交流信息定然不少。此外，口语交际的生成过程包括构思阶段、转换阶段、执行阶段、输入和反馈阶段，具有直接性和显现性、互动性和双向型、即兴性和随机性等交互性特征。

（二）逻辑交互性

正如语言的逻辑性的强弱是语言水平高低的重要标志，口语交际的参与者之间对话内容的逻辑性也是衡量口语交际质量的重要标志。尽管口语交际语言是一种即时性语言，是交际双方针对某种特定情境的对话活动，话题内容可能信马由缰地展开，看似散漫，但却具有较强的逻辑性，否则交流双方就会出现交流的脱节或停滞。同时，言语感知也会受阻，就难以准确把握口语交际内容，就不能有效接收对方输出的信息，就不能有效进行言语净化，以及及时、准确地把握对方交际内容的逻辑要点，自然也就不能对对方的说话内容作出合乎逻辑的反馈，双方就难以互动，交流就难以为继。因此，高效的、正常的口语交际情境在双方话语的逻辑上必然具有交互性或内在一致性。

第七章　口语交际学习的基本原则

口语交际的社会交往性，决定了口语交际学习的本质内涵。口语交际学习的内涵，对口语交际学习的实践活动产生制约作用，借以区别其他语言活动，并确立具有口语交际学习独立价值的学习原则，从而影响口语交际教学和课程设置、资源开发的基本价值取向，并对口语交际学习实践活动起着重要的指导作用。

第一节　情境性原则

根据《现代汉语词典》的解释，情境意为情景；境地。从心理学角度来看，情境是对人有直接刺激作用、有一定的生物学意义和社会学意义的具体环境，包括具体的自然环境和社会环境。可见，具体可感性是情境的特质。从语用学的角度看，情境其实就是我们所说的交际的场合。所谓场合，就是指交际事件发生时的情况，包括交际事件发生时的现场环境和人际环境。

口语交际学习的情境性特征是由口语交际的性质决定的。口语交际是在特定的情境中发生的一种交际现象，其所谈的话题、交际的对象、交际的场合都是特定的，并受情境的控制。同样的话题，不同的场合和对象，言语表达的形式就不一样。日常交际生活中，我们经常会看到，在特定的"情境场"中，交际双方的一个措词、一个眼神，抑或一个身姿都能传达信息，并被对方心领神会，而不在"情境场"中的人却云里雾里地闹不明白。

在教学实践活动中，情境需要展开有一定情节的环境，包含活动的场景或者说环境，更核心的内容是人在环境中的活动。在口语交际学习情境创造过程中需要创设“真实”的课堂模拟交际场景，充分调动学生的经验积累，在参与中实现情感体验，从自己的体验和需要出发，主动获取知识，再积累经验，从而提升学生在真实情境中的交际能力。设计的学生交际练习必须具有很高的现实迫近程度，能与现实生活话题保持高度的同构关系；作为一种对真实生活的模拟，有时候是借助多媒体、生活场景演示等手段来实现的。创设自主和谐的口语交际环境，教师以民主的精神、开放的态度、合作的方式、宽松和谐的环境进行口语交际学习，让他们还在口语交际课堂中感受生命的涌动和成长。

在学习过程中，情境的创设还要回归真实生活，一方面真正让学生有主动学习的愿望；另一方面也要让学生能通过学习从而真正提高现实生活的口语交际能力，学以致用，而不是得到一堆没有实践价值的空洞的概念。

一、 情境设置

教科书提供的口语交际往往是一个话题，即说话的引子，仅供由此出发、设置相关情境，进行真实交际行为。因而，我们在教学中要进行必要的话题拓展。

交际情境的设置要把握四条原则：是否符合学生需要；是否是学生愿意接近的东西；照顾学生原有的知识和经验积累；交际情境中所要表达的观点必须和大多数学生的观点相合。

案例：

与生活“亲密接触”

——口语交际《转告》教学案例

案例背景

浙教版《语文》第七册《转告》——“邻居转告李峰有关买电影票的事”。内容显得比较空泛，离学生的生活实际有一定的距离。于是就针对近段时间的校园足球赛和学区足球赛的这种真实氛围进行大胆的篡改，按生活的需求展开有针对性的教学。

案例描述

情境话剧

师：学区临时决定星期天上午8：00在学校举行足球联赛，黎明是学校足球队主力队员，教练王老师要队长叶宾去通知黎明叫他上午7：00到校报到。叶宾风风火火赶到他家，可黎明不在，他弟弟告诉叶宾，黎明晚上才能回来。这可怎么办呢？现在都已经下午4：00，还有很多同学要通知呢。同学们，你能有什么好主意吗?

生：请弟弟转告。

师：哦，好办法！可是弟弟跟你们一样大，才11岁，他会转告吗，要是讲错了，咳，那可会误了比赛！让我们来教教弟弟“转告”时要注意什么呢，好吗?

生：弟弟，你要讲清比赛的时间、地点。

生：我来补充，还要讲清楚报到的时间，这也很重要。

师：同学们真善良，小弟弟很感谢大家。到了晚上，他哥哥回来了……谁愿意和自己的好伙伴、兄弟来合作一番，演一演这场话剧?

“弟弟”：哥，你回来了，刚才你的同学来过，他说要你明天早上7：00到学校参加学区足球赛。

“哥哥”：明天不是周末吗，怎么又比赛了?

“弟弟”：他说是临时决定的，要你准时报道，比赛时间在上午8：00呢。

“哥哥”：哦，弟弟真乖！对了，你知道他是谁吗?

“弟弟”：哎呀，我忘了问了。

……

师：看来在“转告”时，还应该向对方了解一些情况才行，比如他的姓名、电话等，别人要是有什么不清楚的还可以直接打电话询问呢。

以上教学活动中，通过演一演方式，模拟生活实际，创设多种多样的交际情境，将语文知识融入生动有趣的表演、游戏之中，使学生在愉悦的气氛中进行口语表达训练。在这样愉悦的“交际场”中孩子们情绪变得高涨，口语交际的主动性容易被激发。由于“转告”这一出“话剧”，事情是发生在两个活生生的人身上，在演练过程中，同学们分别用语言、动作、神态等方面来传情达意。他们诙谐的语言，夸张的动作，滑稽的表演，使课堂气氛变静为动，有效地提高了口语交际能力。

二、情境参与

口语交际学习的“情境性”，关注交际话题的情境性设置和特定情境中真实的表达。没有口语交际学习的情境参与，口语交际是无法进行的，口语交际教学也是不存在的。因而，创设具体的交际情境，是进行口语交际教学的先决条件。“在语用学术语中，语境是一个含义丰富的概念，它有多层含义，小到口语交流中的前后句，大到社会环境，交流双方的知识背景，都可称为‘语境’”。①

正如吕叔湘先生所说，灵活多样的教学方法中有一个总钥匙，即一个“活”字。要教活口语交际课，这个“活”的金钥匙就是要有一种真实的交际情境或氛围。口语交际学习要努力创建民主、平等、和谐的语境氛围。口语交际教学中的教师要以一个听众、朋友的身份加入学生们中间，成为学生学习的伙伴。学习内容的选择上符合学生的真正需要，学习内容适合有差异的学生；情境创设选取接近生活真实的情境，甚至可以直接运用真实生活作为学习情境。

模拟生活，再现真实情境。创设的交际情境，使学生入情入境，尽可能地回归常态、还原生活，在口语交际教学中再现真实情境主要在于模拟生活。在课堂教学中创造特定的情境来模拟生活，“把生活搬进课堂里来”；拓展日常生活的交际时空，走进社会大舞台，直接介入生活，深入课外实践活动，与社会上各种各样的人接触、交流，丰富其交际语言。讲究口语交际教学内容的呈现方式，注重口语交际学习话题的情境化，增强口语交际学习内容的生动性、趣味性。

情感参与，增强生活体验。一定的情境是学生增强生活体验，激发他们思维与表达的环境条件和动力源泉；民主、平等、和谐的课堂氛围对于学习起着“熏陶”“默化”的作用。除了在教学中创设与交际学习相关的语境，更重要的是在教学中学生的情感参与，强化情感体验。关注口语交际学习的参与状态、广度、时间、方式、品质和效果，形成良好的语言习惯和交际态度。

第二节　实践性原则

口语交际学习是一种行为，也是一种能力。没有实际意义的交际任务，就不可能真正提高学生的口语交际学习能力。

口语交际情境学习直接指向学生的生活实践。树立开放性的口语交际观，把口语交际学习引向广阔的生活天地。口语交际学习是为生活服务的，在现实生活中进行现场操作，效果显而易见。因此，精心创设符合生活实际的交际环境，容

① 倪文锦．初中语文新课程教学法［M］．北京：高等教育出版社，2003.

易使学生有一种身临其境、似曾相识的感觉，学生学习口语交际的主动性就会被激发出来，学习的动力就会增强或持续。

强调以贴近生活的话题或者情境来展开口语交际活动，重视日常生活中口语交际能力的培养，就是不要过多传授口语交际的知识。《语文课程标准》在中学阶段关于即席讲话和主题演讲、课堂讨论、应对能力等要求，都是重在交际过程中的实践能力培养。

一、 生活实践的价值取向

在所有“口语交际”的定义中，都强调口语交际是一种双向沟通、反馈的听说实践性活动，口语交际的学习活动也具有同样的道理。所谓“实践性”的口语交际学习，就是以“生活”为口语交际素材，以“实践”为口语交际学习目的，并把口语交际教学“演化”为实现某种生活实践过程的一种口语交际学习方式。这里，“演化”是一个重要环节，既要把口语交际教学演化为“生活”，又要把口语交际学习转化为“实践”。语言学家杨再隋先生说：语文是交际工具，语文教育是一项实践活动。所以，应当突出语文学习的实践性、应用性，促进儿童在学习语文时口耳手脑并用、知行统一。

实践活动要体现切实性。口语交际学习是一种行为，也是一种能力。没有实际意义的交际任务，就不可能真正提高学生的口语交际学习能力。口语交际学习的生活场景必须选择适合学生学习的生活素材，让学生在实践和体验中产生交往动机，在互动的语言环境中进行口语交际学习，生成心与心的碰撞，促使学生口语交际能力的形成。口语交际学习的实践性表现在学生口语交际学习的外延和生活的外延是相等的。要选择学生学习、生活交际中熟悉、最感兴趣的内容进行教学。

生活实践要注重基础性。语言学家刘国正说过：“获得语言的技能主要靠语言的实践。”口语交际学习实践活动要能体现学生的基本学习和生活，所需交际语言要符合学生口语基础，通过学习，规范口头语言，培养其基础口语交际能力和基本正确的交际体态与语言习惯。

实践活动需要学生主动。弗莱登塔尔认为：“学习活动最好的方法是实践。”此观点的核心要素是将教学的重点转向学，从教师的行为转向学生的活动。学生的生活环境不仅是家中、学校里，还有周围所有可能接触到的情境，也就是社会大环境。

此外，口语交际学习实践活动内容要具有可交流性，有利于不同的学习者从多角度、多方面思考和表达，体现交际价值。

二、 实践活动中的真实对话

生活实践活动丰富生活素材和体验。陶行知提出“生活即教育，生活决定教育，有什么样的生活便有与之相适应的教育；教育是供人生需要、为了生活向前向上的需要的。实际生活是教育的中心，教育通过生活才能产生力量而成为真正的教育。教育的意义在于生活的变化，因此生活教育的内容是随生活的变化而不断发展的。”① 所以，生活实践活动要以学生的现实生活和社会实践为基础挖掘课程资源，以活动为主要开展形式，强调学生的亲身经历，要求学生积极参与到各项活动中去，在“做”“考察”“实验”“探究”等一系列的活动中去发现和解决问题，体验和感受生活。生活实践活动的内容选择和组织可围绕“学生与自我、学生与他人和社会、学生与自然”三条线索进行，为学生打开广阔的视野。

珍视学生独特的感受、认识、体验。李镇西老师说过“生活与教育是一个东西，不是两个东西。尽可能地使语文贴近学生的生活，同时又与学生的心灵产生共鸣，与周围的世界息息相通”。②

案例：

“逛超市”口语交际能力的测评

1. 准备。学生每人准备20元人民币，教师联系好学校附近的一家超市，按师生比1∶10配好教师评价小组。教师全程陪学生购买物品。购物完成后教师对小组成员作出定性评价。

2. 要求。每人购买物品数量至少在四件以上，物品总价不能超支，20元刚好用完可以加分。想好赠送对象，思考：为什么买这几种物品，为什么要送给这几个人。物品的赠送对象有要求：一件送给长辈，一件送给朋友，一件留给自己，其余的则学生自由选择。在购买物品过程中学生之间可以相互商量，不扣分；也可以咨询教师或营业员，但超过三次以上酌情扣分。独立完成或购买过程中有创意的安排可加分。

3. 学生自由购物。教师有两个任务：观察视线里的每位学生的反应，倾听他

---

① 孔锴．当代教育心理念［M］．北京：北京出版社，2005.

② 李镇西．从批判走向建设-语文教育手记［M］．四川：四川少年儿童出版社，1999.

们的交谈，并做好记录，及时评价。

4. 交流互动。简单陈述购买的物品和过程：你为什么要买这几样东西，准备送给谁，在购物过程中你有没有遇到困难，是什么困难，怎么解决的。在学生回答的过程中师生及时交流，有针对性地表扬、鼓励、引导。教师听取并记录学生对自己、对他人的评价等内容。

5. 综合评价。写出每位学生的定性评价报告单。

精彩再现

片段一：

张希玉（小组长）：我们每个人手里都有20元钱，在进入超市购物前，我想问问大家想买些什么呢？

华棱美：我想买五件物品，一双手套、一支钢笔、一个书包、一包可比克和一包雪梅。

吴斐颖：我想买五件物品，一把雨伞、一本书、一盒水彩笔、一包巧克力和一斤饼干。

……

张希玉（一边听一边做好记录）：现在我把咱们购买的物品分为三大类：一是生活用品，二是学习用品，三是食品。待会儿我们进入超市后，问清服务员这三类分别在哪个服务区，再去挑选物品。注意要看清楚价钱，不要超支。最后一起到收银台付款。这样一不会走散，二不会像一只无头的苍蝇那样乱撞啦。（哈哈哈）大家准备好了吗？（准备好了）出发！（学生走进超市自由购物）

片段二：

刘诗卿拿起最后一件物品——她最爱吃的牛肉干，然后把篮中的货物价格在心里盘算了一会，着急地说："哎呀！糟糕！我的物品超支了，怎么办？"好朋友吴斐颖赶紧跑过来，帮她再数了数，说："哎呀，真的超支了！超了两块三毛钱呢。"刘诗卿愁眉苦脸的样子说："那怎么办呀？"

吴斐颖说："那只有减掉或者换掉一种物品啦！"刘诗卿摸摸脑袋说："这些都是我准备送人的礼物，都有意义的，减什么都不好。"

吴斐颖说："那只有换啦。"刘诗卿摸摸脑袋说：那换什么？吴斐颖摇摇头说："当然是把牛肉干换了。（她拿起牛肉干看了看价钱）哇，十一块，这么贵！难怪要超支了。（她拿起一包可比克和一包山楂，再看了看价钱）这个差不多了。一共只要八块五，还剩两角呢。"刘诗卿看看自己心爱的牛肉干被放回了货架上，再看看篮中的可比克和山楂，无可奈何地说："好吧，也只有这样了。"

从口语交际学习的视角看，这个活动方案有以下几个突出的特点：学生在真实的情境中互动学习，在学习中生成新的想法。学习过程体现了口语交际学习价值的实践取向，非常生活化、儿童化，所以尽管有比较艰苦的任务，学生却乐此不疲。学生的语言学习是在实践活动中的真实对话，把口语学习与生活体验结合在一起。这个案例充分体现了口语交际学习的生活实践性原则，如何有礼貌地与他人交流；如何在购买物品前统筹好购买方案，以实现结果的最优化；如何合理地为他人着想，奉献爱心；遇到困难如何及时寻求帮助的意识等，学生都得到恰当的学习。①

第三节　交互性原则

口语交际具有交互性，它是参与交际的所有成员之间的相互作用。由于语言交际必须建立在平等的基础上，为了保证会话的顺利进行，交际双方必须遵守最基本的合作原则。

一、 主体间多向互动的过程

口语交际发生在两个或者两个以上的主体之间，有一个由此及彼的过程，注重的是人与人之间的交流和沟通，多向互动是其显著特点。所谓"多向"，指的是交际双方的信息沟通，是一方的语言信息作用于另一方或多方，而另一方在此作用下又作出相应的语言反映。"互动性"指的是双方交际彼此的语言均受到对方语言信息的影响，相机对自身的语言行为作出调控，这就需要一定的应变能力"。② 除此之外，心理互动和情感互动也总是伴随在互动过程之中的。口语交际作为一种心理互动的过程，口语交际现场性使它体现出一种显性、即时、动态的心理互动，在心理互动的过程中实现心理接纳。情感互动是在互动中求共识，通过口语交际引发人们长久的心灵共鸣、震撼。因此，口语交际学习也是一个听方

① 宁慧红．"逛超市"口语交际的测评［J］．江西教育．2007.（3）

② 倪文锦．初中语文新课程教学法［M］．北京：高等教育出版社，2003.

与说方多向互动的过程，不是听和说的简单相加。

每个参与交际活动的人不仅要认真倾听，还要适时进行对话，表明自己的意见和想法。在双向或多向互动的语言实践中实现信息的沟通和交流，口语交际活动才能达成。比如演讲，如果仅仅考虑演讲者而忽略了听众的参与程度，那么一定不能达到很好的效果；在考虑到双方互动的前提下，还要考虑给学生创造一个相对平等和谐的互动氛围，比如在辩论中，一定要遵守论辩的基本程序和用语要求，不能把辩论最后变成了争吵。

二、 课堂教学中的合作互动

口语交际是双向互动的过程，合作关系是建立在一个语言沟通的环境中的。言语训练、听说结合和观点融合自然融会在双向互动的语言环境当中。口语交际学习在课堂学习中的双向互动应该具有的特点：师生互动，教师与学生平等地交流，促进师生相互感知、相互理解、相互信任和相互吸引的互动效应；生生互动，它是学习小组成员之间相互合作、交流沟通的方式，在编排组合时要考虑两者之间的合理搭配。采用小组学习的形式，能够有效地体现课堂教学的互动性。

师生间互动。师生之间的互动绝不是教师问、学生答的问答式互动，也不能只停留在以教师为主导、以学生为主体的范围内，而应该转换角色，开展平等交流。教师做交际活动的组织者，让学生成为活动的真正主人。构建教师与学生之间相互交流与沟通的方式，双方积极主动地参与教学。学生在自主的言语活动中自主思维。例如初中文言文的学习，要掌握的字词很多，学生学习比较枯燥。教师可以利用口语交际的互动性，组成学生学习的互动小组，以个人自主学习、小组合作讨论的形式，将自己的学习结果与同伴分享。

生生间互动。法国作家莫阿罗说过：“学校里的同学是比父母更好的教育者。”学生是课堂的主人，有了学生之间的互动，课堂合作才能真正开展。实践证明，开展合作学习是课堂生生互动的最有效形式。在合作学习中，由于每个学生都以平等的身份参与讨论、交流，从而有效激发学生练习兴趣。

学生在合作中主动交换思想和经验，获得自尊和尊重他人即所谓的“礼貌原则”，同时获得社交能力和自我调整能力的练习。口语交际课上，教师可以组织同桌之间、前后座位之间、小组同学之间，用说、问、评、议、比、演等方法，进行讨论、交流，互相促进，共同提高。

案例：

走近《边城》

重庆市云阳凤鸣中学校　陈绍清

（说明：上课主持人陈海云为该校高二（1）班班长，马尼娜为副班长）

课前活动：由教师带领学生欣赏李清照的《如梦令》，再以精彩的导语切入。

师：唐诗宋词是我国古典文学长河中的一枝奇葩。唐人把诗吟哦成飘逸，宋人把词传诵为理智。诗也好，词也吧，诗情诗味都令我们陶醉。诗歌把岁月酿成了一坛美酒，醇香绵绵，余味悠悠。其实，今天我们所要接触的抒情乡土小说《边城》也犹如一首抒情诗，一首美丽而又略带哀婉的抒情诗。我们准备采用师生互动、合作学习的方式，共同研究这篇具有田园诗风格的美文。

马：（举手站起）老师，我有意见，不是说搞研究性学习吗？怎么只有你一个人在上面讲啊！我们也要参加，尝试一下合作学习的甜头，您能给我们一个锻炼的机会吗？

师：那好啊，尼娜同学，就由你和海云同学共同主持这次讨论会吧！同学们，掌声有请两位主持人。

马：班长，你觉得今天咱班的教室与平常有什么不同吗？

陈：那当然，瞧瞧黑板，“走进边城”这四个字让我一下子想起了中国现代著名作家沈从文的家乡——湘西苗族聚居区凤凰县茶桐小镇，这地方我在梦中见过，真是山清水秀，风光如画，民风纯朴，秀色可餐啊！

马：确实如此，我拜读过《山城》的原著，边城山美、水美、树美、人更美。她平平静静，温温柔柔，就像老妪絮絮地讲述着的一个完美童话。

陈：下边，有请第一研究小组组长刘超向大家讲述这个童话。

刘超发言，谢江林补充：

《边城》是老妪絮絮地讲的一个完美童话

边城是一脉溪水，平平静静，温温柔柔，不光城如此，就连城边的人也一样。

川湘交界的茶峒附近，小溪的白塔边，住着一户人家。独门独院里只有爷爷老船夫和孙女翠翠两人，还有一只通人性的黄狗。在一个偶然的机会，翠翠和长得英俊的青年水手傩送相遇，傩送在少女的心中留下了最美好的回忆，而傩送见翠翠也出于爱慕之心，愿继承一条破船与翠翠长相厮守，但很是不巧，傩送的兄长天保也喜欢翠翠，并托了媒婆先一步提亲。

这一夜，月光极其柔和，爷俩坐在崖边，翠翠听着爷爷述说着以前一段悲惨的爱情故事，使翠翠神往倾听，不时有一只草莺啭着喉咙飞向远方。

睡了，一切都睡了，只有祖父张起耳朵听对岸高崖上传来的歌，祖父都认为这是河街上天保所唱。第二天一大早，爷爷就到城中寻问天保，但这种事他却做错了，唱歌的不是天保，而是傩送。这样，天保就坐船去了远方，竟一去不返。

爷爷回来和翠翠谈了许多。翠翠没有回答祖父所提出的问题——该去选择谁，只是独自一人来到月光下，用沉默来显示自己的忧闷。

在月光下，爷爷为翠翠吹着芦管，把翠翠的心都给吹软了，而吹的那些曲子正是那晚崖上所唱的歌。而翠翠说他自己又摘到了一把代表爱的“虎耳草”。

后来，傩送心里悲痛且知道婚事一时难成也乘船下了桃源。爷爷年事已高再加上心情郁闷，在一个雷雨交加的夜里突然死去，老军人杨马兵热心地前来陪伴翠翠，等待傩送归来。

陈：真是一个美丽而又略带哀伤的童话。从这个童话中，我看到了边城的奇山异水，看到了渡船和翘首迎客的吊脚楼，看到了边城人民的勇敢、真诚、善良和淳朴。

马：是啊，在封闭的农业文明社会之下的湘西，边城实乃一方净土，令众多身在大城市的人心驰神往啊！咱班的贺红霞同学这几天对边城的美景着了迷。下边，听听她和陈翊的研究成果。

贺红霞同学发言：《边城》是一幅美丽的山水画。（略）

廖俊瑜发言：边城的风俗（略）。

陈小琴发言：《边城》中可爱的人物和人性美。（略）

周杰同学发言：《边城》是一首哀婉的抒情诗。（略）

李红梅朗诵即兴创作的诗歌：边城。（略）

陈：听了以上几位同学的发言，大家对《边城》应该有一定的认识了。陈老师曾经对我们多次讲过，鉴赏小说，重在调动自身的阅读感受。

马：仁者见仁，智者见智。一千个读者就有一千个哈姆莱特。下边，欢迎大家质疑问难，自由交流。

（学生提问、生与生、师与生之间交流、互动）

陈：大家提了不少有价值的问题，也依据课文情节和背景知识解决了这些问题。质疑问难是一个好习惯，希望大家在以后的学习中主动提问，主动思考，让自己变得聪明起来。

马：说到质疑问难，本主持人还有一个问题想问大家。问题是：小说中主人公翠翠十五岁就向往爱情，作为高中生，联系前几天许多学生过的“情人节”，你们认为高中生应不应该拥有爱情？

（同学、老师各抒己见）

马：有人说过：“爱情如喝酒，两个人喝是甘露，三个人喝是陈醋，随便乱喝要中毒。”

陈：我同意这种说法，作为高中生，在我们这个年龄阶段，应该用心思于学业上，还不是谈情说爱的时候。高中生应该远离爱情。

马：怎一个“情”字了得？沈从文先生在小说结尾中写到：翠翠依旧在渡船上苦等心爱的人回来。岁月无痕，也许傩送永远不回来，也许傩送有一天突然归来。他们俩到底是一个什么样的结局呢？让我们在歌声中虔诚地祝福他们三人吧！（放歌曲《我要找到你》）

陈：时间短暂，不允许每位同学都有机会交流研究心得。研究性学习重在人人参与，相信大家以后会有更多收获。下面就请陈老师对今天的讨论进行总结。

陈老师评点发言：同学们主动探究，勇于创新的精神值得称赞。刘超同学关于《边城》情节的研究，贺红霞同学关于《边城》中人物的研究，周杰同学关于《边城》人物内心世界的研究，另外，“小诗人”李红梅的诗歌创作和大家的质疑问难，都表现了同学们强烈的求知欲和对《边城》的研究兴趣。这对提高我们的人文素养大有好处。当然，要全面研究这部作品，还要细读原著，可到图书室或网上一睹原作。

此案例注重了师生、生生、生本等之间的有效互动，在教者的引导下，学生分别从情节、景物、民风、民俗、人物、内心等角度阐述了自己的见解，达到了“合作探究，平等对话，互动交流”等口语交际学习的多重目的。

三、 合作学习中的角色意识

要使学生在口语交际课上真正地互动起来，重要的是要强化师生的角色意识。实际上，口语交际课上教师、学生都是以双重身份参与的，一是他们“教师”“学生”的社会角色；二是他们在特定交际情境中的那个角色。这种角色驱动，是口语交际教学中互动的基础。要强调合作关系中的“角色意识”，需要设定一些活动规则。因为在实际生活中，要想交际成功，交际双方必须合作，必须遵守一些共同的原则。现在的一些口语交际教学有这么一种怪现象：课堂上热热闹闹，你来我往，角色、布景、多媒体眼花缭乱。师生仅仅是“装扮”和“表演”，而没有沉浸于角色之中。

第四节　层次性原则

口语交际能力的提高是口语交际情境学习的最终目的，用维果斯基的“最近发展区”理论来说，就是围绕学生的现有的能力水平，提出稍高于他的学习要求，然后形成一定的学习序列，使学生逐渐形成一门学科应具有的能力体系。对于口语交际的学习来说，它也依据学生的发展状况，设置不同层次的学习内容和要求。

一、 学习目标内容的阶段性

口语交际的口语素材越贴近学生的生活、知识水平、阅历、体验，学生越敢说、越想说、越爱说，而且更容易说得清楚、明白。在口语素材选择上，教师应根据学生生命体发展的不同阶段的特点，设置训练目标，选择适合的口语交际素材来进行学习。比如，在不同年级重复地开展“打电话”“买文具”“招待客人”之类的活动，或者不同学习阶段都关注“您好”“谢谢”“请坐”“再见”的文明用语，都是不恰当的。有一位老师设置的学习目标和内容：

坚持口语交际常规训练，每天上课前让1—2名学生上讲台当堂口述1—2分钟，这样既练了“胆”，也练了“才”。分阶段进行训练，把高中三年分为三个阶段六大步进行。

第一阶段，主要以课堂学校为阵地，分两步进行：第一步，训练学生胆量，克服羞怯心理，畏惧心理；第二步，训练学生完整地说一段话，且有一定的思想内容，表情达意自然。

高一学年主要进行自由朗读训练。具体要求如下：

（1）课前充分准备熟知的内容；

（2）所讲内容不限，只要是积极、健康的；

（3）用普通话，声音洪亮，让每位学生听得见；

（4）轮流每节课一人说话；

（5）每人脱稿演讲2分钟；

（6）同学上台时大家鼓掌，讲完后不管好坏都要报以掌声，老师评分。

第二阶段，安排三、四步。第三步，在前面的基础上，训练学生的口头表达能力，训练学生能使用书面语言、语体语言表达感情，做到说话连贯、得体；第四步，训练学生从容自如、落落大方地表情达意。

高二学年，命题演讲训练。方法如下：

第一种以课代表为首，由各小组长、学习委员组成命题小组，负责出题，老师评分。要求学生快速构思，列提纲，打腹稿，语言流畅。

第二种根据所学课文内容，由老师命题，学生稍做准备当堂演讲。如学了《孔乙己》，可说“孔乙己二、三事”，学了《烛之武退秦师》，可讲“烛之武做事”等。

第三阶段，完成五、六步。第五步，在第四步的基础上，使口语表达富有思辨色彩，能有理有据地论述一个问题；第六步，通过训练，使学生能针对实际情况进行论述，并能解决生活中的问题，努力与社会实践接触，试图发现一些解决问题的方法。

高三学年，即兴演讲。

一是老师提前命制好若干演讲题目，由学生抽签，老师指定同学即兴演讲；

二是由老师随机出题，不受限制，推荐一名学生演讲，由同学评论，老师评价。

附训练题：例，根据下面假设情况，向父母说一些真话，诉一诉真情。

1、父母在学习上给你施加压力时，你会说：

2、当父亲和母亲因为你而发生争执、吵闹，你会说：

3、你父母为你操劳过度，你安慰说：

4、你犯了错误，得到父母理解、关爱，你动情地说：

5、临近期中考试，学习任务不断加重，这天你没有按老师要求完成作业，老师请来你的家长，当着你的面进行谈话，同时班上还有一位同学在旁边反映你的情况，你怎么说。(也可进行角色扮演，找几个同学，分别扮演老师、学生家长、同学，用符合身份的话进行交谈，时间不超过3分钟。)

实践证明，开展口语交际训练，不但能使学生掌握日常交际技巧。提高口语交际能力，还能提高学生的思维素质，增强学生学习的主动性，促使教师深入地了解每位学生，对教育教学方法都有极大的推动作用。①

---

① 郑荣．口语交际应循序渐进．语言学习〔J〕．2007. 11.

二、 学习方法能力的递进性

学习由自然生活中的语言表达走向规范的口语交际表达；由“真实情景”的模拟学习，逐步转化为学习者的自觉学习行为，这是口语交际学习必须经历的一个过程。语言不规范，是由于学习者在口语交际中，常受方言、土语的影响，也由于受到年龄、阅历、教育程度的局限以及人际沟通的社会交往经验不足的影响。提高口语表达能力、养成良好的口语交际习惯是口语交际表达的学习要求。

规范学习的要求表现在如下几个方面：一是遣词造句的规范性。这一点是要求教师对学生在口语表达中出现的，不准确的词语或有语病的句子，给予及时地纠正，使之规范化。二是遵循一定的文明准则。口语交际是人际交往的范畴，应该讲究交际的文明。教师要引导学生在口语交际中，使用有利于双方交流、沟通的文明性语言。这也是反映学生的口语交际是否规范化的重要的方面。三是学会口语评价。学生从语言的规范角度去评价他人口语表达质量的时候，就是自己口语规范化的过程，这是教师指导学生口语规范的重要途径之一。四是养成语言积累的习惯。俗话说“巧妇难为无米之炊”，同样的学生如果没有一定的语言积累，那么在口语交际中，语言自然就干瘪、苍白无力，词不达意，句不顺。因此，要使学生的口语规范化，培养学生自觉积累语言的习惯是必要的。五是健康的口语交际心理。教师要帮助学生养成不耻下问的学习态度，能正确对待自己口语交际中存在的问题，帮助学生克服“怕丢脸”的不健康的口语交际心理。鼓励学生敢于直视自身存在的不足，主动向他人学习，积极实践，不断使口语表达规范化，提高口语表达能力。

在口语交际学习方法上，层次要求表现在两个方面：一是构建新的认识结构。依据学习所提供的各种线索，引导学生多角度、多方位地对学习内容进行分析、比较、综合、抽象概括，学生不断地将新知识通过“连接点”和“分化点”的作用进行“同化”和“顺应”，构建新的认知结构。每个认知结构的构建就意味着一个冲突的解决，不断的解决中激发学生的交际欲望。二是融入更多的人文情感。口语交际训练不只在于让学生懂得把一句话说流利，意思说得清楚规范，还要让学生懂得带着自己的情感、态度、意志、价值观去与人交流、沟通，在情感与态度上实现交流共享。

第八章　口语交际学习的基本方法

口语交际学习的方式方法体现的是一种学习的手段。学习者通过有效的学习方式和方法来培养口语交际素养，借以实现口语交际能力提升的目的。口语交际学习的方式方法的学习必须基于口语交际能力素养的构成，从静态能力、动态能力和交际素养等构成要素中寻找到有效的学习路径。

第一节　知识的积累方法

口语交际的互动过程需要运用多种器官，有赖分析、综合、归纳、演绎、判断、推理等思维能力，还涉及复杂的心理过程。所以，口语交际学习会和其他所有学习活动一样，具有符合自身学习规律的方式方法。

静态知识是指口语交际所需的各方面的基础理论知识，是培养口语交际能力的前提和基础。尽管静态理论知识在口语交际教学中并非最主要的环节，新课标也规定“不必过多传授”，但是如果缺失或忽略了这个部分，也会使能力培养缺乏生成的土壤，难以形成系统的、整体的能力架构。故在教学中既要重视静态知识，又一定要把握其分量的轻重和程度的深浅。

某些“静态知识”往往是同“动态能力”交织在一起的，其紧密结合的程度，常常使人无法分辨。因此，虽然有些知识可以进行专题学习，但大多数知识都还是应在各种生动的口语交际学习实践过程中学习渗透。

一、 语音知识的学习

（一）认识发音器官

科学地认识发音器官，正确地使用发音器官，是准确、清晰发音的前提。在此基础上进行正确的发音训练，才能提高驾驭声音的能力，发音器官是指：

1. 呼吸器官。呼吸器官包括肺、胸腔和横膈膜三个部分，是发声时气流的来源地。介绍呼吸器官时，可适当运用“风箱”“气囊”等作形象的比喻。同时告诉学生，锻炼身体，增加肺活量，对音强、音长有重要作用。

2. 喉头和声带。喉头由四块软骨构成，软骨中央的两片弹性薄膜，即为声带，这是控制声音的高低粗细，决定一个人的音高、音色的关键部位。可用提琴琴弦、风琴簧片作形象比喻，还应教给学生（特别是处于变声期间的 14 岁—16 岁青少年）一些保护好喉头和声带的相关知识。

3. 口腔和鼻腔。口腔和鼻腔是重要的发音的共鸣器，通过它们各部位的协调动作还会形成多种辅音的音色；鼻腔也能形成鼻音音色。课堂上通过示范和练习，即可很快掌握。对个别生理上有障碍或有缺憾者，要耐心地加以单独指导。

（二）普通话相关的语音知识

我国《宪法》规定“国家推广全国通用的普通话”。其重大意义不言而喻，毋庸赘述。目前我国各级各类学校都对普通话和汉语标准语音开展有计划、有步骤的学科教学，《义务教育语文课程标准（2011 年版）》中也强调“学说普通话，逐步养成说普通话的习惯”“能用普通话交谈”等等。这些举措旨在规范口语，提高学生运用普通话“读”和“说”的能力。流利自如地说普通话是一种能力，但在普通话学习过程中有关的语音知识，则属于上述的静态知识范围。

普通话的语音知识包括音素和元音、辅音，音节和声母、韵母、声调，以及普通话的语音记录符号——汉语拼音方案等等。

（三）正确的发音方法

在进行口语交际的时候，除了言语的内容之外，音色也十分重要。明亮的嗓音，清晰的吐词会使交际话语增添魅力；相反，即使言语的内容再精彩，也难以达到预期的效果。另外，正确的发音，科学合理地使用发音器官，可以减少声带磨损，缓解喉头疲劳，有利身心健康。因此，在进行口语交际的“说话”的学习之前或之中，就还应了解和熟悉有关的语音知识，掌握正确的发音、咬字方法。

二、 语法知识的学习

每种语言都有它自己必须遵循的语法规则。口语交际同样必须符合语法规范，否则就会出现歧义，产生误解，影响正常的沟通。汉语存在着许多方言分支，而各个方言系统在语音、词汇和语法上都有差异，那些暂时还不属于我们当前的教学范围。《义务教育语文课程标准（2011 年版）》要求学生学习、掌握的是全民族通用语，即普通话，而普通话是以典范的现代白话文著作为语法规范的。可以说，规范的现代汉语口语语法与书面语语法是基本一致的。

学生对于语法规则的学习在低学段是感性的。他们通过生活中的口语交际，及对课堂教学中范文的感性体验，初步了解了语言表达的基本范式。往后逐步加深，到了第四学段（7—9 年级），《义务教育语文课程标准（2011 年版）》提出了在阅读方面“随文学习基本的词汇、语法知识，用来帮助理解语言上的难点”的要求，对语法知识的学习才进入了理性阶段。

三、 倾听知识的学习

倾听是信息输入，它包含三个层次：听觉器官对声音的捕捉，大脑对语音内容含义的理解和语感。

语言中枢在大脑的左半球，其前部具有言语表达功能，后部具有言语理解功能。说话人的言语以声波的形式进入听话者的耳朵，引起鼓膜振动，传到内耳，刺激听觉感受器，产生神经冲动，再沿着复杂的通路由听神经传到上述的大脑皮层听觉中枢的后半部，听话人感受到了声音，同时也对声音的音调高低、强度大小、音色特点等进行辨别。一般而言，这种能力是与生俱来的。不过后天的有目的有意识地练习，能使其变得更加敏锐。

接着，听觉中枢对传入的信号迅速进行“译码”加工，从储存的语言信息库里选出相应的词语，按一定的结构和法则排列组合起来，进行分析综合，把语音还原成语义。在“加工”前一句话语的同时，又在接受后一句的信号，如此连续不断地进行着上述同样的过程，直到说话人说完为止。至此，通过语音识别和语义理解，听话人已把外部言语转化为内部言语，理解了说话人的整体语意。

倾听也是一个复杂的心理现象。倾听者不仅要根据对方的语音辨识出其言语的浅层含义，更要善于根据具体的话语情境来迅速地理解言语所表达的丰富内涵，并敏锐地感受、领悟出潜藏在话语深层的特殊含义。这已触及到语感的范畴了。

《义务教育语文课程标准（2011 年版）》中涉及倾听的有十余处之多，从“学会认真倾听”“听人说话认真耐心”“耐心专注地倾听”到“能把握主要内容”“理解对方的观点和意图”到“听出讨论的焦点”等等。教学要求逐渐加深，培训方式也循序渐进，关于倾听的静态知识也就在培训的过程中，一点一滴地传授了。

四、 表达知识的学习

表达是信息输出。人们将自己头脑中的思想和观念诉诸口头语言，即是口语表达。口语表达依赖内部言语生成、外部言语组织和语言的驾驭来完成。

内部言语指大脑里思考问题时使用的隐蔽的无声的言语，它是外部言语的初级形式，可以说是外部言语的“雏形”。它相对于外部言语，更为符号化，更注重内容，其形式概括而简略。

说话者在大脑左半球前部语言表达中枢的控制下，将想要说的意思从储存的语言信息库里选择适当的词句，通过发音器官的运动，有声有调地表达出来，这就是外部言语。外部言语的组织首先要依靠内部言语，即要有想说的内容。其次是通过语言中枢进行“编码”加工，把内部言语转化为外部言语。再次，在说话过程中，以上两个程序在大脑语言中枢迅速地转换交替着进行，以保证话语的清楚与连贯。内部言语和外部言语有着紧密的联系，没有严密、清晰的内部言语的思考，就不可能有条理清楚的外部言语表达。

口语表达并非自言自语，它有表达对象。说话者除要重视自身语言的规范和逻辑外，还应注意对不同对象的表达内容的针对性、恰当性，甚至还要追求语调起伏、语气轻重和体态语言的适当运用。尽管口语表达不同于书面语表达而具有瞬时性及不可收回的特点，然而我们可以通过练习思维的缜密性和敏捷度，通过对言语的上述的调控来实现口语表达尽可能的完美无误。这涉及言语的驾驭。所谓驾驭一是指说话者在表达过程中根据场景的变换对言语的适度调控；二是指说话者通过语音、语速和跌宕起伏、抑扬顿挫的节奏，来艺术化地驾驭外部言语，尽显语感的精妙。

《义务教育语文课程标准（2011 年版）》对表达十分重视，按年段提出了“有表达的自信心”“表达有条理”“做到清楚、连贯、不偏离话题”“根据需要调整自己的表达内容和方式”等等要求。以上有关表达的知识，应在不同年段根据课标的要求，结合练习逐一介绍给学生。

五、应对知识的学习

交流应对不同于简单的“听话”或“说话”，是指处于具体的交际情境中的人，面对特定时空和特定对象，在言语表达上作出及时灵活、恰当得体的反应和调整。它包括识别语境、语言和非语言方式的表达、语体选择和应变等等多方面的知识。

语境是使用和理解语言的环境。它包含了对话的时空、对象、情景等要素。话语意义的理解与语境密不可分。《义务教育语文课程标准（2011 年版）》中“能根据对象和场合”“注意对象和场合”“根据需要调整自己表达的内容和方式，不断提高应对能力”等等文字，即罗列了一些交际的语境。在口语交际过程中，交际者不仅要仔细聆听对方的话语，还要对语境作出分析判断，对自己的思维活动、情感、态度等心理因素和外部的体态等作出相应的调整，及时应对，保持高度的敏感性，使口语的表达与当时的交际情境相适应，做到恰当、得体，应答自如。

语言方式的表达已如前述。本文中的“非语言”，即指口语和书面语以外的情意表达方式，主要有体态语和类语言。

体态语是指交际过程中除口语外的以人的动作、表情、服饰、界域等表示特定含义的无声语言。它对交际者之间的思想交流、情感传递、心理昭示等，具有十分重要的辅助功能；在某些需要模拟夸张的环节、或某种只能意会的场合，更是起着不可替代的作用。体态语因民族的不同而有差异，这是它的民族性；不同历史时期的体态语往往具有鲜明的时代特征，这是它的时代性；不同行业不同年段等社会群体之间的体态语各有其不同含义，这是它的社会性；特别是在生理控制条件下出现的体态语，更能表达可靠的信息，这就是它的真实性了。

新课标规定，在人际交往中，不仅要“能根据对方的话语、表情、手势等，理解对方的观点和意图”，即“听”懂对方体态语，而且还要“注意表情和语气，增强感染力和说服力”，即学会使用体态语。其中的“态度自然大方，有礼貌”“积极参加讨论”“注意表情和语气”“文明得体地交流”等，也可以看作是对体态语的进一步要求。

类语言是指那些无固定意义的声音片断，如哭声、笑声、呻吟、叹息、叫喊等。在情感表达方面，这种类语言比一般的口语，往往具有更加突出的效果。

语体是指人们为了达到交流的目的，根据交流主旨和语境的不同所采用的不同的语言表达体式。它包括语言材料的结构安排，组织顺序，以及修辞手法的运用等方面。每种语体都有其稳定的风格和特征，或活泼、或庄重、或通俗、或文雅，或重铺陈，或重议论，须综合考虑交际领域、交际对象、交际方式、话语内容等情况择优选之。

《义务教育语文课程标准（2011 年版）》中“乐于参与讨论，敢于发表自己的意见”“文明得体地交流”“不断提高应对能力”“并能有针对性地发表意见”等等文字，即是对不同年龄段的学生在交流应对方面提出的不同要求。

第二节　能力的发展方法

能力的培养是口语交际教学的重中之重，是达到口语交际教学目标的最关键、最重要的步骤。

一、 倾听能力的学习方法

倾听能力是指听话者对音义结合的话语进行语音听辨和语义理解的能力，是信息接收的能力。倾听是一种将外部言语转换为内部言语的吸收信息的行为，真正用心的倾听绝不仅能简单的重复对方话语的内容，还要能体悟话语中潜含的情感信息，并据此作出一定的回应。它需要听觉器官反应敏锐、迅捷，善于捕捉稍纵即逝的语音；要求大脑对传入的语音符号进行同步的加工处理，转化成为内部言语；要求倾听者能够对接收的言语片段进行筛选、组织、补漏，并且能根据说话人的情状和具体的语言环境，主动的梳理、分析、归纳话语意义。在口语交际教学活中，倾听能力的练习和指导，具有奠定基础的作用。

（一）语音辨识能力的培养

正确辨识语音是提高倾听能力的基础，是练习听力的第一道关口。一般来讲，许多人不能正确辨识语音的原因大致有以下几点：不能准确辨识普通话语音；汉语言中的同音字、词造成的听觉混淆；倾听者态度不够认真。学习者可实施一些专门的练习。

1. 置身真实的语音环境。

我们对一种语言的掌握往往是从“听”开始的。比如，学习活动在普通话的对话环境和语音环境中，不仅能使学生熟悉普通话语音，排除“听”的障碍，也能为后面的开口“说”做好铺垫，打下良好的基础。

2. 辨音释义的习惯和辨析同（近）音字、词的练习。

所谓辨音释义，就是“听人说话要注意咀嚼一词一句：语音是否正确，如有错误，错在什么地方；表达的是什么意思，有无更深的含义，可能会有什么歧义”。① 辨析同（近）音字、词的练习是指列举数组常用的同（近）音词，逐个注音、释义，并反复朗读和听读，通过感性的体验来加深对字词的理解和记忆。经常开展辨音释义的练习，能提高学习者听觉分辨的敏锐性。

同（近）音字、词的辨析练习要放在一定的语境中进行。由于交际中的言语行为都是以具体的语境为依托的，因此辨析练习也应当结合言语背景来展开。例如：“中止”和“终止”，“祛除”和“驱除”，读音完全相同，含义却有细微差别。如仅仅单独念读词语本身，是无法分辨差异的。组词成句，词语意义在语流中就自然显露了。

3. 正确的听话态度。

听话态度既是一种能力，更是一种修养。在学习活动中，可经常安排一些模拟练习，让学习者对某一问题发表看法，展开讨论，要求发言者先复述对方的意见，再陈述自己的不同看法，以此培养学习者对对方发言的关注能力和信息捕捉能力。

（二）语义理解能力的培养

1. 把握话语中心和要点。

话语的中心是统摄整个话语内容的灵魂，话语要点则是支撑起整段话语结构的框架，把握话语中心和话语要点是话题得以展开和谈话顺利进行的关键。准确把握话语的中心和要点，是听力学习必须达到的基本目标。

（1）抓住话语中的关键词句。

对于一段话语来说，总有一句话或几句话代表着整段话语的观点，是概括全段意思的关键，并且借助说话者语气的重音、延宕、停顿、重复以及体态手势表

① 张鸿苓．中国当代听说理论与听说教学［M］．成都：四川教育出版社．2000.

情等特殊的情感手段来加以强调。一般而言，表述观点的话语，往往关键词句出现在段首；而对于那些表达感情的，抒情性较强的话语则要捕捉情感高潮处的词句，这些词句通常提点全段的主旨和意义的中心；对于包含着明显逻辑关系的语段，则应抓住那些显示出关系和顺序的词句，如“首先”“其次”“再次”“第一”“第二”“先”“然后”“最后”，等等。在学习中，可抓住以上特征，通过不同类型语段的听话学习来培养自己提炼关键词句的能力。

（2）抓住话语表达方式上的特点。

不同的话语表达方式会具有不同的叙述风格特征。例如：记人叙事类话语无非是要说人物动作、语言，事发的时间、地点，事件的开端、发展、高潮、结局等；说明介绍类话语总得要介绍表述对象的性质、特征、过程、方法等；议论类话语则是要强调议论者主要观点、主张和能够证明其观点的论据；新闻报道类话语一般都是由导语、主体、结尾三部分组成，而导语就在介绍主要内容。在学习活动中，首先要注意各种话语的表达方式，根据其要点，概括出整段话语的中心意思。

总之，在倾听中要善于剔除无关紧要的语言，在各种类型的话语中寻找并概括要点，从中提炼出能够揭示事物本质的话语中心。

2. 理解话语深层含义。

在实际生活中，我们所听到的很多话语表达并不浅显易懂，而是委婉曲折，话里有话，意在言外。面对这种情况，就必须学会根据具体情况，从话语的浅层含义上推测和判断出深藏的意思。有深层含义的话语大都因涉及的事物比较敏感，不便直接陈述，往往通过一些技巧如反语、借喻、暗示语等，来曲折地表达。倾听者如不能正确理解，不仅不能达到正常的沟通效果，有时还会闹出笑话。

了解各种特殊的表达技巧。例如委婉表达。委婉表达就是对不便直言的内容，用含蓄的方式曲折地表达。其中，反语、借喻、暗示等是口语交际中最常用的几种委婉表达法。反语就是正话反说，说者想要表达的意思和字面意思刚好相反，这时候听者如若按照字面意思去理解，就大错特错。借喻是一种用喻体暗示思想而本体完全不出现的修辞手法，听者如果不能找到喻体和本体之间的联系，就无法理解说者真正想表达的意思。暗示是说者用暗示语来提示某些不便明指的东西。比如，生活中我们常常用“回老家”“安睡”“长眠”代替“死亡”，当对方把任务完成得非常糟糕的时候，却反而说“你干得实在是太棒了”，以起到反讽的效果，等等。听力学习中应熟悉这些特殊的表达技巧，准确理解话语的深层含义，避免误解。

认真观察，仔细思考。让学生做一个善于观察和思考的人。很多含义深刻的话语，如果经过仔细分析、推敲，也是不难理解的。作为倾听者，应当养成认真观察、仔细思考的习惯，观察说者的神态、动作等非语言信息，结合说话人所处语境进行思考，推断出话语的深层含义。

3. 组合语意。

口语表达具有瞬时性的特点，说话的人往往来不及构思布局，想到哪儿说到哪儿，这样一来，难免显得层次凌乱，甚至啰唆重复。学习者在倾听过程中，善于将杂乱无章的话语组合成有意义的，条理清晰的内容。① 将语意组合学习方法分为两种，很值得借鉴：

归类组合。把听到的材料中的各种要素，按照一定的分类标准进行归类整理。例如：将听到的几段材料按照经济、文化、政治等不同性质类别，或按记叙、议论、说明等不同表达方式进行归类划分。

理序组合。将一段条理清晰的话语顺序打乱，然后进行重新排序或将一段思维混乱、表达重复的话语材料进行整理、筛选，组织成有序、连贯、完整的话语，然后给予复述。

语意组合是一项需要调动学生脑、眼、手、耳各个器官综合运作的难度较大的练习。它要求学习者全神贯注，观察说话人的体态，认真思考，必要时记录要点以助理解和记忆。

二、 表达能力的学习方法

《义务教育语文课程标准（2011 年版）》对学生口语交际的表达能力在各个学段均有明确的要求。从第一学段的“学说普通话，逐步养成说普通话的习惯”“听故事、看音像作品，能复述大意和自己感兴趣的情节”“能较完整地讲述小故事，能简要讲述自己感兴趣的见闻”“积极参加讨论，敢于发表自己的意见”，到第二学段的“能用普通话交谈，就不同的意见与人商讨”“能清楚明白地讲述见闻，说出自己的感受和想法”“讲述故事力求具体生动”，再到第三学段的“乐于参与讨论，敢于发表自己的意见”“表达要有条理，语气、语调适当”，到第四学

① 张鸿苓．中国当代听说理论与听说教学［M］．成都：四川教育出版社．2000.

段进而要求“自信、负责地表达自己的观点，做到清楚、连贯、不偏离话题”“注意表情和语气，使说话有感染力和说服力”“讲述见闻，内容具体、语言生动。复述转述，完整准确、突出要点”“能就适当的话题作即席讲话和有准备的主题演讲，有自己的观点，有一定说服力”“讨论问题，能积极发表自己的看法，有中心、有根据、有条理。能听出讨论的焦点，并有针对性地发表意见”。从上可看出，对表达能力的要求是分段逐步提高的。教师的口语教学，无疑也应按课标要求，循序渐进，逐步深化。

为了方便，下面将按口语交际素养的架构，从内部言语的生成能力（即思维能力）和外部言语的组织、驾驭能力发展两个方面入手，来阐述表达能力的培养。

（一）内部言语生成能力的发展

内部言语即头脑思维时使用的无声的言语，它先于表达，因此我们可以说，思维的过程是一种“前语言”阶段。思维能力的高低直接影响着口语表达效果的好坏；而条理清楚的表达，有赖于严密、清晰的思维。在中小学的教学活动中，为了发展有利于内部言语生成的思维品质，可以针对思维能力的训练，采取一系列方法提升学生的思维活动水平。

1. 纵深思维训练。

可由他人或自己提出命题（如“关于____的思考”之类），学习者自由发挥，从现象入手进行分析思考，透过现象揭露其本质属性。此种练习有助于拓展思维的深度，养成深入分析问题的良好习惯。

2. 逆向思维训练。

可由他人或自己拟定一命题，学习者先释意，复述，再逆向辨析，然后进行新意立论。例如，请学生就“愚公移山”这一传说中的“愚公精神”作阐释，并从正反两面谈谈对这种精神的见解。则学生就能得出对愚公精神的正解——坚定的信念，不放弃的决心以及不懈的努力，反解——克服困难，解决问题也要提高效率，寻找巧法。此种学习方法有助于拓展人的思维宽度，培养逆向思维的能力、对传统观念的批判能力和理性的继承能力。

3. 多向思维训练。

以生活中某一问题为中心，围绕此中心进行联想、随想或遐想，引出多个话语议点。这是辐射性思维（亦即发散性思维）的学习方法。如当下流行的“头脑风暴”即包含有多向思维的因素。

在生活中任选几个不相关联的事物，利用它们之间在时间、空间、质地、性能等等方面，可能的相似、接近、对立、排斥等等关系，展开话题。这是延展性思维（亦即联想性思维）的学习方法。

以上两种思维都是多向思维，加强这方面的学习，可以拓展一个人思维的辐射度，培养多向思考和灵活地转换问题思考的能力。

4. 综合思维训练。

围绕当前社会生活中、书籍、报刊和网络上的热点话题、争论议题、难点问题（如减负提质、文明礼貌、校园暴力、环境污染、食品卫生、社会治安等等）展开讨论，进行争辩，探寻解答，培养综合思考问题的能力和与他人交流思想的能力。例如：2010 年河北大学校区内发生了轿车撞人事件，社会广泛关注。对“我爸是李刚”的社会现象，就可展开政治、经济、文化的，多角度、多层面的讨论。

训练言语思维能力的方式很多，方法常新，概难统一，也不可固定。学习者可以根据具体的阶段目标，开展符合实际的学习活动。

（二）外部言语的组织、驾驭能力的发展

1. 基本技能学习。

基本技能学习的内容包括语音、语流、语汇、语态等。

语音练习。将普通话教学融入日常对话活动中。比如，教师用标准的普通话作为教学语言，学生也将普通话作为学习和思考的语言。为了锻炼发音器官和发音技巧，使音质能够清晰，音量响亮而适当，在阅读教学中应尽可能地开展朗读练习，要求学生咬字准确，吐字清晰，声音响亮，这也不失为一条提高语音水平的行之有效的途径。

语句、语段练习。良好的语言表达能力表现为说话时语流连贯，语速合适，语调优美，语气恰当，语意完整，语汇得体。这项能力的培养同样可以用朗读练习作为手段。在练习中具体要求句读恰当，停顿合适，不添读、漏读、回读，语速紧慢适宜，语流连贯顺畅，在普通话四声调高低升降把握准确的基础上，能根据文章思想感情而正确地处理语调的抑扬顿挫，轻重缓急。练习的形式可以多样，如：个别朗读、集体朗读、分角色朗读等。

2. 表达方式学习。

中小学的语言学习和对话交际学习，可以使表达方式有序化。

复述。它把视觉或听觉感知的语言信息加以理解、加工和储存，再根据要求，将记忆的信息转换为口头语言表述出来。这样，就锻炼了人的言语视觉、言语听觉和言语动觉（说）。教学中的复述是在理解的基础上讲述或者转述课文内容的一种训练方法，必须结合课文的学习进行，它包括评复、简复、创造性的简复、摘要简复和综合性简复。要求学生的复述内容与原始材料吻合，复述话语不能与原文重复过多，复述时要口齿清晰，声音响亮，语意连贯，语调自然，语态大方。在学习的后期还可让学生对自己复述的内容发表感想或进行点评。

讲故事。没有人不喜欢听故事，好听的故事用精彩的言语讲出来，对讲故事的人而言也是一种愉快的享受。因此，讲故事不仅能提高学习者对外部言语的组织、驾驭能力，还能使其产生表达的愉悦感，刺激表达的欲望和提高表达的兴趣。讲故事不仅要求讲故事的人口齿清楚，内容逻辑性强，条理分明，让人“听得明白”，而且也要求语言的形式具有一定的审美性，让人“听得满意”。

在中小学的教学活动中，可以让学生在原有故事情节基础上作一些初步的加工，如情节的修改，语句的增删等等，将加工后的故事用口语表达出来。这之后，可以逐步地鼓励学生尝试独创，编讲故事。

演讲。演讲（或称讲演），是在大庭广众之下宣传某种主张和看法的一种讲话方式。它要求口语和体态语同时使用，要求言语的逻辑性和情感性交互融汇，演讲最能锻炼表达能力。演讲学习首先要学习一些优秀演讲范例，获得丰富的感知印象。其次是学习演讲稿的材料搜集、整理和撰写工作。好的讲稿不仅要内容充实，结构合理，语言简明，更要考虑听众的实际情况而具备一定的针对性、说理性、抒情性、鼓动性。最后就是作演讲练习，克服紧张感，树立自信心；控制演讲语言，口语为主，体态兼用，亲切真诚，声情并茂。

即兴发言。是指在一种事先没有任何准备情况下而进行的临场谈话。它是随机而发，即兴而发。篇幅要求不是很长，但是要有理有据。这种即兴发言可以训练快速构思能力，同时也能在一定程度上克服紧张心理，增强心理素质。

主持会议。让学生当会议的主持人。主持一次会议，应该是先说明会议的名称，再说会议目的，接着是会议的议程，最后是对到会者的要求。会议结束时，要加以小结，内容大体是：对会议的评价、解答相关的问题和一些会议的决议。

这几种类型是从不同的角度来进行划分的，我们在口语交际学习时要精选符合课标的内容，抓住每一种具体的类型来进行系统学习，培养学生倾听、表达和应对能力，使学生具有文明和谐地进行人际交流的素养，真正使口语交际能力成为现代公民的必备能力。

口语交际学习常见形式还有：自我介绍，口述见闻，工作汇报，祝贺感谢，接待客人，求助于人，自由议论，交易商谈等。当然，口语交际学习是在一个具体的口语交际实践活动中，往往不会是一种孤立形式。

三、 应对能力的学习方法

口语交际中的应对是一种综合的技巧和能力，它主要体现在语境识别、语言和非语言方式的表达、语体选择和应变等几个方面，而这几种能力相互渗透，交汇融合，紧密关联，以致很难单纯针对其中某一种能力展开练习，于是我们可以通过设计系列练习，对以上各项能力进行综合学习。

（一）质疑和答问

口头质疑和即时答问是口语学习中最常用的有效方法之一。口头质疑是就各种疑惑提出问题，答问就是口头回答别人提出的问题。它可以是交际参与者的问答，也可以是口语交际者之间的互问互答。在质疑和回答的过程中，注意根据不同对象不同时空不同内容，采用不同的技巧和方式，注意语境的识别和语体的选择。此外还应要求问答言语简洁、完整，有的放矢，突出重点，以提高语言的驾驭能力。

（二）交谈和访谈

交谈是人们最通常的谈话方式。对话现场，电话两端，网络之中都可进行交谈。两人或多人之间为交流思想、获取知识、联络感情、消遣娱乐等等而进行对话，都属交谈范围。不管是两人之间的双向交流，或是多人参与的多向交流，话题大多灵活随意，话语也相对自由宽松，态度一般都友好诚恳，体态始保持终轻松自然。交谈者注重的是以理服人或以情感人。在学校教学活动中，这种看似平常的交谈，能使学生的语境识别、语体选择、随机应变等等能力，在不知不觉之中获得提高。

访谈也是交谈，是为了获得某种信息而与特定对象进行的交谈。它的特点一是目的明确（谈话可有松、紧、迂、直的变化，但万变都不离目标）；二是计划周密（对访谈的对象、时间、地点、方式、内容及可能出现的变化都要事先准备，了然于胸）；三是态度诚恳（尊重、友好、真诚、谦虚的态度，可以赢得对方信任和合作，这是访谈取得成功的前提）；四是用语得当（话语的含蓄、委婉、圆润、尖锐等要随机应变，目光、手势、表情、语调等要恰到好处）；五是快速记录（可以现场速记，回家补记，还可以录音核对，用各种方法保存访谈成果）。

同其他交谈相比，访谈练习可以使学生在应对能力的各个方面更上一个台阶。访谈练习自然应放在学生能够熟练地交谈以后进行。

（三）讨论和辩论

讨论即两个或两个以上的人就某个问题或话题，进行观点的交换或意见的磋商。辩论即持有对立观点的双方，各自使用一定论据来证明自己论点的正确，指出对方的缺憾或揭露对方的谬误，以取得最后的争辩优势。

在课堂教学中，讨论是普遍使用的一种形式，对于口语交际教学来说，它更具有特殊的意义。口语交际教学要求创设特定的讨论情景，教师引导学生选择有关注价值的热点或有深入讨论价值的难点做论题。论题应当清楚明确，不能产生歧义；气氛要求热烈，但过程应该井然有序；形式可以多样，邻座、小组、全班，视具体情况而定；发言应始终围绕论题，语句力求简洁、鲜明，有针对性，有说服力，还要有意识地运用体态语来辅助表达，以增强效果；态度要谦和有礼，注意风度气质，既要善于达成共识，又要容许保留不同意见。学生在讨论中不断地交替着扮演倾听者和发言者的角色，他们的综合思考能力，倾听、表达和应对的能力都能得到充分锻炼。

比之讨论，辩论显得更加尖锐激烈，是非鲜明，辩论场景的要求也更高。首先要引导参与者选择贴近生活的有对立看法的争议点当辩题，并指导他们分析辩题，收集资料，预测辩论状况，设计攻防策略。其次要组织参与者了解辩论的规则，学习辩论范例，学会尊重对方，遵守秩序，以确保正常的辩论程序。最重要的，是要指导参与者在辩论中如何使用语言。要专注地倾听，迅速地归纳对方话语的要点，判定对方意见的正误，敏锐地抓住对方的破绽；要即时组织自己的辩词，既要充分阐释自己观点，又要伺机予对手以反击。辩论的语言力求连贯流畅，响亮清晰，有理有据，逻辑严密，条理清楚，无懈可击。唯有如此，才能阐明己方意见，驳斥对手观点，征服听众，赢得辩论。辩论可算是口语交际练习的最高层次，对于学生在口语交际中诸多方面的能力（如敏捷的思维、严密的推理、仔细的倾听、准确的表达、灵活的应对等等）的提高，大有裨益。

对辩论这种综合练习的安排，不可强求一律，教师在教学中须灵活掌握，视具体情况而定。

四、 语感的学习方法

有人把语感描述为“人在言语活动中对言语的感悟”。显然，这里的“言语活动”特指口语交际了。口语交际中，既有接受，又有表达；接受即意会，表达即言传。每个人禀赋有别，能力各异，其意会和言传的速度、深度、准确度、完美度肯定不一，但只要他们能听、会说，就表明有一定程度的语感，只不过是在语感的品质上有高低优劣的差异而已。我们的任务就是对之加以培养，使之得到不断地提升和发展，逐渐成为高品质的语感。《义务教育语文课程标准（2011年版）》对语感也相当重视，多处提及，如要求“培养语感”“良好的语感”“借助语感”等等。

语感的培养，应从义感、情感和美感三个方面着手。

（一）义感

义感指对言语意义的把握，它是言语的基础，是人类言语活动得以正常进行的前提条件。前面在练习倾听时的“语音辨识”“语义理解”，练习表达时的“内部言语生成”“外部言语的组织、驾驭”等，就是针对义感而言的。在义感层面上应做到用词准确达义，句子明白通顺，话语紧扣主题，表达和接受的双方必须准确无误地领会和把握对方话语的含义。

（二）情感

情感是人类丰富的情感生活在言语活动中的体现，情感建立在义感的基础之上，它使人类的言语活动更加丰富饱满，多姿多彩。情感的练习首先要同交际素养结合，表达者要有真情实感，接受者应该真心实意，双方都须杜绝虚情假意，消除情感障碍。其次，要在义感的基础之上，熟悉并掌握驾驭语言的技巧，包括音调的高低起伏，声调的抑扬顿挫以及体态动作，面部表情等等手段。这样才能产生最大的情感效应。

（三）美感

美感是对言语活动中美的因素的发掘和体验，它建立在义感和情感的基础之上，是语感的最高层次。那种能“感受言语之精妙，洞见言语之精髓，把握言语之理趣”① 的状态，无疑是一种美的体验了。冰冻三尺，非一日之寒，美感的培养，更是一个长期的过程。除上述的义感、情感之外，修辞手段的学习，课堂内外的实践，社会观察的思考，人生历练的总结，日积月累，厚积薄发，才能做到在倾听时见微知著，举一反三，在表达时信手拈来，画龙点睛。其次，交际双方

① 卞安宇．语感：阅读教学的核心［J］．中学语文教学参考．1995．（11）．

如能视界上走向融合，语境互融，心灵共振，在交际中成为知音，此时，美感的共享，也就自然而然了。

其实语感并不神秘。只要坚持不懈，接受培训，加强修习，就能逐步做到对他人的言语领悟其义，感受其情，品味其美，而自己的言语也能以义喻人，以情感人，以美飨人；接受者和表达者双方，也能逐步实现义感共识，情感共鸣，美感共享；我们的口语交际，无疑是向高质高效高水平一步一步地迈进了。

五、 交际素养的修习方法

交际素养的内容前文中已有表述。概言之，除知识和能力之外，交际素养体现在交际者的气质、风度、品格、个性、志趣、意境等等各个方面。交际者的这种综合品质和个人魅力，对交际活动的成功，往往起至关重要的作用。

《义务教育语文课程标准（2011 年版）》对交际素养的要求，散见于各学段的目标之中。如在倾听方面，要求“认真”“耐心”“专注”等等；在表达方面要求“自信”“负责”“积极”“语言美”“有感染力和说服力”等等，在交流方面要求“态度自然大方，有礼貌”“尊重、理解对方”“文明得体”等等。总之，要“学会文明地进行人际沟通和社会交往。”

交际素养的修习，主要通过两种途径，一是在言语实践之中，二是在言语实践之外。

（一）在言语实践中修习

1. 课堂教学。

口语交际教学中，我们要创设各种交际情景，进行多项多层的听、说、应对的综合练习。这些练习内容，不仅有能力和技巧，而且还有知识和素养。在任何学段的每个项目的学习中，教师都应把素养放在重要的位置。重视素养，不一定要时时刻刻反复强调，耳提面命，而是要用潜移默化的手法，“润物细无声”，使学生在不知不觉中习得。

2. 日常生活。

日常生活是口语交际的主要舞台。要引导学生在日常交际中，灵活地运用所学知识，要求他们在实践中自觉主动地修习各自独特的交际风格。

3. 言语活动。

要经常组织诸如讨论、访谈、演讲、辩论等各种言语活动，鼓励学生踊跃参加，让他们在“实战”中得到锻炼，巩固和提高已经习得的交际素养。

（二）在言语实践外修习

1. 观赏。

日益丰富的大众传媒，是交际学习的素材。它是一把双刃剑，使用得当，它可提升青少年的道德涵养，把他们带入高尚的精神境界；使用不当，它将从负面影响青少年的意志品格，把他们引向与社会不相容的灰暗世界。因此，教师、家长和传媒必须十分重视对学生观赏的正确导向。

社会应向青少年提供丰富的、健康的、有趣的、有益的各类影视作品。对于中小学生，教师、家长要引导他们远离那些粗浅的、庸俗的、暴力的、色情的节目；语文教师要积极引导学生学习标准的普通话，收视中央台节目，尽量不要去学带有娘娘腔、港台味的普通话。

2. 阅读。

阅读是学生自觉提高人文涵养的最有效的手段之一。这里当然也需要教师的悉心指导。

为了不过分增加学生负担，当务之急是指导学生阅读中小学《语文课程标准》附录部分推荐的内容。即：《义务教育语文课程标准（2011 年版）》中要求 1 ~6 年级学生背诵古今优秀诗文 75 篇，7 ~9 年级学生背诵 61 篇（段），合计 136 篇（段）。学生九年课外阅读总量达到 400 万字以上，阅读材料包括适合学生阅读的各类图书和报刊。高中学生要阅读《普通高中语文课程标准（实验）》中推荐的大量的文化经典著作、诗歌、散文、剧本甚至语言文学理论等作品。完成这些阅读任务，对学生的世界观、人生观、价值观、审美观的形成，具有不可估量的作用，能为他们的人文涵养奠定坚实的基础。

在此基础上，学生当然可以自行阅读其他著作，而且是开卷有益，多多益善。

第九章　口语交际学习的指导

口语交际能力对学生的学习、生活以及终身发展有着极其重要的作用。口语交际能力是在平常的学习中掌握的一种基本的能力，因此，口语交际学习的指导要把握内外条件，遵循口语交际学习的原则，并采取具体的措施实施研究性学习的指导。

第一节　口语交际学习的内外条件

口语交际是现代公民必备的一种能力，而能力的形成与发展需要具备一定的条件。根据教育心理学和语文教育学的研究，口语交际能力的形成，必须具备以下内外条件。

一、 口语交际学习的内在条件

（一）相应的准备性知识

美国教育家华特说："语文的外延与生活的外延相等。"把语文学习还原到生活中去，使语文学习既丰富生动，又真实可感，使语文学习成为生活的真实体验。语文学习，从某种意义上讲就是关于生活的学习。口语交际作为语文学习的一个重要组成部分，它的"根"在生活中。所以，口语交际学习应与生活对接，从"根"中吸取"养料"。

美国第十六任总统林肯，曾经当过律师。有一次，法庭审理一个杀人案件。原告的证人一口咬定说，10 月 18 日夜 11 点钟，自己借着月光看到被告开枪杀人。林肯听了他的证词后，当即指出原告证人的话完全是诬陷之词。接着他解释道：10 月 18 日是下弦月，11 点钟月亮早已落下地平线，证人根本无法借助月光看清被告的面容。这种虚假的证词，只能说明证人是在进行诬陷。林肯凭着自己丰富的天文知识，轻轻松松就明断了这桩杀人案。

要进行口语交际，特别是要在交际过程中达到最佳的交际效果，在具体的口语交际活动中必须掌握生活素材，用语言再现生活，使口语交际真实、有效，充满活力。"语言再现"还有一个起码的前提条件，那就是要具备专门性的知识，它为听懂专业性较强的交际内容提供准备；至于委婉含蓄、诡辩搪塞之类，除了专门性的知识之外，口语交际中的情感经验和认知能力也十分重要。

（二）良好的口语交际习惯

教育学、心理学研究表明，良好的习惯对人的行为和行为效果有着重要的作用。英国著名教育家洛克曾指出：事实上，一切教育都归结为养成儿童良好的学习习惯，往往自己的幸福都归于自己的习惯。对于教师，"凡是能够使他们养成习惯的事情，都值得做导师的去当心，去注意，因为它的影响是不小的。"并进一步指出："习惯一旦培养成功之后，便用不着借助记忆，很容易地很自然地就能发生作用了。"① 美国教育心理学家赫尔认为，如若缺乏驱力，则习惯不巩固，习惯不巩固，则学习等于零。虽然洛克和赫尔谈的是学习习惯，其实对于口语交际也是同样的道理。

一般来讲，有助于口语交际学习的听的习惯包括：集中注意力的习惯，有意记忆有价值的知识的习惯，在听话中进行深度思考的习惯，善于发现真实意图或错误的习惯；有助于口语交际学习的说的习惯包括：说话不带语音杂质的习惯，文明用词的习惯，说话先打腹稿的习惯，等等。

此外，良好的口语交际习惯还包括：学习者具有三个递进层次的口语发展能力即已经程序化的口语表达，排除心理因素的干扰，流畅、自然地完成表述；自我调节的口语表达，当口语表述因为心理紧张等因素的干扰而出现卡壳、忘词等毛病时，应能在同时，进行及时信息编码，使得表述按"即兴组合"的方式顺利完成；瞬间信息编码的口语表达，即在无充分准备的情况下，能根据表述需要使表述得以顺利进行。

---

① ［英］约翰·洛克．教育漫话［M］．傅任敢译．北京：教育科学出版社，1999.

积极促进交际双方的“心理相容”的能力。口语交际成功的标志是赢得对方对自己观点、态度、立场的理解、认可和赞同。所以，口语交际学习要求学习者能够选择双方或对方认可的、表示理解的立场，以此为出发点，求得双方认知步调的一致性，然后逐步引导对方转到自身的观点、立场和认识的高度上来；在理解的基础上，求得认识的共同提高，从而达到良好的口语交际的目的。口语交际指导的分层次学习指导，就有利于提高有差异学生的口语交际水平不同程度的提高。

（三）全面的思维品质

口语交际能力的训练，必须紧密结合思维能力训练。在口语交际活动中，只有思维灵活、思路开阔、反应敏捷、表达准确的人，才能顺利实现口语交际目标。口语交际学习中，要使学生的思维能力和口语交际能力得到和谐发展，就必须强化思维训练的反馈评价。

思维的广阔性检测，具体表现为口语交际者在就某一话题发表自己的看法时，是只能就事论事，呈单向线形因果发展趋势，还是可以触类旁通，广征博引，以话题为思想主脉，呈网状发展趋势。

思维的深刻性检测，具体表现为口语交际者就某一话题发表自己的看法时，是浅尝辄止，只能肤浅地发表一些人所共知的观点看法，还是能紧扣话题，向思想深处挖掘，发表独到深刻的见解。

思维的灵敏性检测，具体表现为口语交际者在双向交流过程中，对新出现的话题在事先未准备的情况下，迅速作出赞同或反对的及时反应，并且能以“快速编码”的方式组织适当语言，明晰表达自己的立场和观点。

思维的准确性检测，具体表现为在双向交流过程中，口语交际者能否把握话题的实质，并准确无误地作出应有的反应。

在口语交际学习中，教师要依托于以上四个方面思维学理论的有力指导，重点通过上述的检测和把握，全面提高学生的口语交际中的思维品质。

二、 口语交际学习的外在条件

外在条件对于学生的口语交际能力培养也起着重要的作用。在口语交际中，教师应当采用多种方式，创设多种生活情境，放手让学生在生活情境中进行口语交际实践。同时，也应充分关注学生的学习态度和交际的技巧；注意观察和倾听，发现学生充满童趣、富于创新的语言；让学生乐于表现自己，使学生能在口语交际的活动中掌握学习。一般来讲，有助于口语交际学习的外部条件包括：

（一）和谐的表达氛围

能够自由表达和倾听。口语交际的特殊性在于它的直面性、情感性、交互性，即使是平时口语流畅的学生，也难免由于环境、气氛因素而影响表达的效果，至于口语能力差的学生更是“金口难开”，要能做到自由表达就难上加难。因此，教师在指导学习中要采取灵活多样的方式营造民主和谐的表达氛围：一是树立民主平等的意识，特别是在言语、情感上教师与学生要平等相处；二是要注意让学生学会以放松的表情、以“我能行”的心态与人交流，逐步养成平等相处、自由表达的习惯；三是要教育学生学会尊重他人、认真倾听、真情表达。

具备互动表达的条件。口语交际最大的特点就是双向或多向互动的交际方式。那么，如何创造互动的表达条件、引导学生在互动中自由表达呢？这就要求对交际对象进行主动回应；选择恰当的组织形式，比如将众多的交际话题集中在一个兴奋点上，采用一对一的自由交流或同桌对话等。

（二）有效的方法指导

德国心理学家贝尔纳曾经说过：“良好的方法能使我们更好地发挥运用天赋的能力，而拙劣的方法则可能阻碍才能的发挥。”人们的学习和工作经验告诉我们一个颠扑不破的真理：大凡做事情，如果所运用的方法不恰当，就不可能成功；即使有所收获，也要走许许多多的弯路。相反，如果所运用的方法恰当，那么就会收到事半功倍的效果。因此，口语交际学习需要教师（或成人）进行有效的方法指导。其包括：听话方法的指导，说话方法的指导，控制口语交际心理氛围方法的指导，自我反思口语交际过程方法的指导等。

（三）良好的交际情境

口语交际是在特定情境中发生的一种交际现象，生动、逼真的情境创设极富感染性，能够调动学生内在真实的情感体验，激发他们表达的强烈欲望。口语交际学习的情境应能让每个学生无拘无束地进行口语交流。如让学生带上自己最喜欢的活动用具、作品等，并试着把学生带入到情境中去，在生动逼真的情境中展开交际，实现师生互动。再如学习“自我介绍”，我们就可以把学生分成若干小组，并设置不同的交际情景来进行学习：如有的小组可安排为新生联欢会上的自我介绍，有的可安排为家庭聚会时新朋友的随意介绍，有的同学可安排为图书馆的“引导员”的自我介绍，有的同学可安排为公园、旅游区的“导游员”的自我介绍等。场景不同，讲话的语气、语调就会不同。

第二节　指导者角色与指导方法

言语行为理论指出，言语行为是一种生命行为，它需要通过言语活动和言语实践来完成，并在实践中得到应用和提高。杜威在《我们是怎样思维的》一书中明确指出：学习语言，需要活动，需要训练。口语交际是一项实践性很强的活动，较强的能力必须通过大量实践锻炼、体会才能习得①。《义务教育语文课程标准（2011 年版）》中强调，“重视在语文课堂教学中培养口语交际的能力”。语文教师要把学生口语交际能力的培养贯穿于整个教学之中。

一、 指导者的角色

（一）教师是课堂学习的指导者

教师在口语交际课堂上具有多重身份，既是组织者，更是参与者、引导者和促进者，并且自身要处于一个“相互渐变关系”地位。

做好活动的调控。教师要发挥表率作用，对难度较大的话题要亲自下水示范或直接参与角色活动。例如“生存夏令营模拟招聘”，教师可以扮演考官，和学生一起完成交际任务；当学生说话出现“卡壳”现象，要及时提示，迅速帮学生补上忘词；当学生说话信马由缰时，教师要及时以委婉、巧妙的方式加以阻止；当学生因表达不当引起哄堂大笑时，教师应迅速控制局面，帮助学生摆脱尴尬处境；当学生辩论时，教师要大力扶持弱方观点，使双方力量大致均衡，让辩论能够展开、继续下去等等。

教师指导到位。一是努力调动学生生活与语言积累，在此基础上，根据需要适当提示、补充或指导搜集一些有关交际内容方面的知识和语言材料：如以讲礼貌为交际内容，可提示一些礼貌语言材料等。二是对语言规范、听说习惯、交际方式与态度等进行精当指点。三是要特别重视话题的选择。

（二）教师是合作学习的组织者

合作学习是目前世界上许多国家都普遍采用的一种富有创意和具有实效的学

---

① ［美国］约翰·杜威．我们是怎样思维的〔M〕．伍中友译．北京：新华出版社，2001.

习理论和策略体系。由于它在改善课堂内的社会心理气氛，大面积提高学生的学业成绩，促进学生形成良好非认知品质等方面实效显著，成为当代主流学习理论和策略之一，被人们誉为“近十几年来最重要和最成功的学习改革”。它以学习中的人际合作和互动为基本特征。将传统学习中师生之间单向或双向交流改变为师生、生生之间的多向交流，而且将学生的课内学习延伸到课外。

合作学习应用于口语交际的学习有几大优势：第一，在合作学习中口语交际让学习者从其他同学那里得到及时的评价反馈，从不同的观点和意见中丰富自己的口语素材。第二，在学习的过程中，学生常需要展示自己的观点，试图说服别人，这种对自己所学知识的语言表达过程，会使得新旧知识更加交融，整合扩大了新知识的应用层面，同时学习者还会根据别人正确的观点来检验和修正自己的观点，这种认知的重建促进了思维的完整。第三，在合作学习过程中，学习者不停地进行角色变换。一会儿是发问者，一会儿是解释者，一会儿是协作者，一会儿是评价者，在磨合中训练其有效协作的技巧和沟通能力。

1. 建立有效的学习小组。

以小组为单位，开展小组讨论。可以说，小组合作学习的形式是立足课堂，建构师生、生生间多边立体的互动学习模式。由于交流的范围小，有利于减轻学生的心理压力，锻炼每一个人的口头表达能力。在小组交流中形成较为一致的观点后，可在班上进行汇报，形成组与组之间的交流，并互相评议。实践证明，开展小组活动是较为理想的练习方式。看一位老师的指导经验：

练习时每个班可以按学生程度分成甲、乙、丙三个小组，教师分别确定每组训练的内容。比如在进行朗读训练时，要求甲组学生不仅要读准字音，还要掌握读的技能、技巧。乙组学生，则要求他们读准字音，并且能够正确地断句。对于丙组学生，就只要求他们读准字音。各组有了切合实际的训练目标，训练就避免了盲目性，从而保证了学有所获。小组训练时，教师要巡回指导。每次指正学生的问题不要贪多，力求一次解决一个问题，纠正过来后再做更高要求。由于每组学生程度相近，所以许多问题带有共性。对个别学生的辅导，可以使全组学生受益。

小组活动可采取多种多样的形式，小组游戏、小组讨论均是有效办法。比如练习语音可以采取“绕口令”等形式；练习思维敏捷度可采取“成语接龙”等形式：对各项技能正确方法的探求，可采用讨论的形式等。新颖多样的练习形式既体现出练习的针对性，又避免了语音训练的枯燥感，可大大提高课堂学习效率。

进行充足的口语交际学习。

2. 挖掘双向互动素材。

口语交际是人与人之间的交流和沟通，只有听方与说方双向互动，才是真正意义上的口语交际。从学生常见的话题活动中挖掘双向互动的素材。

双向互动性明显的话题。如“马的世界”专题中讨论“千里马和伯乐的关系”，“漫话探险”专题中“七嘴八舌说探险”等，只有让学生进入讨论、辩论状态，学生才能互动起来。

互动性不太明显的话题。如“我爱我家”专题中“打电话劝阻要离家出走的同学”，在学习中不能只关注“劝阻一方”怎样劝说，而是既要引导劝阻者“能言善劝”，又要引导被劝阻者“能言善辩”，这样双方才能沟通，才不至于劝阻者唱独角戏。

看似不能互动的话题。需要认真钻研教材，变换角度，合理转化，灵活处理，让学生互动起来。如“这就是我”专题中“自我介绍”话题很容易上成听话、说话课，我们可以创设“新生联欢会上的自我介绍”“班干部竞聘会上的自我推荐”及“《文学少年》招聘小记者时的应聘”三个不同层次的情景，把全班学生分成若干小组，让学生们在小组内互相介绍自我，接着各小组讨论竞聘时该如何充分展示自己。

把“独白式”的自我对话变成多主体对话的互动话题。比如，“我也追星”专题中“名人故事大家讲”，可先在同桌间用访谈形式进行。学生一起讨论一个具体的“采访”提纲，设计一些具体的问题，如你最崇拜的名人是谁？为什么崇拜他？他最感人的故事是什么？你怎样评价他？等等，同桌交流后，再分组讲故事，最后小组选代表在全班表演，大家评议。

二、 指导学习的方法

根据语文学习的一般原则和口语交际情境学习的特点，口语交际学习指导方法主要体现在下面几个方面。

从兴趣激发交际动机。学生是学习活动的主体，学生能否主动地投入，成为学习成败的关键。在情境学习的过程中，把学生带入情境，在探究的乐趣中，激发交际动机；又在连续的情境中，不断地强化交际动机，只有这样，学生才能真正自觉地进入教师创设的交际情境。主要方法有：一是要选择学生感兴趣的、贴近生活的交际话题，比如对于小学生可以选择“我的家”“打电话”“怎样度过最后一个儿童节”等话题，对于高中生则可以选择“人与自然”“青春和梦想”等话题；二是情境要有探究性，探究心理的形成，对具有好奇心、求知欲望的学生来讲，本身就是一种满足，一种乐趣，其过程可简单地概括为：探究——满足——乐趣——产生动机。只要学生的交际动机真正产生了，学习过程的优化也就有了一个良好的开端。

借观察培养交际意识。让学生能清楚地知道自己所处的交际情境，明白自己的交际目的以及要达成这一目的自己应该做的努力。学生自然习得交际意识可以通过一定的语言实践慢慢内化为自身的能力，但这样的效率很难得到保证。我们通过学习情境中的学习，学生在对教师创设的交际情境及其活动的观察中能感知到许多平时没有注意到的细节。教师在指导学习时，可以依据口语交际技能和交际规则，让学生通过对情境活动进行讨论，或者让学生观察情境。

展思维学习交际技能。研究表明，人的口语交际能力与其思维水平有着密切的关系。发话者思维的敏捷性、灵活性、深刻性、广阔性、批判性在很大程度上影响着说话的条理性、延展性及随机应变的能力。听话人在听话时也并非一味被动地接受，而是主动地对信息进行分析、综合、比较、分类、预测等认知加工。另外，在口语交际过程中，观察力、注意力、记忆力、情绪调控、联想与想象等能力要素也贯穿始终。因此，培养学生的口语交际技能，必须要从发展学生的思维入手。在学习情境或主题的创设时，我们一方面要注意对于学生的启发性，要调动学生的思维，使它处于一种“不愤不启，不悱不发”的临界状态；另一方面注意学生思维因为情境的流动前进而表现出灵活性。

用情感培育交际修养。《普通高中语文课程标准（实验）》在“教学建议”中也提到：“口语交际学习应注重培养人际交往的文明态度和语言修养，如有自信心、有独立见解、相互尊重和理解、谈吐文雅等。”① 这里既强调了口语交际的技能培养，也表明了情感态度等交际修养在口语交际中的重要地位。情感是学生思想意识、道德行为强有力的发动者和鼓舞者。口语交际的过程不仅是信息传递的过程，也是情感交流的过程，让学生在亲自参与中感受。更值得注意的是，社会上对于口语能力薄弱不以为意，还没有看到口语能力和书面能力之间的关系，没有看到口语能力不足对于现代化生活、现代化工作的不良影响。

---

① 中华人民共和国教育部制订．普通高中语文课程标准（实验）〔S〕．北京：北京师范大学出版社，2001.

总之，学生的口语交际实践是全面提高学生的语文素养的重要途径。但是它不能立竿见影，一蹴而就，它需要教师长期精心地指导、培养。有专家曾认为，口语交际能力是消失了距离感、时间感，撤去了人格面具而直面世界的能力。作为一种言语行为，口语交际要做到思维、语言、情感、态势、语境等系统的互相配合、协调一致，才能达到倾听、表达和应对能力的极致发挥；不能只顾及一个方面的能力而忽视了整体素养的培养，拓宽学生口语交际的“视界”范围。这种“视界”的拓宽还必须有学习者的主动参与，在学生更多直面现实世界的活动中才能更好地得到发展。

三、 指导学习的途径

（一）学习课程的开发与学习

为了培养和提高学生的口语交际能力，有必要安排专门的口语交际课程，即结合学科课程编写专门的口语校本课程。《语文课程标准》颁布以后，无论是哪种版本的实验教科书，都设计了一定数量的专门的口语交际学习的项目。教师必须全面熟悉该教材编排的“口语交际学习”系列，利用其中的基本理论和练习设计，对学生进行专门的理论指导和系统性的操作训练，真正使每一位学生的口语交际能力得到提高。

课堂学习是提高口语交际能力的基本途径。专门的口语交际学习课主要有：听讲、看图说话、讲述故事和见闻、专题演讲、讨论、辩论等。

1. 听讲。

听讲包括听课、听报告、听发言、听新闻广播等，要听规范性的讲话并作出反馈。反馈包括吸收、思考、评价、应用等。听新闻广播，要求学生抓住新闻提要和导语，了解主要的人和事，或重要的理论观点。听课、听报告、听发言，要求学生能作记录，不遗漏主要内容，对重要问题或不懂的问题要着重记录，以备提问或研究。要能评价讲话内容，对讲话言词、姿态等能够进行评价。不仅要听“话”，还要结合讲话人的表情、手势、动作、情绪等听出话中之话、弦外之音。

2. 看图说话。

看图说话口语交际是小学口语交际学习的一种基本形式。它是在学生充分观察图画、思考图意的基础上进行的口语交际学习。观察感知图画形象，获取口语交际的材料；思考是接受画面形象，并将其内化为语言信息的过程；口语交际是观察和思维综合化的语言外现，是此项训练的终结目标。观察是基础，思考是关键，交际是目的。因此，看图口语交际学习必须突出看、思、交际三大主体环节。教学思路和程序可作如下设计：①指导看图，感知图画内容，获取口语交际的材料。②依据图画，设问激思，优化信息转换。③由易到难，分步训练，实现口语交际，培养口语交际能力。

3. 讲述故事和见闻。

讲述故事和见闻是学生喜闻乐见的说话训练方式。小学可侧重于讲故事，中学可组织学生讲述见闻。讲故事是指把读到的、听到的和自己编的故事，用口头形式绘声绘色地讲出来。讲故事的学习方法有：在熟悉故事的基础上，对原材料作必要的加工处理，使故事语言更加口语化、情节化；有分寸地掌握语气、语调、语速，区别作者的叙述语言和故事人物的对话语言，突出故事中人物性格特征及人物之间的关系，使故事中的人物栩栩如生，使听者如闻其声、如见其人的感觉；根据故事内容可适当地模拟风、雨、雷、电等声音，或辅以恰当的表情、动作，以帮助听众更形象地把握和理解故事内容。无论是讲故事还是讲见闻，都应力求做到内容具体，条理明晰，语言生动。

4. 专题演讲。

专题演讲能有效地训练学生的口语表达能力和心理素质。《普通高中语文课程标准（实验）》明确提出要“学会演讲，做到观点鲜明，材料充分、主动，有说服力和感染力，力求有个性和风度”。专题演讲具有临场性、表情性和鼓动性的特点，是根据事先考虑的题旨和临场反应所作的系统讲说。演讲前的准备工作有：第一，明确演讲的中心。演讲内容要选择富有时代特点和听众关心的话题。第二，确定演讲的题目。题目要与内容一致，要能够吸引人、感染人。第三，选择演讲的材料。所选材料要有较强的针对性，有时代感、典型性和生动性，适合特定的演讲氛围。第四，安排演讲的结构。开场白要抓住人心，重点部分要强调语音因素，结束语要耐人寻味。演讲中要掌握听众心理，判断听众思路，使听众产生共鸣。

提高演讲能力的最好形式是演讲比赛。教师组织演讲比赛要做到序列化、系统化，要注意让学生有适当的准备时间。可以以小组为单位，让学生在组内充分演讲，互相补充修改，提建议，然后推举选手参加演讲比赛。但选手要适当轮换，使人人都有参加演讲比赛的机会，不能变成少数尖子的表演。演讲的内容要选择与学生生活密切相关的、有感情体验的话题，让学生有话可讲，有理可论，有情可表。

此外还可以开发以讨论、辩论等的各种校本课程，以之为学习指导的载体。

（二）在学习活动中指导

1. 阅读学习中的指导。

口语交际能力训练不能只凭借几节口语交际学习课，而要将口语交际学习与阅读学习有机地结合起来。通过阅读文章范例，在阅读中养成口语交际能力。阅读学习中的口语交际学习主要有课堂答问、课文朗诵、课文复述、课堂讨论等等。

课堂情境。口语交际学习中情境创设是为了课堂对话的情感铺垫。一是利用课文创设情境。学生对内容有趣、情节生动的课文尤为感兴趣，让学生充当不同角色的人物，置身其中去表演，学生会感觉到其中的乐趣。例如，在指导完学生正确、流利、有感情地朗读课文后，就把分角色朗读和表演的权利交给学生，让学生身临其境地表演，对口语学习很有作用。二是借助媒体法。在口语交际学习中如能适当地运用多媒体技术，可以将生活中的情境通过光电技术清晰可感的传输到教室里，从而将生活真实形象地展示在学生面前。比如《“访谈”的学习设计》：我们可以把学生平时感兴趣的《东方之子》《艺术人生》《焦点访谈》《新闻调查》等电视访谈节目在教室里进行播放，全班一起观摩，然后分小组讨论关于访谈的一些相关问题，从而对访谈有一个比较清晰的了解。这样的学习设计比起老师先介绍访谈的基本要求，然后马上让学生进行访谈实战效果要好得多，毕竟从一些高水平的访谈节目中，我们可以总结出来的优秀经验以及存在着的一些问题对学生的启发性更强。这种方法对于“演讲”学习来说，也是值得大力提倡的，比如在课堂上把戈尔竞选失败后的演讲以及克林顿卸任前的演讲给学生播放，让学生比较两个人在演讲中所表现的主题有什么不同，在措辞方面有何区别，并分析造成这种不同的原因何在，并明确在演讲中要注意一些什么问题。结果学生很快就掌握了演讲中一个很重要的原则，那就是明确身份，注意听众。然后再让学生演讲实践，学生自然会心中有底了。

播放音乐法是媒体法中最受学生欢迎的一种方法。音乐是一种抒情功能极强的艺术形式。它通过乐曲用直感的方式，使人获得比其他艺术形式更为直接、更为丰富、更为生动的感受。当它以音响的运动形式作用于人的听觉，产生感性上的直接体验时，必然会唤起听者心理上的类似的反映，情感上的共鸣。因此，通过音乐更容易把学生带到特定的情境之中。如一位老师在学习《秋天里》的口语交际内容时，一开始就播放《春天在哪里》的音乐，以此来引题，在找秋天，谈秋天，议秋天之后，又让学生根据《春天在哪里》的词曲改编一首《秋天在哪里》，以此来唱秋天，颂秋天，这样的设计是有趣的，学生易于接受，也乐于接受。

课堂对话。一是课堂答问。课堂答问可以训练学生质疑问难的能力以及分析、判断解答问题的能力。鼓励学生从不同角度用不同的语言质疑问难。对学生答问的内容、表达技巧、仪态习惯等给予评价。如果是“采访”或“模拟采访”，应要求学生事前了解被采访者的情况，采访中提出的问题要有分量，有兴味。答问水平的高低，与听问能力有着密切的联系，“答非所问”大多源于“听非所问”。听问要有耐心，要听完整，并在听问时进行快速分析和准确判断，力求搞清对方所提问题的含义和实质。要注意对方发问的语气，有的在问题的语气中就包含着说话人对该问题的倾向性，有的却是“问”在此，而“意”在彼。要善于揣摩并作出判断。听答时大部分学生等着老师的结论而忽视同学的不够权威的回答，就是听老师的解答（评析、总结等），也是重结论而忽视评析过程。要鼓励学生多问几个“为什么”“为何这样”“真的如此么”，与脑中原有的认识作比较，在比较中提高自己。

二是课堂讨论。这是在理解文本的过程中提出不一致的看法，引起讨论，要求学生在短时间内发表个人意见的学习方式。组织有效的课堂讨论的重点是选准有价值的议题，既能“牵一发而动全身”，又能激起学生争议的兴趣，然后在适当的时机引出讨论。讨论的组织形式可以是同桌讨论、小组讨论和全班讨论等。这种方式训练面广，信息流通多而快，着重于训练学生扣紧议题和积极思维的能力，培养大胆发表个人见解和倾听别人意见的态度。

三是文本对话。首先是复述。复述分为详细复述、简要复述和创造性复述三种形式。从口语交际的角度看，复述借助课文理解培养学生系统而连贯的说话能力，要求完整把握，层次清楚。详细复述，学习原文作者的逻辑思维方式，形成口语表达的逻辑习惯。所以作为口语交际的学习材料，可以要求把原作按顺序有条理地、清楚明白而全面地复述出来，不能丢掉主要内容，也不能改换原作结构，并能保留原作中优美精炼的语句。简要复述，学会用自己的思维方式和语言逻辑重新概括、理解原作的基本内容。创造性复述，可以在原作的基础上加上一定的想象和创造，合乎情理地予以补充或生发，更加生动地展示学习者自身的思维结果。复述是从“读”过渡到“说”的重要桥梁。教师首先要指导学生熟记文本内容、理清内在联系，按照层次性原则，可以依据“详细复述——简要复述——创造性复述”的序列进行学习。比如，在学习《变色龙》一文时，可以变换角度复述文本内容，学生从

"小狗"的角度看人世间的冷暖，就是一种很有创意的复述学习方法。既训练了学生的口头表达能力，又使学生对文本内容进行了再创造。其次是诵读。诵读包括朗读、朗诵、背诵等，是进行口语交际的基础性训练。朗读，就是出声的读，是用有声语言"再现"无声的书面语言，完全按照原材料的文字来训练口语表达的基本方式。通过朗读，可以培养敏锐的语感，丰富口语材料，养成良好的口语表达习惯。朗诵是一种较高层次的口语训练，要求正确地运用停顿、重音、语调、语速，并辅以手势、眼神、体态动作和面部表情等，将朗读艺术化。背诵既可以积累大量语言材料，又可以强化记忆能力，锻炼口头表达能力。要指导学生在理解的基础上记忆，交给学生掌握一些背诵的方法，如理清思路背诵法、抓关键语句背诵法、意义背诵法等。教师的诵读应起示范作用，可以让学生倾听和模仿录音朗诵，还可以让班上诵读能力较强的学生模仿播音员，作示范性朗诵或背诵。如果只是简单地让学生去读，教师不加以指导，教学目标是达不到的。

2. 写作学习中的指导。

说话和写作在表达目的、内容、构思、词语等方面有很多相联系的地方，写可以近似地看作是把说的话写出来。口语交际学习和写作学习有机地结合在一起，可以有效地提高学生的口语交际能力。

口头作文。口头作文的特点是运用口头语言当众进行即兴式的成套讲说，对于培养学生思维的敏捷性、灵活性、开阔性和条理性很有帮助。口头作文，给全班学生提供了一个面对面交流、学习的机会，教师可以获得及时的反馈信息，有利于口语学习的及时评价。遵循口头作文的基本方法，从文章的中心、选材、结构等方面定下几个"点"，连"点"成"线"，再扩"线"成"面"，然后从不同的角度交错选用几种程序进行训练。思维上可以从形象到抽象，做法上可以由易到难，形式上可以从部分到整体等顺序，逐渐过渡。这种方式着重训练学生敏捷的审题构思，快速的遣词造句并组织成文的能力，对加快书面作文的速度很有帮助，难度较大，功效也较大。说话学习与写作学习结合起来是一种自我学习的方法。

例文评析。把作文学习过程中用于"指导"环节的范文或者用于"讲评"环节的习作让学生宣读，并结合本次作文的要求让学生评析，发表意见，把自己的理解或意见表达出来。这种做法在作文之前，可以使学生加深对本次作文要求的认识；在作文之后，可以发现和小结本次作文的得与失。

3. 随机学习的指导。

除了专门的口语交际课和利用语文学习的各个环节培养口语交际能力以外，

教师还要关注语文课以外的口语交际，鼓励学生利用各种场合、各种机会，随机地锻炼口语交际能力。

课间即兴交流。学生在校最多的空余时间就是课间，所以教师可以引导学生进行课间交流，要求学生对每一个话题的表达都尽量做到流利、准确、有条理，并注意选择恰当的对话方式，形成良好的训练氛围和说话习惯，进行对话训练。久而久之，学生就会在对话中不断纠正错误，提高说话质量。同时，师生在学校共同的学习、活动中必定会产生许多生动、有趣的话题。这些话题的交流比课堂上的书本学习显得更真实、和谐。教师只要留心观察身边的生活，细心捕捉生活中的说话点，抓住一闪即逝的机会，及时组织学生扎扎实实地进行训练，学生的口头表达能力就会得到快速提高。

班会即席发言。班会即席发言的特点是即境而发，短小精悍，针对性强。即席发言突出特点是“即席”二字，事先没有准备，容易造成紧张情绪。这种训练方式可以训练学生克服在众人面前畏惧说话的心理，培养机敏思考、灵活定向和流畅表达的能力。即席发言时通过迅速构思，明确自己的观点和态度，迅速加入到班会的发言主题之中。指导时注意两点：一是培养学生发言的技巧。比如，恰当运用举例说明以增强说服力；简洁精炼的开头和结尾，直击主题；借当时的场景、情景、会议的主旨等，强化发言的主要内容。二是训练方式循序渐进。用以“即席发言”的题目，应符合中学生的思想实际和认识水平，让学生有话可说。看一位老师的经验之谈：

即席发言前采用抽签方法，拿到题目后给几分钟思考时间。让学生从有准备逐步过渡到无准备。也可让每位同学在小纸条上写一个谈话的题目，然后折起来。再让一位同学到讲台前随便抽一个，打开看看是什么题目，然后做即席发言。也可就一个题目作不同的发言。一次可进行三五个人，让学生评议时有比较、鉴别。通过发言和评议，让学生体味个中滋味，注意在平时学习和生活中积累知识，提高认识能力和表达能力，在适宜的情境中就像被点燃的火花一样，要爆发出来。达到具体无准备而心里有准备的境界，就不会再有紧张情绪了。

采访和答问。采访和答问要明确目的和熟悉对方。采访者应拟出提纲，逐一发问，注重礼貌，灵活引导，适可而止。答问者针对发问的核心回答，态度要明确、观点要鲜明、条理要清楚；有些不易正面回答的问题可以委婉拒绝。这种方式可以训练学生思维的灵敏性，语言的简洁性，培养交往能力。

演课本剧。演课本剧是一种既能增添学习兴趣，又能训练语言艺术的活动方式。教师利用教材中选编的剧本或者指导学生改编某些文本，先让学生分角色朗读，体会剧中人物的个性和情节的矛盾冲突，熟练掌握以后，再配以动作、表情和适当的化装，进行表演。实践证明，利用短剧进行角色表演，不仅可以锻炼语言技巧，还可以激发学生的学习兴趣，这也是培养和提高学生口语表达能力的有效方法之一。看一位老师的经验之谈：

编演《皇帝的新装》这篇童话，要求学生研究各种不同人物的性格，模仿不同的角色，表现不同的语气语调和种种神态。“皇帝”独断专行，语调傲慢，神情自负；“骗子”油腔滑调，阿谀奉承；“老大臣”老于世故，语调迟缓，故作镇定——学生在饶有兴趣的表演中，感情流露自然得体，说话极富感染力，也能体会到各种场合言语使用的特点。学生的表演可使故事显得生动有趣，有趣的故事又能使单调的文字变得富有立体感。既能训练学生流利、得体地使用语言的能力，又能训练学生的态势语表达能力。这将会激发学生对训练的浓厚兴趣，使学生的潜力得到发挥。

活动课中的话题。有计划地开展口语交际活动可让学生在活动中逐步提高口语交际能力，如举办“新闻发布会”、“人才交流会”、仿电视节目“实话实说”、召集家长与学生对话会等多种形式的活动，让学生经常以演讲人和听众的双重身份参与这些活动。但是，在这些形式的背后重要的是活动“话题”的恰当选择。一是结合学生年龄特点选择话题。中学生心理素质处予特殊的敏感与矛盾时期，一方面渴求他人的了解，盼望与人沟通、展示才华：另一方面又有怕人笑话、担心出丑的自卑心理和从众心理。从培养学生的信心入手，使他们有话敢说，可以“我最得意的一件事”“我的特长”“我的理想”等为题。二是结合学习生活选择话题。选择一些学生在日常学习、生活中接触频率高的话题进行训练。比如：被老师或同学误解该如何向他们澄清，爸妈的唠叨对你做人有哪些影响等等。三是根据社会热点选择话题。社会热点是人们关心的话题，抓住社会热点，培养学生的爱国主义精神，培养学生高尚的审美情趣和审美能力，发展健康个性，形成健全人格。如：针对西部大开发可选择以下话题：为什么要进行西部大开发，西部落后的原因除地理条件的因素外最主要的因素是什么，西部大开发首先要解决什么问题。四是根据地域特点选择话题。学生所处的周围环境是自己所熟悉的，特别是生活在有名胜古迹、人文景观地方的学生，让他们给旅游者做导游，肯定有很多的话要说。比如生活在泰山脚下的学生，可以让他们给旅客介绍：登山的最佳路线是哪条，这条路上的景点有哪些，你认为该如何深度开发泰山的旅游资源，等。看一个案例：

早读课我刚走到教室门口，爱说的顾冰已扯着大嗓门嚷开了：“潘老师，张琦昨天把一件新衣服掉在学校里，现在找不到了。她正在哭呢！”可不是，张琦正埋着头在抽泣，旁边一群同学大概正在安慰或帮她出点子。见我进来，学生们一双双眼睛都看着我。我一下子有了主意：“张琦，你确定你的衣服是忘在学校吗?”张琦点点头。“你知道是掉在哪里了吗?”她摇摇头。“这下可不好办了，学校这么大，到哪里去找呢?”我故意装出为难的样子，“哪个同学有好主意?”一阵沉默后，大家开始七嘴八舌：“张琦的衣服一定是被人捡去了。”“我们一个一个教室去问同学。”“也要到老师们那里去问问。”“可是全校这么多班级，一个一个问到什么时候。”“我们可以分组找吗?”见他们讨论得差不多了，我趁热打铁：“刚才同学们的分析很有道理，提出的方法也很可行。但现在正是早读课，我们到别的班级去问应该注意些什么呢?”“要先轻轻地敲门，得到老师的允许再进去说。”“要告诉他们张琦的衣服是什么样子的。”“说的时候态度要诚恳，口齿要清楚。”“走的时候还要有礼貌地和老师、同学告别。”同学们个个献计献策，热情高涨。见他们说得头头是道，我便把学生们分成了八个组，每个年级由一组同学去询问，还有两组分别去找正在办公室里的老师了解情况。果然不出学生们的所料，张琦的衣服被一位一年级的小朋友捡去了。看着失而复得的衣服，张琦高兴地笑了，同学们也高兴地笑了。

以上这个活动内容源于学生生活，活动过程中学生没有一丝的被动，完全是处于一种乐于表达的状态：从分析张琦衣服的可能去向到如何到其他班级去询问，他们表达的都是发自内心的想法，而且还有一种助人的快乐在里面。至于他们是如何询问的，我没有调查，但从他们那一张张红扑扑的脸蛋上我能知道这样的一个活动过程也成了他们提升思想、感情、意志、品质的过程。在这个过程中，他们不但学会了与人交流，更重要的是他们学会了合作与助人。①

① 志章．口语话题〔J〕．小学语文教学．2005．（6）：34.

第十章　口语交际学习的心理调控

现代学习理论与实践业已证明，学习实质上是关注学习主体心理，关注学习主体的认知和情感，关注学习主体个体生命的过程。只有把学习主体的生理素质、认知素质、伦理素质和心理素质综合地、整体地进行培养和发展，学习才会有效，才能培养健全的人才。① 口语交际学习作为学习的一种类型，不仅是一种认知活动，更是一种复杂的心理活动，处处都受学习主体心理活动的影响与制约。口语交际学习与语文素养当中的识字写字、阅读、写作、综合性学习相比，对学习主体的心理素养诸如兴趣、态度、习惯等要求更高。在口语交际学习过程中，学习主体的心理因素对口语交际学习的成效起着重要作用，有时甚至会成为影响口语交际成败的关键性因素。②

第一节　口语交际学习障碍的消除

口语交际学习作为一种交际活动，对交际者的心理品质有着较高的要求。不难发现，学生同坐一个教室，同用一本教材，受教于同一位教师，但在口语交际学习中的表现却是大相径庭的。有的学生敢于交际，大胆交际，表达自如，令人叹服；而有的学生却胆小怕事，说话语不成句，词不达意，心理紧张，尴尬难受。出现这种状况，在很大程度上并非知识、智力的差别所致，而是不同心理品质的

---

① 李森．现代现代教学论纲要［M］．北京：人民教育出版社，2005：145.

② 朱绍禹．语文课程与教学论［M］．北京：中国社会科学出版社，2007：275.

作用所致。口语交际是个复杂的生理与心理过程，口语交际中双方的心理处于互动互变状态。心理素质的优劣，将直接影响口语交际的效果。口语交际的心理品质是制约口语能力发展的最大障碍。克服心理障碍，具备健全的心理素质，懂得心理沟通的方法，是口语交际获得成功的前提条件。

一、 常见的口语交际学习障碍

（一）无所谓心理

持这种心态的学习者往往对口语交际学习缺少足够的正确认识。一方面，他们可能只重视书面知识，认为口语交际学习无非是说话而已，练与不练、练好与练坏没有多大区别，因而不加重视，对口语交际学习持轻视、漠视态度。另一方面，也有部分学习者认为，我国历来崇尚“君子敏于行而讷于言”，讲究“沉默是金”，况且人自呱呱坠地之始，便开始天天接触语言，学习语言，又何须再专门进行口语交际学习呢？在这些心态共同作用下，学习者便丧失了口语交际学习的主动性和积极性。

（二）畏惧心理

畏惧心理是指个体由于过强的刺激作用于大脑皮层，引起超限抑制，从而降低机体的工作能力，直接影响机体的工作效果与工作积极性的一种负面心理反应。畏惧心理是口语交际的严重障碍，往往与个人性格有关。一般说来，出于自我保护的本能，青年人初次在陌生人或公众面前说话时，陌生的场合，意外的情景，往往使人处于紧张恐惧的消极心理状态，使表达者声音发颤、语言结巴、表情麻木、记忆失灵、动作重复等慌张与胆怯的表现，这属于正常的心理现象。即使是一些著名演讲家，在初次演讲时，也会有胆怯和失败的经历。沈从文初次登上北大讲坛时，第一堂课竟有十多分钟说不出一句话。可见，畏惧心理会对学习者的口语交际学习产生极大的消极性影响。

（三）自卑心理

自卑心理是个体对自己能力和品质评价偏低的一种消极情感、自我评价，其本质是自我意识的弱化。自卑心理与个体自身性格、幼时生活环境和教师教育的失职等因素有关，它是一种不良的心理品质。在自卑心理的作用下，个体总是过分地看重自己的弱点，而看不到自己的优势，所以心理状态是消极的，因此往往会产生离群、孤立、苦闷、失去自信心，甚至嫉妒、沮丧、暴怒、自欺欺人等不良情绪。受自卑心理的影响，虽然个体有强烈的交际欲望，但又不敢大大方方地与人平等交往，担心言有所失，授人笑柄，受到别人的冷落与嘲笑，因而心怀疑虑。他们在进行口语交际时，也常常会情不自禁地出现脸红心跳、语无伦次、手足无措等现象。著名歌星王菲觉得自己不擅长交际，尤其不会讲话，所以一见记者就着急，不善于和媒体沟通，因此总是给别人留下耍大牌的错觉。德国天才哲学家尼采曾追求过一个美丽的姑娘，但因为语言表达与交际方面的笨拙而导致了失败。可见，自卑心理对于口语交际学习是十分有害的。

（四）焦虑心理

焦虑是指一种缺乏明显客观原因的内心不安或无根据的恐惧，以及预期即将面临不良处境的一种紧张情绪，表现为持续性精神紧张（紧张、担忧、不安全感）或发作性惊恐状态。焦虑是一种复杂的心理，它始于对某种事物的热烈期盼，形成于担心失去这些期待、希望。焦虑不只停留于内心活动，如烦躁、压抑、愁苦，还常外显为行为方式，表现为不能集中精神于工作、坐立不安、失眠或梦中惊醒等。口语交际学习是一个需要沉静学习的持续状态，而焦虑心理会使得学习者好高骛远，一曝十寒，一旦学习遇到阻力就会心烦气躁甚至中途放弃，所以，焦虑心理对口语交际学习会产生不可估量的负面影响。

（五）求全心理

求全心理是人的一种思维模式，基本意思是“希望所做的事完美”。它反映了人们在社会生活中对事物发展的积极心态。从辩证的角度看，绝对完美的事物是不存在的，只有相对意义上的完美，所以“求全”也体现了一种追求进步与完善的精神。但是，求全心理往往代表着的一种高标准与严要求，如果在口语表达时也抱着这种心理，老觉得自己这儿准备不充分，那儿似乎又缺少点什么，就会成为一种心理负担，影响表达能力的正常发挥。这种心理往往还掺杂着强烈的表达欲望，奢望字字珠玑，一鸣惊人，甚而引发强迫症。

（六）自傲心理

自傲是建筑在以自我为中心基础上的一种超越现实的自我评价与自我态度。这种心理倾向学习者孤傲离群，对口语交际极为有害。在口语交际中表现出自傲心理的人，只把注意力集中在自我身上，他们往往有一定的口语表达基础，但是过高地估计了自己的能力。对自己的口语交际水平缺乏清醒、客观的认识。常常片面地把口语交际能力理解为“耍嘴皮”，把口齿伶俐、善于插科打诨理解为“口才”。于是在交际会话中滔滔不绝，自以为技压群雄；在演讲中高谈阔论，不顾听众情绪，口语交际的效果并不好。因此，自傲也会对口语交际学习产生消极的影响。

二、 克服口语交际学习心理障碍的方法

消除口语交际学习的心理障碍的根本在于正确地认识和估价自己。同时，还要通过积极的自我暗示进行有意识的口语交际学习实践。在实践中摆正自己在人际交往中的位置，使用恰当的方法训练自己的心理素质，逐步形成健康的交际心理。

（一）提高思想认识

我们知道，思想认识是行动的指南，没有良好的思想认识，就没有自觉的行动。提高思想认识，使口语交际学习由被动行为变为自觉行动就显得尤为重要。学生是可塑的，也正处在接受学校教育和社会教育的结合阶段。晓之以理、导之以义，通过课堂学习中的潜移默化，课外的阅读指导，社会调查的实践体会，广播、电视、校规校训的宣传、教育等，让他们清醒地认识到，口语交际能力是现代人综合素质与能力的重要组成部分。虽然人人会说话，但每个人的口语交际能力却有高低之别、强弱之分。善言者，一言可以兴邦，晏子使楚时，以片言只语维护了齐国尊严；诸葛孔明舌战群儒，雄辩滔滔，遂使三国鼎立；邓小平一语“主权问题不容商量”一扫铁娘子傲气。拙言者，也能以一言而误大事，日本外相麻生太郎不慎狂言，使中日关系倒退。所以，要把道理说透，把重点讲明，使学生充分认识到口语交际能力的重要性，逐步产生学习的自觉行动。

（二）克服紧张情绪

个体在众人面前讲话往往会出现紧张的心理状态，几乎无人例外。因此，消除紧张情绪也是一项必做的功课。在口语交际学习的实践中，我们发现，就心理紧张而言，一方面是由于自我分析不当，期望值过高而导致紧张，另一方面是因为性格内向而不爱讲话，或吐字不清、不善讲话而引起紧张，这些紧张情绪都是可以通过心理训练来克服的。

在口语交际学习中，首先应明白紧张属于正常的心理现象，只要坚持训练，在众人面前大胆地表达，次数多了，紧张心理就会得到有效克服。其次，采用循序渐进的方法，经常不断地转换交流对象，设计不断变化的口语情境，强化口语交际能力，逐步扩大交际场合，也可以逐步克服紧张心理。此外，消除紧张情绪的方法还有提纲记忆法、目光训练法、呼吸调节法、调整动作法、专注所说法、预讲练习法。

（三）建构补偿心理

补偿心理是一种心理适应机制，是个体在适应社会的过程中出现一些偏差，为克服自己生理上的缺陷或心理上的不足带来的自卑感，而发展自己其他方面的长处、优势，赶上或超过他人的一种心理适应机制。正是这一心理机制的作用，成就了许多成功人士的业绩，成了他们超越自我的“涡轮增压”。解放黑奴的美国总统林肯，出身贫寒，且面貌丑陋，年轻时言谈举止缺乏风度，他对自己的这些缺陷十分敏感。为了补偿这些缺陷，他力求从教育方面来汲取力量，拼命自修以克服早期的知识贫乏和孤陋寡闻，最终成为有杰出贡献的美国总统。

其实，口语交际与之同理。因其他原因而自卑者，不妨在口语交际等方面寻求突破口；不善言辞者，不妨在交际的思想、内容等方面打造亮点。对于口语交际学习者，首先要让他们明白补偿心理的作用，并创造宽松的语言环境与和谐的讲话氛围，激发学习者讲话的积极性，使其心态开放，大胆自信，无拘无束地开口讲话。同时，在训练中少挑剔与批评，多宽容与鼓励，以此提高学习者口语交际的自信心，消除其恐惧表达的心理障碍；其次是要有合适的训练目标，即每一次训练都要有上限要求和下限要求。上限要求是针对中上水平学习者的，使他们能“吃得饱”，下限要求是基本要求，针对全体学习者。用下限要求来引导口语交际学习水平差的学生循序渐进，逐步增强口语交际的信心；第三是注意训练内容的选择，口语交际学习要从内容入手，内容选择得好，才能有话可说，有话想说。因此，应充分考虑学习者的年龄特征和生活经历，找准他们熟悉、感兴趣的话题，以便吸引他们积极、主动地参与口语交际学习；最后，要灵活运用训练方法，诸如听中练说、看中练说、做中练说、读中练说、编中练说等，也可以结合其他学科进行口语交际的练习。比如解说一个定理、一种现象；描述一位人物、一种事物；评议一个事件、一项活动等。这样，学习者在任何场合，遇到任何事物都能尝试发表自己的见解和看法，激发口语交际的兴趣。逐步树立信心，增长勇气，提高兴趣，走出逃避、畏惧口语交际学习的心理误区。

（四）克服自傲心理

自傲心理的产生归因于认知偏差，尤其是自我认知偏差。要克服自傲心理，必须正确认识口语交际学习的重要性。良好的口语交际能力不但与规范标准的语音、准确严谨而生动的措词用语有关，还与丰富的知识储备、高尚的道德情操、健康的情感心态等有着密不可分的联系。因此教师要积极干预、疏导，矫正学习者的自我认知偏差。具体来说，教师干预疏导的要领如下：

正确认识自我。“知人者智，自知者明。”要引导学生不断反省自我，全面客观地了解自我、把握自我。在认识自我时，要坚持两点论，既要看到自己的优点和长处，又要看到自己的缺点和不足，以做到扬长避短。不能盲目放大自己的优点。只有正确地审视自己、切实加强自身各方面的素质修养，才能真正达到口语交际学习的良好效果，提高口语交际的能力。

正确同他人比较。“以铜为镜可以正衣冠，以人为镜可以明得失。”要引导学生时刻保持谦虚上进之心，须知，山外有山，楼外有楼，将周围的人作为“自知”的镜子，在正确同他人对照、比较中反省和认识自己。在与人比较时，既要看到他人口语交际的缺点和劣势，更要看到他人的特长和优势，要从他人的优点中看到自己的不足和欠缺。不能总是拿自己的长处去对照他人的不足。

宽容和接纳他人。要引导学生不能过于苛求他人，要学会宽容和接纳别人的缺点与不足。不能因为别人有缺点和不足，就视为低劣、无能或感到嗤之以鼻，不足为伍。我们要学会正视他人的不足和缺点，且能够以此警示自己，做到“有则改之，无则加勉”。另外，宽容和接纳他人还包括要热情主动地帮助他人，做到共同进步和发展。能够尊重和关注他人，设身处地地为他人着想，谦逊友好地向他人学习，接受他人的意见和批评，改变自我中心的处事之道。

学会正确归因。为了消除盲目的自我欣赏，还应引导学生学会对自己的成功与挫折进行正确、全面的分析。在遭遇失败时，要检查自己是否有欠缺和不足，不能一味地怨天尤人，将过失归咎于客观因素；在获得成功时，要能够看到客观条件的优越和他人的帮助，不能将成绩一味地归于自己的能力和才干。这样，才不会自以为是，而是鼓励自己加倍努力。

（五）善于积极暗示

心理学家巴甫洛夫认为，暗示是人类最简单、最典型的条件反射，是指人接受外界或他人的愿望、观念、情绪、判断、态度影响的心理特点，是人们日常生活中，最常见的心理现象。积极暗示又称为“镜子技巧”，它是人或环境以非常自然的方式向个体发出信息，个体无意中接受这种信息，从而作出相应的反应的一种心理现象。从心理机制上讲，它是一种被主观意愿肯定的假设，不一定有根据，但由于主观上已肯定了它的存在，心理上便竭力趋向于这项内容。因此，积极的心理暗示可以带给人勇气和昂扬的斗志。一些教师、企业家、律师、演讲家在去讲课、演讲或参加社交活动时，先对着大镜子修饰一下自己的容貌，然后自信地凝视着自己的形象大声说几遍：你今天一定成功！最后精神焕发地跨出家门。自我肯定的潜意识会帮个体克服自卑与胆怯，增强信心。

积极的心理暗示在口语交际学习中具有重要的意义。如果在口语交际学习中发现有强大的对手，就可以通过积极暗示的方式鼓足自己的勇气："他能这样绝不是一朝一夕形成的，也许开始还不如我呢。"有人说"你所以感到伟大高不可攀，只因为自己跪着""如果我站起来，绝不比别人矮半截"，通过对自我的积极暗示，克服畏惧恐慌等不良心理，从而成功地完成口语交际。

（六）建立自信心理

1. 渐进训练。

如果在口语交际学习中，自卑心理一时不能很快克服，也不必急躁，可以用渐进训练的方法，即根据学习者的实际能力，分层次、分阶段地创设一些活动，利用跳起来摘苹果的效应，使学习有所发展。不妨从容易的事做起，即使不显眼，也不要放弃训练的机会，逐渐增强自信。比如，第一次演讲不成功，可以先从在自己班级（或小组）内讲一段话开始；与名人交谈太拘束，可以先从跟老师交谈做起；与性格内向的人交往不成功，可以先从与性格热情的人交往开始等。这些由易到难的训练，会使你发现自己并非不会交往、不会演讲、不会口语交际，在这个基础上，逐渐提高口语表达难度和交际水平。

2. 强化训练。

实施强化训练要注意设法激发训练欲望，训练时要以表扬鼓励为主，绝不要因为暂时效果不佳而产生新的心理负担。训练的具体方法有：让学生上台临时抽题（题目应与学生的自身特点相关，有助于肯定自我形象、提高自尊与自信）后当场讲述，然后其余同学评论、质疑、讨论，讲述者答辩，训练怎样稳定心理。指名上台讲述，介绍自己初次登台时的心理状态，以及如何用积极的自我暗示来稳定情绪的。也可以开展"心理咨询"活动，由教师或心理素质好的同学当场回答有关提高口语交际中的心理素质的问题。可以进行常识题快问快答比赛，训练应付突发提问的稳定心理。可以交叉到陌生班级做当场抽题短时间准备的短暂即兴演讲，锻炼在陌生人面前即兴讲话所需要的稳定与自信。可以让低年级学生到高年级班里演讲，由高年级学生质疑、评论，演讲人答辩，克服困难、增强自信。还可以创设情景如"演播室热门话题""记者招待会""新闻发布会"等训练在各种突发情况和尴尬场合的稳定心理和应变能力。

3. 变换评价角度。

学生往往习惯地认为自己普通话不标准，用语不规范，话题不新颖，观点不深刻，怕同学笑话，因此缄默不语。针对学生自我评价过低的自卑心理，教师要帮助他们发现自己的优点，鼓励他们充分展示自己的能力，学生每完成一个训练内容，教师都要给以肯定，若是演讲或辩论，教师更要带头鼓掌，或鼓励其登台的大胆，或表扬其话题的新颖，或肯定其思想的深刻，或称叹其语音的准确、表达的流畅、姿态的自然……这样，大家对发言者会刮目相看，每个学生都体验到成功的快乐，自信心会大大地增强。

此外，还有一些学习者的心理障碍以害羞、自闭等方式表现出来，这些心理就其实质来讲，都是因为缺乏自信，因而都可以运用以上的方法加以训练，消除口语交际学习的障碍。同时，培养良好的性格，也可以唤起学习口语交际的情感。一般来说，外向型的性格，开朗活泼，感情外露，善于与人交流，且交流时无拘无束，敢于把自己对问题的认识和见解表达出来。而内向型的性格沉郁孤僻，处事拘谨，不善于交际，对人冷漠，不愿合作交流，这就阻碍了交际能力的形成。因而，关注、了解和研究造成这种性格的原因，然后针对性地创设交际的环境和条件，如：选择感兴趣的话题，挑选自己喜欢的同伴一起玩，选择自己喜欢做的事情和同伴一起做，在无拘无束的活动中产生交流的愿望，可以逐渐养成想说、敢说、爱说的习惯。

总之，消除心理障碍，保持热情，树立自信，才能使我们在口语交际学习中的精力旺盛，思维灵活，智力呈现开放状态，有利于内部语言转化为外部语言，促使交际时言语顺畅、清晰、生动而有条理，口语交际的潜力可以得到充分发挥。

一言以蔽之，心理状态是口语交际训练中的一个内部因素，有了良好的心理状态，才能达到训练的预期目的，确保口语交际能力的提高。

第二节　口语交际学习动机的激发与兴趣的培养

动机是人们进行活动的内部原因和动力。口语交际学习的动机是激发口语交际行为，维持原有或引导新的口语交际行为的内部心理状态。由于动机具有向往、吸引、激励和激情性，所以口语交际动机总是能够使主体的主观意识和热情指向并集中于交际活动。理想的交际结果会促使主体以更大的热情和兴趣投入新的交际活动，交际中外来的信息及变化能激发主体的交际热情和创造灵感。“知之者不如好之者，好之者不如乐之者。”由此可见，激发口语交际动机，对口语交际能力的提高意义十分重大。

一、激发口语交际学习的动机

（一）明确口语交际学习的具体意义

明确口语交际的具体目标、任务和要求以及口语交际内容在实际工作、生活、学习中的具体意义，是激发口语交际学习动机的有效措施。只有明确了每次口语交际的具体意义，才会产生强烈的交际欲望，从而积极主动地参与口语交际活动。

（二）设置切实可行的口语交际学习期望

在口语交际学习中，人们总是期望能够积极交往、善于表达，表现出惊人的行为，每一个交际主体也盼望自己有“精彩”的“表演”。这是一种良好的心理倾向，是口语交际学习取得成功的精神基础。然而，由于心理期盼急切，往往导致现实与期盼脱钩，使学习的效果与最初愿望出现极大反差。学习中如果能够巧妙地把理想和自身的现实情况（自己的个性特点、知识经验、环境条件等）有机地结合起来，合理地进行自我期望，则会大大减少这种“反差”，提高口语交际学习的效益。

（三）利用口语交际的结果和反馈作用

心理学实验证明，人知道自己的学习结果，就可以对学习活动产生激励和矫正作用。学习的局部成功，可以提高学习的热情，增强努力的程度。同时，通过反馈又可以看到学习上的失误，进行矫正，引起认知焦虑，从而激发上进心。心理学的这种理论同样适用于口语交际学习。学习中，要抓住时机，及时总结和发现自己的交际成绩或效果，使口语交际兴趣持续不断地高涨。当看到自己的成功，精神上得到某种满足，伴随而来的是兴奋感、轻松感和愉悦感，同时也会产生一种自信，从而进一步引起兴趣，提高口语交际学习的积极性。我们知道，成功的心理满足是产生自信心的发端，有了自信心就能调动主观能动性去克服口语交际学习中的困难，维持参与口语交际活动的兴趣。

（四）利用原有动机进行转移

在口语交际学习中，如果缺乏口语交际学习的内在动力，可以利用原有的与口语交际学习相关的其他活动的动机，把这种动机转移到口语交际学习中来，创设出良好的乐学情境，促成对口语交际学习需要的产生。如把讲故事、表演文娱节目、上网等活动的内容引入口语交际学习中来，利用这些活动的形式将这些活动的动机转移到口语交际学习上来。

二、 培养口语交际学习的兴趣

兴趣是最好的老师，有了兴趣，思维才会活跃，口语交际学习才会顺利进行。为此，我们可以从以下五个方面来培养口语交际的兴趣。

（一）求新

心理学原理告诉我们，新异的事物能够引发人们的兴趣，突显“首因效应”。在口语交际学习中，选择新颖的学习内容、设计新颖的交际形式，也能激发学习者参与的热情，引发学习的积极性和主动性。比如：把口语交际的内容改编成感兴趣的文艺节目形式，做到题目新、内容新、形式新、手段新，就会有耳目一新之感，兴趣自然也来了。又如为了谈论语言的流变与规范，可先出示时下流行网络用语，以富有新意的网络用语激发学生探究的欲望。

（二）求异

好奇是人类的天性。用奇异的内容、奇异的手法激发口语交际学习的兴趣，一定能收到良好的效果。面对新奇，人会产生浓厚的兴趣和期盼，在这种热烈的内驱力推动下，学习的自主性会变得特别高。口语交际学习可望在热烈的氛围中轻松地完成，学习效果也能得到保证。比如，用“人生是悲壮的美丽画卷”之类新奇的话语激发口语交流者的兴趣，积极而深入地探讨人生的意义。

（三）尚美

爱美之心人皆有之。在口语交际学习中，用美的语言、美的音乐、美的画面或图像等，创设一个美的交际情境，其中所蕴含的美的力量一定能愉悦人的耳目，激荡人的心灵，开发人的智慧，触发人的情思，让我们产生爱美、寻美、创造美、表现美的冲动。如展示课件王羲之《兰亭集序》，以飘逸灵动的视觉审美冲击，激发学生兴趣，从而为探究书法艺术的美、表达对书法的理解作了情感上的“铺垫”。

（四）设疑

疑问有一种引人探索的力量。在口语交际学习中，如果有疑问，就能促使人产生交际的内驱力。所以，创设问题情境，也是激发口语交际学习兴趣的有效方法。例如，围绕 2011 年春晚上周杰伦的演唱谈时尚元素与传统因子的融合，不妨设疑以激趣：“没想到，今年春晚，周杰伦以歌曲《兰亭序》又火了一把。‘火’

在哪儿?”类似这样的疑问会引起学习者想要继续探索的兴趣，从而引导口语交际学习深入进行。

（五）激情

一般说来，人的兴趣与情感体验是紧密联系的。兴趣带有浓烈的情感色彩。动情的东西令人向往，能激发人的兴趣。但是，人的情感在常态下是内隐的、潜在的，只有通过激发，才能爆发并转为动态。在口语交际学习中，创设一定情境，调动情感，以情激趣，能使学习收到意想不到的效果。例如，重庆陈绍清老师在组织学生参加全国“环保征文”活动的写作之前，先组织了一次以环保为主题的口语交流活动，收效明显。我们来看一下陈老师以情激趣的引导语：

“朱自清先生‘心里颇不宁静’，于是来到月下荷塘，以排遣心中郁结的情绪。其实，走近自然，甚而拥抱自然的传统形成已久。读‘余霞散成绮，澄江静如练’，可以领略谢灵运眼中的如画美景；读‘明月松间照，清泉石上流’，可以欣赏王摩诘笔下的宁静画面；读‘绿树村边合，青山郭外斜’，可以感受孟浩然与自然融合的和谐统一。正因自然如此美丽，所以，明月青松，云岚流泉，常常成为封建士子远离尘嚣的处所，放逐心灵的牧场。于是，面对灵山秀水，飞鸟鸣蝉，王维便有‘随意春芳歇，王孙自可留’的依恋，陶潜便有‘采菊东篱下，悠然见南山’的怡然，墨客骚人便有‘物我两谐’‘物我两忘’的超然。当我们诗意地感受大千世界的美，理性地审视人与自然的情之后，我们便不难理解一个现象：寺庙道观，多傍于山林云瀑；篱墙村落，多现于水湄草际。我们也不难理解时下兴起的旅游热、农家乐，似乎这回归自然的大潮正诠释了‘天人合一’的哲学精神。是的，红尘无涯。面对远离伪饰、充满诗意的原生态天地，人们自有一种本能的焦灼、热切的渴盼。借用海德格尔的一句话：‘人，诗意地栖居在大地之上。’”

陈老师一番情动全班的情境描述，激发了学生对原生态自然景观的向往之情，再就如何保护自然、保护库区生态进行交流，学生不但有了兴趣，而且探讨、交流也比较深入。

口语交际学习的兴趣会引导口语交际学习活动不断深入，学生的成功体验会越来越多，学习口语交际的兴趣会更加浓厚，口语交际的技能技巧也会因此得以锻炼与培养。因此，科学而有效的培养与塑造个体口语交际学习的兴趣就显得至关重要。

第十一章　口语交际学习的评价

评价是任何一种学习活动不可或缺的重要环节，它是对学习情况的定性、定量反映，是对学生通过学习所形成能力的综合性评测，是调控学习的重要手段。一个人的自我学习尤其是学校的课堂学习，对学习结果的科学评价而获取效果反馈是必不可少的重要环节。口语交际学习的评价在口语交际学习的过程中实施开放、多元的评价，以促进学习主体口语交际学习能力的发展。

第一节　口语交际学习评价的原则

《义务教育语文课程标准（2011 年版）》指出：“口语交际的评价，须注重提高学生对口语交际的认识和表达沟通的水平”，“应按照不同学段的要求，综合考察学生的参与意识、情感态度和表达能力”，“评价宜在具体的交际情境中进行”。同时，《普通高中语文课程标准（实验）》也指出：“口语交际的评价，应考查学生参与口语交际实践活动的态度，能否把握口语交际的基本要求，善于倾听，在交流中捕捉重要的信息，清楚、准确、自信地表达自己的思想和感情。”

口语交际评价既要看到学生智力发展的一面，又要看到他们的情感、态度、动机、兴趣、意志和性格等非智力因素的一面。无论从事的是什么样的言语实践活动，人总是要借助一定的方法、伴随一定的情感态度，具有一定的价值观。

在实际情境中的交际，评价要能够反映学生的真实水平和能力。在评价时要为学生创设参与口语交际活动的生动情境，让学生承担有实际意义的交际人物，为学生提供在具体环境中从事口语交际实践的机会。交际中，双方是否能够围绕一定的话题展开讨论，或者根据对方的反映作出合适的调整，是否能够完成实际的交际任务等都是评价的主要内容。这样的评价，才能为学生的口语交际学习提供有效的评价。

一、 注重实效性

评价的实效性，表现在评价主体在评价时是否具有针对性，通过合理评价是否能促使学习主体了解到自身的长处与不足，并在以后的学习中自觉去予以发扬或改正。在实际的学习实践中学习评价主体习惯使用表扬和批评这样一种简单易行的评价方式，将评价简单化。比如在课堂上，一些教师对学生取得一点成绩时说："你说得真好"，"你说得不错"。这种评价方式会显得过分注重形式。为此，实施评价时，应考虑以下原则：

针对性。英国的 GeorgeYule 教授在研究口误时发现，口误是大脑在组织语言信息时出现了疏漏造成的。这也提示我们，正确的口语表达需要大脑正常的活动方式来支持。① 所以，对于学生好在哪里，要有针对性地指出来，以便学生更好地认识自我，比如"不错"，是发言的内容不错，还是表达方式不错，要有明确的指向性。

指向性。只有用贴切、恰当、具体、具有针对性和指向性的评价，学习主体才会明白就里，知其所以然，才会对学习主体有直接的促进作用。评价教师的教也要恰当、中肯。比如，对教师口语课堂教学的评价用"这堂课好""这堂课不好"这样笼统、高度概括的语言，"好"或"不好"是指"口语交际话题的选择"呢，还是指"教师引导""交际网络的构建"或"交际平台的搭建"？要有明确的指向。

确定性。如果在评价教与学时，不是建立在对教学与学习情况的具体分析上，评价也就消减了自身应有的价值。评价要准确而恰当，如对教师的教学评价用"口语交际话题的选择贴近学生生活，学生有话可说""对学生的交际语言评价贴切，有激励性"等评语；对学生评价用"说得对""说得清楚明白""表达准确"和"说得通顺""说得具体""语言得体""语言简洁""说得生动、形象"等评语。这些评语可以确定其内涵和作用，使评价发挥出实效性。

---

① GeorgeYule. 语言研究［M］. 北京：外语教学与研究出版社，2002.

二、 突出参与性

口语交际的参与性评价在于引导更多的学习主体参与其中。

口语交际学习过程中应该重视全员参与的原则，以提高每一个学习主体的口语交际能力。我们知道，口语交际能力的培养应在双向互动的语言实践中进行。如果在学校课堂教育情境中，口语交际教学的互动方式有很多种，如：生生互动、师生互动、群体互动等。生生互动是学生与学生之间的思想交流的过程，这种方式容易激活学生思维，在这种互动中，学生的合作精神、交际能力能得到更好的培养和提高。师生互动注重教师与学生之间的相互交融，教师要把自己作为交际活动的组织者，让学生成为活动的主人。群体互动是指小组合作学习或者全班式的集体学习，甚至包括走出课堂与他人交流，学生的参与面更广，探究问题更深入，效果更明显。在口语交际教学中，充分发挥典型示范的作用对学生而言是很有必要的，但是通常情况下不能只是局限于优秀学生而让其他的学生充当观众。

三、 强调指引性

“评价学生的口语交际能力，应重视考查学生的参与意识和情意态度。评价必须在具体的交际情境中进行，让学生承担有实际意义的交际任务，以反映学生真实的口语交际水平。”① 因此，口语交际学习评价应尽量为下一阶段主体的学习指明方向。

引导口语交际活动中的方法、内容和价值指向。比如肯定学习主体在辩论中发言积极，可以说“某同学发言积极”也可以说“某同学反应敏捷，迅速抓住了对方要点予以反驳”。这样更能够激起学生说话的热情，另外，富于新意的评价方式还可以培养学生的创新意识，应当强调的是，评价可以体现新颖性，但不能为了求新而摆花架子，使评价华而不实。

引导口语交际活动中的问题解决。口语交际者在参与活动中知道“怎样改进和完善”，而且还知道“为什么这样改进和完善”。比如，学生说话中出现支吾或停顿的现象，其原因就是多方面的，有的是因上课精力不集中没读懂文本，或没

① 伽达默尔. 赞美理论：伽达默尔选集［M］，上海：上海三联书店，1988.

听清楚话题而无言对答；有的因认知水平低，读不懂文本，把握不住要点，或是抓不住对方辩题错误而无话可说；有的是心里明白却找不到合适的词句进行表述；有的是受前面表述中出现的毛病的影响而心里紧张等。遇到这种情况，教师应迅速地进行引导、点拨，让学生获得“豁然开朗”“瞬间顿悟”，从而接着把话说通、说顺。

引导新的任务、目标、方法和思路。口语交际能力的养成并不是一个短暂的过程，它需要长期不懈的学习，而适当的评价方式既可以延续学生的说话兴趣，又可以使学生对下一步的说话训练有一个预先的感知，为下一步的学习做好前期的准备，进而保证在连续的训练过程中达到促进学生语言口头表达能力不断提高的目的。

第二节　口语交际学习评价标准

口语交际学习是指导者与学习主体，学习主体与主体之间的多边互动活动，因此，评价标准的制定既要关照指导者的指导，又要依据学习者本身的学习。

一、 学习指导者的评价标准

（一）理论素养

在学校的学习环境中，教师作为教学行为的实施者，是课程改革成败与否的一个关键因素，而其教学理念的先进与落后又直接影响到教学的实际效果。所以，在评价时应特别关注：教师自觉凸现新课程标准的精神，体现出新课程标准所倡导的新理念；教师应在口语交际的教学实施过程中，有意识地运用新课程理念指导自己的教学行为和评价方式。

（二）专业素养

口语交际的过程是开放性和不确定性的。它取决于口语交际双方的共同构建。口语交际学习所具有的这种灵活性和不确定性，对教师的专业素质提出了更高的要求：（1）相关知识储备丰富，能充分利用各种学习资源，引导学生实现跨学科学习。（2）有较强的语言能力，普通话标准、流利，表达简明、清晰、连贯、得体，能利用语言的抑扬顿挫调动学生的情绪。（3）有灵活应变的机智，能根据学生认知水平、年龄心理特征、课堂实际、学习资源和语文学习规律等情况给予及时恰当的评价。

（三）评价策略

口语交际教学主要关注话题的设计、活动的实施和活动的评价三个方面。口语交际活动的评价，应该在交际话题的设计中有所预设，在活动实施中的评价，则要能够贴近学生口语交际的客观实际而讲究灵活性。在评价中，教师能准确地把握交际话题，使交际话题中所包含的语文基础知识和基本能力要求符合当前学生的认知水平，引导学生对交际话题发表自己独到的见解。

二、 学习者的评价标准

新课程标准根据当前社会发展实际对语文教育和学生语文学习的要求，从“知识和能力”“过程和方法”“情感态度和价值观”三个方面来考查学生的学习。口语交际学习也应特别注重针对这三个维度进行评价。

（一）知识与能力

根据皮连生的观点，知识是个体通过与其环境相互作用后获得的信息及其组织，被储存于个体内，即为个人知识，通过书本或其他媒介储存于个体外，即为人类知识。知识是能力的凭借，能力是对知识的运用，两者是密切结合的。口语交际的知识和能力主要包括：①能理解对方的观点和意图，抓住中心与要点。②讲述见闻，内容具体，语言生动。复述转述，完整准确、突出要点。③阐述自己的观点做到语音正确、语句连贯、条理清楚、中心突出。④讨论问题，围绕话题、表述充分。⑤能文明得体地交流，有一定的交际意识和应对能力。⑥能够做到语音正确、语句连贯、条理清楚、中心突出。⑥注意表情和语气，说话有感染力和说服力。

（二）过程与方法

对于知识的掌握并不能只看其结果，还应关注其过程和方法，只有在学习过程中采取合理的方法才能保证知识的高效吸收并内化为自身的素质。在口语交际学习中应注意以下几点：①养成说普通话的习惯，听人说话有耐心。②能自信、负责地表达自己的观点。③适时调整自己的表达内容和方式。④能就不理解的地方向对方请教，就不同的意见与人商讨。

（三）情感态度与价值观

语文新课程从全面提高学生语文素养出发，加强了课程目标中“情感态度价值观”这一重要维度，鲜明地体现了这次课程改革的新理念。而新的课程标准在注重语文课程人文性的框架下，把培养学生高尚的道德情操和健康的审美情趣纳入语文课程的教学内容，是一个教学目标从“显性”向“隐性”深化的体现。具体到口语交际教学中，主要表现在：①能耐心、专注地倾听别人说话，懂文明，有修养。②有表达的自信心。③讲述见闻时能说出自己的感受和想法，感情准确。④能积极参与问题的讨论。⑤与人交流能尊重对方，抵制不文明语言。⑥交际中注意语言美。

第三节　口语交际学习的评价指标体系

一、口语交际学习评价目的、范围和内容

（一）评价目的是提高学习主体口语交际学习能力

评价的目的不仅是为了考查学习主体达到学习目标的程度，更是为了检验和改进学习主体的语文学习过程，从而有效地促进学习主体的发展，不应过分强调评价的甄别和选拔功能。评价的目的是为了检验学习主体的学习情况，反馈信息、改善教学。有针对性的评价，可以鼓励学生，激发他们的参与热情；口语交际评价同时也是为了发现学生口语交际方面的优势和不足，促进教师改进教学方法、学生提高口语交际能力。因此，教师和学生应看到评价的积极作用，认真进行评价。

（二）评价范围以口语交际能力特点为基础

言语交际学着眼于言语的行为方式，即从人际交往的角度来研究言语，研究语言运用于交际的运动状态。在言语交际学的视野中，口语交际是一个双向信息交流的运动过程，是一个多层次的动态复合系统。在这个系统中，除了语言及其伴随手段之外，还包括交际活动的参与者、交际动机、交际环境等多种因素。这些因素的存在使口语交际教学突破了听说的狭隘框架，要求教师不仅要教会学生发出一定意义的语音，掌握一定数量的词汇，说出结构正确的句子，而且要关注学生能否较好地把握交际过程中的诸多因素，正确理解每一具体语境下的话语，说出正确、流利、得体的语言，较好地达到

自己的交际目的。

口语交际学习的特点，要求评价学生的口语交际能力必须是基于母语背景下，对学生认识水平、表达能力和情感态度等综合素质的全面测评，力求做到：(1) 应让学生承担有实际意义的交际任务，为学生提供在具体语言环境中从事口语交际的实践机会。(2) 为学生创造参与口语交际活动的生动情境。

（三）评价内容以能力发展的阶段性为基准

当前我国基础教育评价中在评价内容方面存在的主要问题是：仍然过多倚重学科知识，特别是课本上的知识，而忽视了实践能力、创新精神，以及情感、态度和习惯等综合素质的考查。因此明确口语交际评价的内容是进行有效的口语交际评价的前提。《义务教育语文课程标准（2011 年版）》和《普通高中语文课程标准（实验）》在课程目标中明确了义务教育阶段和普通高中阶段语文口语交际学习的主要内容，据此可以设计相应的评价项目，如下表所示：

1-12 年级口语交际学习评价项目

		1-2 年级		3-4 年级		5-6 年级		7-9 年级		10-12 年级	
分项	总体	分项	总体	分项	总体	分项	总体	分项	总体	分项	总体
倾听		听讲		倾听		听讲		倾听		倾听	
复述		复述		复述				复述			
转述				转述		转述		转述			
讲述		讲述		讲述				讲述			
发言		发言				发言		发言		表达	
演讲								演讲		演讲	
交谈		交谈		请教		交流		交流			
讨论		讨论		商讨		讨论		讨论		讨论	
辩论										辩论	
辩驳										辩驳	
	对象						对象		对象		人际
	场合						场合		场合		场合
	普通话		普通话		普通话		普通话		普通话		普通话
	语言						语言		话语		语境
	语气						语气				语气

续表

		1-2 年级		3-4 年级		5-6 年级		7-9 年级		10-12 年级	
分项	总体	分项	总体	分项	总体	分项	总体	分项	总体	分项	总体
	语调						语调				语调
	表情								表情		表情
	手势								手势		手势
	仪态										仪态
	心理										心理
	观点								观点		观点
	材料								材料		材料
	方式						条理		方式		

从上表中，我们可以看到 1-12 年级的语文口语交际的内容分成五个阶段，每个阶段都对分项要求（如：倾听、复述、转述、讲述、发言、演讲、交谈、讨论等）和总体要求（如：对象、场合、普通话、语言、语气、语调、表情、手势等）都做了详细的分门别类。并且对每个阶段的学生的要求又不是一样的，是既具有阶段性，又具有连续性。循序渐进、分项要求与总体要求相统一的方式提高学生的口语交际素养。

口语交际学习评价既要注意到学生学习口语交际的阶段性，又要注意到把分项要求与总体要求结合起来，还要注意到学生全体与学生个别差别。

（四）评价主体多元化

多元评价使评价成为学校、教师、学生、同伴、家长等多个主体共同积极参与的交互活动。在口语交际教学中，多一个评价主体，就多了一把衡量的尺度。

学生自我评价是学生通过对自身的反思形式，其本身也是口语交际的一种极好的训练和实践。学生主体地位的充分肯定，能够充分调动他们的积极性，增强其自信心。教师评价主要体现在对学生课堂上的表现所作的评价，如参与交际的积极性、回答问题的针对性、表述是否流利、别人发言时的倾听态度等以及语气、语态、情感等方面的综合素质与能力。教师评价还包括学生日常口语交际行为，如通过开展班级活动、课外实践活动等形式观察学生的表现。校外的交际在学生的口语交际活动中占很大的比例，家长的参与，能及时发现学生家庭生活中口语交际方面优点和不足。交际主体间的互相评价可以让学生相互交流和学习，取长补短，会对自我的完善有着很好的促进作用。

二、 口语交际学习评价指标体系的构建

口语交际学习的评价对学习起着导向和监控作用，有利于促进学生学习目标的实现。新课程改革下的《语文课程标准》把口语能力作为一种重要的语文素养被提出来，并且有明确的目标和要求。所以，口语交际能力评价的体系建构十分必要。

（一）构建评价指标体系的原则

1. 主体性原则。

学生是学习的主体，评价应以学生为主体，应有益于学生认识自我，树立自信；使学生认识到自我评价对于学习能力发展的意义，学会自我评价的方法，并在学习中积极、有效地加以运用，不断提高学习的自主性。在评价活动中，学生都应是积极的参与者和合作者。

2. 发展性原则。

口语交际能力评价的任务是对学生口语交际过程中的表现、所取得的成绩以及所反映出的情感、态度、策略等方面的发展作出评价。口语交际能力评价要为学生口语交际能力的发展提供有效的信息，激发学生认识自我、发展自我、完善自我。

3. 过程性原则。

口语交际能力的培养要在双向互动的语言实践中进行，要有意识地利用语言教学的各个环节，在课内外创设多种多样的交际情境，鼓励学生在日常生活当中锻炼口语交际能力。又由于评价是与交际过程并行的一种持续的、动态的过程，所以，口语交际评价应贯穿于交际活动的每一个环节之中，不仅要重视对学习结果的评价，更应重视过程性评价。

4. 互动性原则。

在教学评价过程中，评价者与评价对象是一种“交互主体”的关系。口语交际评价要强调学生的主体意识和主动参与，评价形式包括学生自评、学生互评、教师对学生的评价和家长对孩子的评价。评价过程是一种民主参与、协商和交往

的过程，评价的有效性应建立在鼓励学生积极参与，并最大限度接受评价结果的基础之上。

（二）评价指标体系的依据

口语交际素养的形成，具有重过程、重体验的特点，所以评价学生的口语交际素养不能简单地以口语交际学习实践的活动结果作为主要依据，而应将学生口语交际学习的过程与结果统一起来，以学生在口语交际学习实践活动中的表现作为评价的重点。

中小学生口语交际能力发展表现出一定的阶段性特点。中小学生口语交际能力发展的年龄特征是中小学生口语交际能力评价的重要依据。

1. 低年级学生从自我中心向自我意识过渡。

随着交际对象的扩大和任务意识的培养，小学生逐步意识到说话应考虑对象，要注意到对方。其自我中心言语逐渐减弱，应对能力不断增强，不仅可以利用情感手段进行交往以达到交往目的，而且能够进行比较积极的口语交际活动。他们对感兴趣的事物主动发问，开始具有倾听意识，并能够对发问作出一定的回应，交际的目的性逐步得到加强。但在理解别人的讲话时，还有一定的自我中心倾向。这主要表现在听成人讲话时，他并不要求成人对所说的话进行解释，而是把所听到的内容吸收到自己所能够理解的格式中，并且随即用一种明确不变而十分绝对的意义去说明这些词句。

2. 中年级学生开始具有初步的合作意识。

中年级学生在交谈时能认真倾听，基本理解他人的意思，并能就不理解的内容向人请教和商讨；听人说话能把握主要内容，并能简要转述：能清楚明白地讲述见闻，并说出自己的感受和想法；能具体生动地讲述故事，努力用语言打动他人。他们的自我调控能力有所发展，主动与他人交往的意识增加。他们的具体形象思维更加活跃，抽象逻辑思维逐渐发展，是观察力发展的敏感期，在表达时，逻辑顺序成分逐步增加，与之相呼应，因果关系的叙述也逐步明确起来。

3. 高年级学生能够选择适当的交际方式。

随着交际对象由家庭、学校向社会逐步拓展，高年级学生口语交际经验不断积累，他们逐步能够根据交际对象和交际的语境的需要，选择适当的交际方式来完成交际任务。由于抽象逻辑思维能力和内部言语的发展，高年级学生的理解能力显著加强，能够觉察口语交际中的不同观点，并能根据话语内容进行简单推论。高年级学生的交际对象意识进一步加强，他们已经尝试进行自我控制，并注意自己的言行所产生的影响。同时在情感态度特征方面的表现也充分体现了他们调控能力的不断提高。总体来说，高年级段的学生已开始走向相对成熟。

（三）评价指标体系的具体内容

口语交际能力评价指标体系要注重可操作性，力求简便易行，适用于口语交际课、语文教学中的各个环节及日常生活中。它保证学生、教师和家长都可以积极介入到学生的口语能力的评价中。

表 1：中小学语文口语交际能力评价表

学生姓名：　　　　　　　　　　班级：

一级指标	二级指标	单项得分					评价记录
		5	4	3	2	1	
倾听能力（20 分）	给对方留出讲话的时间，听话听完整						
	带着友善的态度耐心地倾听，听话要专注						
	边听边作出适度的情感反应						
	能够听出对方说话的要点，听话理解准确						
表达能力（30 分）	口齿清楚，声音响亮						
	词汇丰富，表达清楚、准确、规范						
	没有口头禅，停顿适当，句子简约、清楚、准确						
	语言流畅，思路清晰，能适当地运用响应与过渡						
	说话符合当时的场合、时间和情景						
	对对方的话较恰当、巧妙和迅速地作出反应						
交流能力（20 分）	围绕共同的话题，畅所欲言						
	针对对方的话，发表自己的意见						
	实事求是，合情合理						
	意见不一致时，保持心平气和						

续表

一级指标	二级指标					单项得分					评价记录
						5	4	3	2	1	
表现性行为（20 分）	说话自信										
	态度诚恳，礼貌谦逊										
	姿态自然大方，掌握分寸										
	交往中积极主动										
普通话（10 分）	有说普通话的良好习惯										
	能正确、流利地说普通话										
总体评价	总分	四星（85-100）	三星（75-84）	二星（60-74）	一星（60 以下）						

评价人姓名：　　　　评价人身份：□家长 □老师 □学生　　　　评价时间：

以上表格是一份通用表格，各项指标可以在不同年级、不同内容的口语交际中运用。在实施过程中，执教者还可以根据教学内容、教学对象、教学目标、教学实情将表格细化。

（四）实施评价指标体系的要求

转变观念，更新思想。《语文课程标准》强调培养学生的交际能力，把口语交际能力看作是现代公民的必备素养。为此，教师首先要转变观念，更新思想，变以往的“传授者、指导者”为“参与者、引导者”。

遵循规律，开展研究。有目的、有计划地开展实施研究，熟悉评价指标，讨论评价指标的可行性。要以辩证的态度认识研究的科学性，遵循“实践——理论——再实践”的认识规律，努力吸取各种先进的教学评价思想；通过实践，合理实施口语交际评价体系；通过研究，不断总结新的经验，优化口语评价体系。

实事求是，以评促教。教师可以通过对学生参与课堂活动情况的观察、记录与周期性的检测，及时了解学生的学习状况，为反思教学和辅导学习困难学生提供第一手材料，从而能及时解决学生学习上的困难和有效地修正完善教学行为。

全员激励，以评导学。评价要全员激励，既要调动优秀学生的积极性，又要使大多数处于一般状态的学生、特别是性格内向、口头表达能力差的、成绩不好的学生能发挥积极性。评价目标能统领整个教与学的过程，可以让学生了解要评价的内容、形式和难易程度，在学习中有意识地去培养自己的口语交际能力，从而达到以评导学的效果。

拓宽渠道，多元评价。为使评价能够较为全面如实地反映学生学习情况，应拓宽评价渠道。评价主体应由学生、教师、家长组成，变教师评价为多元评价。同时，要摆正教师在评价中的主导地位，又要体现学生和家长，特别是学生评价的主动权，切实提高评价功能。

第四节　口语交际学习评价的方法

新课标提出了许多新的评价理念和评价方法。如“语文课程评价的目的不仅是为了考查学生实现课程目标的程度，更是为了检验和改进学生的语文学习和教师的教学，改善课程设计，完善教学过程，从而有效地促进学生的发展”，“加强形成性评价，提倡采用成长记录的方式”，“重视定性评价”，“加强学生的自我评价和相互评价”等等。在这些新的评价理念的指导下，语文教师应如何把握和运用各种语文评价方法呢？

一、　语文评价的主要方法

语文评价中使用的主要方法可以归纳为以下七种：

（一）标准测验

标准测验是由测验专家经过标准化的程序而设计的测验。这类测验的问题和项目内容是根据测验的目的与对象，通过实验在统计上得到充分验证，并且能够明确表示测验的可信性和恰当性。其形式有判断、选择、问答等，评分标准答案是根据事先实施的广泛测验结果确定的，所以它能用来在全国或一个地区这样大的范围内把握每个学生或班级、学校的学力水平。

（二）自编测验

自编测验是教师按照自己的教学进度，根据需要由自己出题和评分的测验。教师对自己所重视的或同目标有关的范围内要把握的问题进行测验，其目的在于掌握学生的学习情况，了解教学效果，找到教学中的不足之处。

（三）观察法

教师在教室内外，随时可以观察学生的学习、生活情况和行为表现，例如学生做作业的态度、准备功课的情形、学习的方法、与同学相处的情况等。利用观察法有利于教师了解学生学习的困难和可能造成困难的原因。

（四）面谈法（回答法、口试）

面谈法是以师生相互间的交流为其特征的。在中小学语文评价里，采用面谈法，一方面可以详细深入地了解学生的主观动机、情感态度以及他们客观存在的问题等，并据此对学生作出全面的评价；另一方面可以用于对学生口语交际能力的评价。师生面谈的过程就是一个口语交际的过程，通过面谈，教师可以掌握学生的思维过程和语言组织表达能力。

（五）自我评价法

自我评价是指学生自己参照标准体系对自己的活动状况或发展状况进行自我鉴定。学生积极参与到评价活动中来，不仅有助于学生及时发现自己的问题并予以改进，而且有利于消除教师与学生之间可能出现的对立情绪，使评价结论更容易为学生所接受。让学生自我评价他们的行为（或结果），与教师的评价进行对比是非常有用的。它可以帮助学生更好地理解教学目标，并进一步向目标前进，它还能发展学生自我评价的技能。

（六）问卷法

指采用专家或教师设计的各种问卷对学生进行分析评价的方法。采用问卷法可以测查出学生表面上不显露的知识、态度、意见、过去发生的事件以及长期以来的行为等。问卷法要求学生或家长依据一定的标准和自己的判断，真实地回答问卷问题，这种回答是没有对错之分的。问卷法可以就各种问题，比较经济而有效地收集到所需资料，所以它被广泛采用。

（七）作品分析法

这是一种以学生的作业、测试卷、日记、自述、作文、创作活动等作品为对象，对学生进行分析评价的方法。成长记录袋是其中一种典型的方法。成长记录袋是显示学生学习成就信息的一连串表现、作品、评价结果以及其他相关记录和资料的汇集。成长记录袋评价的主要目的是要通过大量材料的收集和学生本人对材料的反省，客观而又形象地反映学生在某一领域里的进步、成就及其问题，以增强学生的自信心，提高学生自我评价、自我反省的能力。

二、 评价方法的恰当选择

（一）根据课程三维目标选择合适的评价方法

新课标中的课程目标是从知识和能力、过程和方法、情感态度和价值观三个维度来设计的。具体分析这三个维度，我们可以把它们细分为下述五个侧面：

（1）对字、词、句、篇等基本知识的识记与理解。（2）语文学习中所需的分析能力、逻辑思维能力和想象能力。（3）口语交际、阅读、写作等所重视的各种技能。（4）对该学科所涉及的对象、事实等的兴趣和关心。（5）学习语文学科所应持有的基本的学习态度和创造精神。

不同的侧面适用于不同的方法。例如，在评价“基本知识的识记和理解”这一侧面时，标准测验、教师自编的测验、面谈法等较为适宜，而在评价“分析和逻辑思维能力”的时候又以面谈法为佳。（见表2）

表2：与评价维度相适应的评价方法

	识记与理解	分析能力、逻辑思维能力和想象能力	技能	态度	兴趣关心
标准测验	O	△	△		
自编测验	O	△	△		
观察法	O	△	O	△	△
面谈法	O	O		△	O
自我评价法	O	O	O	O	O
问卷法	O	O		O	O
作品分析法	O	△	O	O	△

注：O表示适用，△表示基本适用。

（二）根据评价领域选择适应的评价方法

语文课程标准的阶段目标从识字与写字、阅读、写作（1-2年级为“写话”，3-6年级为“习作”）、口语交际等四个方面对学生提出了要求。为加强语文课程与其他课程以及生活的联系，新课标还提出了“综合性学习”的要求。这五个领域的特点不一样，因此评价方法也不一样。例如，标准测验和教师自编的测验对“识字与写字”的评价较为合适，但对评价“综合性学习”就不甚合适了（见表3）。

表 3：与评价领域相适应的评价方法

	识字与写字	阅读	写作	口语交际	综合性学习
标准测验	O	△	△	△	
自编测验	O	△	△		
观察法	△	△	△	△	O
面谈法	△	O	△	O	△
自我评价法	O	O	O	O	O
问卷法		O	O	△	△
作品分析法	O	O	O	△	O

注：O 表示适用，△表示基本适用。

运用各种评价方法最理想的是既能深刻地把握住学生的实际学习状况，又能根据把握到的结果对学生作出客观的评价。但实际上任何一种方法都难能兼备这两种职能。多数情况是能对学生进行深刻评价的方法可能缺乏客观性，而客观的评价方法则只能把握表面的东西。

选择口语交际评价方法时应注意一些问题：评价者要把形成性评价和终结性评价结合起来，把定性与定量的方法结合起来，这样才能有效地描述学生口语交际全面发展的状况。采取形成性评价是为了教师更自由地选择合适的教学技术和程序，以及全面而有效地在较自然的学习情况中系统地评价每个学生的能力。从评价效率的考虑，评价要简单易行，不加重学生和教师的负担。教师还应采取积极的诊断和补救措施。如果给儿童提供了较低的分数或反面的评语，但没有让儿童清楚地认识到为什么，以及怎样改正，那么评价就会产生消极的影响。

三、 评价方法综合运用

开展口语交际学习评价方法研究，对完善中小学语文教学评价体系，贯彻落实《语文课程标准》，全面提高中小学生的语文素养，具有重要的意义。

（一）定性评价与定量评价相结合

1. 定量评价。

我们以往的语文教学评价采用的是以考试为表现形式的定量评价，就是力图把复杂的学生语文能力发展简化为分数，进而通过分数的比较与分析，推断某一评价内容的效果。还可以编制出测评工具，指定成口语交际能力的示范性评价量表。定量评价如果使用得当，的确能够发现一些问题，并提供具有说服力的根据。

2. 定性评价。

我们过去的评价目的往往追求唯量化评价，甚至简单化为分数评价。把复杂的语文能力发展简单化为数字，不仅丢失了许多非量化的重要信息，而且还会歪曲教育信息。为了全面、客观、准确地反映学生口语交际能力发展状况，并为进一步促进学生口语交际能力发展提供真实可靠的根据，学生口语交际能力评价还必须有定性评价。在教学过程中，结合知识运用的具体情景，重视师生的主体性和创造性（见表4）。

表4：定性评价表·口头答问示例①

班级　　姓名　　核查者　　时间
指导语：阅读下面每一题目，观察学生实际行为表现， 在满意处打上+，不满意处打上-。
1. （　）注意力集中，听清并理解了提出的问题。 2. （　）回答问题前，查找了有关资料。 3. （　）乐于思考问题，主动要求回答问题。 4. （　）用普通话回答问题。 5. （　）声音洪亮，语言清晰、连贯。 6. （　）明确、有条理地表述了自己的观点。 7. （　）答案来源于独立思考或合作交流。 8. （　）答案完整、正确。 9. （　）答案有自己的见解，有创新。 10. （　）回答问题时，自信坦诚，体态语适度、自然。
反馈（或反思）：

3. 定性评价与定量评价相结合。

把定量评价与定性评价在真实性取向的口语交际能力评价条件下统一起来，综合考查学生的实际表现，对他们真实的口语交际水平尽可能作出全面、客观的评价。突破知识评价的模式，尊重学生的主体性与创造性，改进口语交际学习方

① 王华．口语交际能力评价策略构想〔J〕．语文建设．2005.（9）

式和提高学生口语交际能力（见表5）。

表5：口语交际能力综合评价量规①

<table>
<tr><th rowspan="2">一级指标</th><th rowspan="2">二级指标</th><th colspan="3">三级指标</th><th rowspan="2">单向等级</th><th rowspan="2">评价方式</th><th colspan="2">附件</th></tr>
<tr><th>知识与能力</th><th>过程与方法</th><th>情感与态度</th><th>有</th><th>无</th></tr>
<tr><td rowspan="6">规定项目</td><td>朗读</td><td></td><td></td><td></td><td></td><td></td><td></td><td></td></tr>
<tr><td>交谈</td><td></td><td></td><td></td><td></td><td></td><td></td><td></td></tr>
<tr><td>讨论</td><td></td><td></td><td></td><td></td><td></td><td></td><td></td></tr>
<tr><td>演讲</td><td></td><td></td><td></td><td></td><td></td><td></td><td></td></tr>
<tr><td>采访</td><td></td><td></td><td></td><td></td><td></td><td></td><td></td></tr>
<tr><td>辩论</td><td></td><td></td><td></td><td></td><td></td><td></td><td></td></tr>
<tr><td rowspan="2">自选项目</td><td></td><td></td><td></td><td></td><td></td><td></td><td></td><td></td></tr>
<tr><td></td><td></td><td></td><td></td><td></td><td></td><td></td><td></td></tr>
<tr><td>综合评价</td><td></td><td></td><td></td><td></td><td></td><td></td><td></td><td></td></tr>
<tr><td>教师、学生和家长评语</td><td></td><td></td><td></td><td></td><td></td><td></td><td></td><td></td></tr>
</table>

（二）形成性评价与总结性评价相结合

在以中小学口语交际能力为对象的评价活动中，形成性评价与总结性评价作为两类不同性质的评价。在具体的评价活动中，其评价主体以及评价方法都会有所不同。

1. 总结性评价。

这一类评价是经过一定阶段的学习，通过评价了解学生口语交际能力的发展状况。一般在每个学段结束时实施评价。这种总结性评价主要是一种能力评价，即利用事先编制好的评价工具，对学生在一个阶段内习得的口语交际能力进行评价。在这种类型的评价中，最重要的是设计评价工具。工具的合理性和可行性是决定评价是否有效的关键。

在设计评价量表时，我们根据中小学生口语交际能力发展的年龄特点，参照课程标准的要求，选取各年龄段中小学生典型的口语交际实践活动作为测试项目。其中，低年级段包括复述故事、提供素材讲述、讲述见闻、情景交流四个部

① 王华．口语交际能力评价策略构想〔J〕．语文建设．2005．（9）

分；中年级段包括转述、讲述见闻、情景性交流三个部分；高年级段包括转述、即兴发言、主题讨论三个部分。每一个测试活动都从内容、语言、情感态度特征等方面划分出不同等级，并给出各等级的具体表现，以便测试者在评价时参照。

低年级复述故事时的评价标准：

1. 内容：
   A. 情节完整，要素齐全（在时间、地点、人物，事件的原因、经过和结果中具备4个以上要素），条理清晰；
   B. 有较为完整的情节（在时间、地点、人物，事件的原因、经过和结果中具备3个以上要素），有条理；
   C. 情节杂乱，跳跃性大，要素欠缺，主题不明；
   D. 不会讲述或语无伦次乱讲。
2. 语言：
   A：语句通顺，句子结构完整，句子较多，表达较为流畅；
   B：语句通顺，句子结构完整，句子较少，表达欠流畅；
   C：语句欠通顺，但主要成分正确；
   D：语句不通顺或不会说。
3. 情感态度特征：
   A：态度自然大方，能吸引听众，有感染力，听众反应较好；
   B：态度自然大方，有一定感染力，但语调平淡，效果一般；
   C：态度欠自然，独自讲述，欠感染力；
   D：精神紧张、不敢发言。

在具体的评价活动中，首先根据评价对象在具体交际活动中的表现，确定中小学生口语交际能力各个侧面的发展等级，然后把等级转化为分数进行统计分析，最终确定评价对象的总体发展水平和评价对象在语言、内容、情感态度特征等不同侧面的发展状况，并给出有针对性的评语和教学建议。

实际上，终结性评价的重要作用不在于单独实施评价，而在于提高教师对口语交际能力评价工作的认识，有助于教师在日常工作和生活中观察评价学生的口语交际能力发展水平，并及时发现学生口语交际能力发展中存在的问题，以便通过及时有效的教育引导来促进小学生口语交际能力的健康发展，根据不同年龄段儿童口语交际能力发展的特点，采取相应的方式进行评价。

2. 形成性评价。

这一类评价主要是在教学过程中开展的评价，它体现为日常评价方法的提炼和总结。中学生口语交际能力评价的特点决定了口语交际能力评价应以形成性评价为主，以评价对口语交际学习及时有效的指导为基本指导思想。口语交际能力构成的复杂性，使得口语交际能力评价不可能在很短的时间内完成（那样将无法保证测验的科学性和准确性）。

中小学语文教师大都是通过日常观察来了解中小学生口语交际能力的发展状况的，但这种无意识、无重点的随意观察与科学的口语交际形成性评价的要求相差甚远，也很难全面而真实地反映中小学生口语交际能力发展的实际水平和存在的问题，更谈不上基于形成性评价而进行有针对性的教学指导。要改变上述状况，仅有对口语交际能力的认识和在日常教学工作中观察的自觉性是不够的，还必须有一套科学的、操作性很强的评价方式方法。其中，确定不同年龄段中小学生典型的口语交际活动和观察评价的重点就是当务之急的一项重要工作。

3. 形成性和总结性评价的结合。

总结评价依据的是相对稳定的工具，评价的对象主要是口语交际能力。形成性评价则把口语交际能力的复杂特性作为自己的评价对象，特别是口语交际能力与语境相结合。在开展这一类型的评价时，评价决不能囿于测量的观点，而应从价值关联的角度，从人与人相互理解的角度思考评价问题，特别是以情感、价值观为评价对象的评价，更要从全新的视角来审视评价。也就是说以人文评价方法论来指导评价活动。在这类评价中，没有一个固定的方法和工具，评价方式和手段多元化是其突出的特点。另外，这种类型的评价不以区分优劣为目的，主要在于发现学生口语交际活动中的优势和不足，以便师生能够更加有针对性地教学。

但是无论是形成性评价，还是总结性评价，都是以学生口语交际能力为评价对象。如从评价标准上看，以口语交际能力为对象的总结性评价标准以及以该标准为依据的示范性量表是开展具体评价的基石。同时也可以成为我们开展形成性评价的内在标准和依据。只有这样，我们所开展的两类评价的最终目的才能真正促进学生口语交际能力的发展。因此，我们开展学生口语交际能力评价应是形成性评价与总结性评价协同研究。

参 考 文 献

1. 靳健．语文课程研究［M］．中国档案出版社，2002.
2. 柳士镇，洪宗礼，倪文锦主编．外国语文课程标准译介［M］．江苏教育出版社，1997.
3. 中华人民共和国教育部制订．义务教育语文课程标准（2011 年版）［S］．北京师范大学出版社，2011.
4. 陈玉秋．语文课程与教学论［M］．广西师范大学出版社，2004.
5. 沃尔夫．论语言、思维和现实［M］．湖南教育出版社，1995.
6. 叶圣陶．叶圣陶语文教育论集［M］．教育科学出版社，1980.
7. 韩雪屏．语文教育的心理学原理［M］．上海教育出版社，2001.
8. 皮特·科德．应用语言学导论［M］．上海外语教育出版社，1998.
9. 吴俊玲，刘万顺．口语交际艺术［M］．中国林业出版社，2003.
10. 张锐，万里．教师口语（试用本）［M］．北京师范大学出版，1994.
11. 王尚文．中学语文新课程教学法［M］．高等教育出版社，2003.
12. 王占馥．思维与语言运用［M］．广东教育出版社，2003.
13. 克雷奇．心理学纲要［M］．文化教育出版社，1980.
14. 于根元．语言学概论［M］．商务印书馆，2003.
15. 邓斯，平森．言语链——说和听的科学［M］．中国社会科学出版社，1983.
16. 高名凯．语言论［M］．商务印书馆，1995.
17. 韩宝育．语言与人的意义世界［M］．中国社会科学出版社，2002.
18. 戴昭铭．文化语言学导论［M］．语文出版社，1996.
19. 孙培青．中国教育史［M］．华东师范大学出版社，2006.

20. 池昌海．现代语言学导论［M］．浙江大学出版社，2007.
21. 李创新．中学语文创新教法素质训练方案［M］．学苑出版社，1999.
22. 王尚文．语感论［M］．上海教育出版社，1995.
23. 萨丕尔．语言论［M］．商务印书馆，1985.
24. 王尚文．语文教育学导论［M］．湖北教育出版社，1994.
25. 斯蒂芬·P·罗宾斯．组织行为学［M］．人民大学出版社，2008.
26. 王天一，夏之莲，朱美玉．外国教育史［M］．北京师范大学出版社，1993.
27. 国际21世纪教育委员会联合国教科文组织总部中文科译．教育——财富蕴藏其中［M］．教育科学出版社，1969.
28. 肖锋．学会教学——课堂教学技能的理论与实践［M］．浙江大学出版社，2002.
29. 林语堂．林语堂名著全集［M］．东北师范大学出版社，1994.
30. 刘焕辉．言语交际学导论［M］．江西教育出版社，1997.
31. 申小龙．语言与文化的现代思考［M］．河南人民出版社，2001.
32. 朱自清．朱自清散文集［M］．时代文艺出版社，2001.
33. 余培侠．世纪之辩［M］．中国世界语出版社，1999.
34. 戴尔·卡耐基．语言的突破［M］．远方出版社，2007.
35. 谭学纯，唐跃，朱玲．接受修辞学［M］．上海教育出版社，1992.
36. 刘焕辉．言语交际学基本原理［M］．江西教育出版社，1997.
37. 傅雷．傅雷家书［M］．三联书社，1981.
38. 何兆熊．新编语言学概要［M］．上海外语教育出版社，2000.
39. 施良方．学习论［M］．人民教育出版社，2008.4.
40. 杨任之译注．尚书今译今注［M］．北京广播学院出版社，1993.
41. 刘宝楠．论语正义［M］．中华书局，1990.
42. 熊良智．海瑞［M］．中国言实出版社，1997.
43. 班固．汉书［M］．岳麓书社，1986.
44. 苏轼．东坡志林［M］．中华书局，1981.
45. 范文澜，蔡美彪．中国通史［M］．人民出版社，2008.
46. 黄兴．黄兴集［M］．湖南人民出版社，2008.
47. 秋瑾．秋瑾集［M］．中华书局上海编辑所，1960.
48. 伽达默尔．真理与方法［M］．上海译文出版社，1999.
49. 丸山高司．伽达默尔—视野融合［M］．河北教育出版社，2002.
50. 甘柏兹．会话策略［M］．徐大明等译．社会科学文献出版社，2001.
51. 哈贝马斯．交往行动理论［M］．曹卫东译．上海人民出版社，2004.

52. 龚群．道德乌托邦的重构：哈贝马斯交往伦理思想研究［M］．商务印书馆，2003.
53. 葛本仪．语言学概论［M］．山东大学出版社，1999.
54. 叶蜚声，徐通锵．语言学纲要［M］．北京大学出版社，1997.
55. 张春兴．教育心理学［M］．浙江教育出版社，1998.
56. 易锦海，李晓玲．交际心理学［M］．华中理工大学出版社，2004.
57. 陆志平．语文课程标准新探［M］．东北师范大学出版社，2002.
58. 孔锴．当代教育新理念［M］．北京出版社，2005.
59. 倪文锦．初中语文新课程教学法［M］．高等教育出版社，2003.
60. 李镇西．从批判走向建设—语文教育手记［M］．四川少年儿童出版社，1999.
61. 李福灼．语文课程教学论［M］．广西师范大学出版社，2005.
62. 张鸿苓．中国当代听说理论与听说教学［M］．四川教育出版社，2000.
63. 朱绍禹．语文课程与教学论［M］．中国社会科学出版社，2007.
64. 李森．现代教学论纲要［M］．人民教育出版社，2005.
65. 约翰·洛克．教育漫话［M］．傅任敢译．教育科学出版社，1999.
66. GeorgeYule. 语言研究［M］．外语教学与研究出版社，2002.
67. 伽达默尔．赞美理论：伽达默尔选集［M］．上海三联书店，1988.

二

1. 潘树声．论教授国文当以语言为标准［J］．教育杂志，1912.（4）.
2. 魏长达．叶圣陶“听、说”教学思想初探［J］．西北师大学报（社科版），1999.（5）.
3. 刘新才．培养说话能力，提高学生素质［J］．语文教学与研究，2003.（2）.
4. 吴微．略论中学生口语交际能力的培养［J］．荆州师范学院学报（社会科学版），2001.（1）.
5. 蔡晓丽．口语交际中“言语失误”论析［J］．楚雄师范学院学报，2001.（10）.
6. 徐冰鸥，朱晓民．口语交际能力的构成和特征［J］．语文建设，2006.（9）.
7. 潘涌．直面世界：语文口语交际教学新概念．教育科学研究，2004.（8）.
8. 陈左力．听说教学之新探［J］．语文教学之友，2001.（6）.
9. 辜正坤．语文教学与中华的命运［J］．语文教学通讯，2000.（2）.
10. 王志凯．论口语交际教学中的思维训练［J］．井冈山学院学报，2008.（1）.
11. 刘如森，罗良坤．“口语交际”与“文本阅读”比翼双飞［J］．小学教学参考，2007. 11.
12. 张协生．论语感能力的特征与培养［J］．语文教学与研究，1996.（2）.

13. 孟威．“合理化”的意义与实现——哈贝马斯“交往行动理论”述评［J］．新闻与传播研究，2002.（2）.
14. 胡方红．口语教学与交际能力培养［J］．江苏教育学院学报（社会科学版），2003.（9）.
15. 王杰．近20年来我国口语教学的反思与前瞻［J］．四川教育学院学报，2003.（5）.
16. 韩洁．美国口语交际教学对我国口语交际教学内容建构的启示［J］．语文教学通讯初中刊，2005.（9）.
17. 郑国民，季雪娟．评介美国威斯康星州高中语文课程标准［J］．中学语文教学，2003.（1）.
18. 王尚文．对话：语文教育的新观念［J］．浙江师大学报（社会科学版），2001.（5）.
19. 刘一承．试论态势语运用［J］．福建师范大学学报（哲学社会科学版），2001.（2）.
20. 邱娟飞．从儿童语言发展特点谈儿童口语交际教学［J］．教育探索，2007.（8）.
21. 陈红．语境与口语交际的文体特点及人际意义［J］．天津外国语学院学报，2002.（4）.
22. 刘晓钢．论言语生成中的思想创造［J］．上饶师范学院学报，1999.（5）.
23. 李子华．多学科理论观照：有效口语交际教学新的生长点［J］．教育实践与研究，2010.（3）.
24. 韩艳梅．论口语交际教学的策略［J］．教育评论，2002.（2）.
25. 宁慧红．“逛超市”口语交际的测评［J］．江西教育，2007.（3）.
26. 卞安宇．语感：阅读教学的核心［J］．中学语文教学参考，1995.（11）.
27. 郑荣．口语交际应循序渐进［J］．语言学习．2007.（11）.
28. 志章．口语话题［J］．小学语文教学．2005.（6）.

后　记

人类在口耳相传的时代，口语是最原始文化的承载物。当时代进入21世纪，随着以计算机、数字化和生物工程等先进技术为代表的现代科学技术的飞速发展，尤其是信息、网络技术的普及和运用，信息、知识成了创造财富的主要资源，国际交流日趋频繁，人与人之间的合作日显重要。为此，信息的占有、交流和创新已成为当今时代发展的内在主线，竞争、开放、效益则成了时代的必然要求。口语作为社会交际最基本最便捷的工具，随着社会的高度社交化、高度效益化和高度信息化，准确、敏捷、有效的口语交际能力越来越受到重视，口语交际在广大民众的语文生活中的比重因其对个体和社会发展之意义日益加重。联合国教科文组织指出："21世纪人才必须具备的三大素质：学会生存、学会学习、学会交际。"美国《蒙大拿州听说课程标准》指出："口语交际是通往未来的桥梁。它是语言发展、思维、信息搜集以及形成我们如何看待自己和他人如何看待我们的基础。研究表明80%以上的交际依赖于听与说……"我国《义务教育语文课程标准》（2011年版）在"教学建议"中也指出："口语交际能力是现代公民的必备能力"，从以上各个组织、国家对口语交际在新时代发展当中的基础性作用的强调中，我们可以毫不夸张地说，在当下社会中，口语交际是人类生命的基本生存方式和生命意义的绽放形式，个体正是在各式各样的自主"言说"中，融入社会、唤醒生命潜能、展示生命力量、释放和张扬主体精神，从而实现自身的发展。

口语交际学习理论正在实践中发展，亟须构建口语交际学习理论的基本框架，厘清研究的基本问题和范畴。本书是对口语交际学习理论的尝试性研究和初步探索，它以个体在日常生活和学校课堂情境当中的口语学习为研究对象，着重探讨主体因口语交际学习的经验而引起的行为、能力和心理倾向的比较持久的变化规律，力求阐明主体学习口语交际的基本原理，"以学定教，先学后教"，为全社会学习口语交际，尤其是学校口语教学提供一些依据。

本书之实际撰述历经两载，是作者们通力协作的成果。本书的成书过程是：先由李丽拟编写提纲，编著者讨论修改后分别撰写。导论：李丽；第一章：熊德雅；第二章：李丽；第三章：段慧明；第四章：熊德雅、晏勇；第五章：赵聪、段慧明；第六章：苏姗姗；第七章：程强、陈绍清；第八章：谭可、吴维山；第九章：熊德雅、李江红；第十章：甘卫；第十一章：温南江、张峰。熊德雅、段慧明审读书稿，提出修改意见，李丽审阅修改了全书，最后定稿。另外，鉴于本书部分章节初稿较为粗陋，审稿者因对其进行修改而倾注了颇多心血，本质上，这些章节系合作而成，本于对事实的尊重，故作者落款为合著。

本书的出版得到了语文出版社领导和编辑室的大力支持，我们谨表示衷心的感谢！

由于我国汉语口语交际学习理论的研究起步较晚，加之我们自身的理论水平有限，资料也相对缺乏，因而本书的探索难免有不完备的地方，甚至会出现这样或那样的缺点，敬请广大读者批评指正。

编　者

2011 年 8 月